2022年度四川省重点出版专项资金补助项目
四川省2021—2022年度重点出版规划项目

工商管理理论与中国道路研究书系

开放型制度理论与企业国际化：中国经验与实践

王 珏 等○著

西南财经大学出版社
中国·成都

图书在版编目(CIP)数据

开放型制度理论与企业国际化:中国经验与实践/王珏等著.—成都:
西南财经大学出版社,2022.12
ISBN 978-7-5504-5521-4

Ⅰ.①开… Ⅱ.①王… Ⅲ.①企业管理—国际化—研究—中国
Ⅳ.①F279.23

中国版本图书馆 CIP 数据核字(2022)第 192409 号

开放型制度理论与企业国际化:中国经验与实践

KAIFANG XING ZHIDU LILUN YU QIYE GUOJIHUA:ZHONGGUO JINGYAN YU SHIJIAN

王珏 等著

策划编辑:孙婧
责任编辑:王利
责任校对:植苗
封面设计:何东琳设计工作室 墨创文化
责任印制:朱曼丽

出版发行	西南财经大学出版社(四川省成都市光华村街 55 号)
网 址	http://cbs.swufe.edu.cn
电子邮件	bookcj@swufe.edu.cn
邮政编码	610074
电 话	028-87353785
照 排	四川胜翔数码印务设计有限公司
印 刷	四川新财印务有限公司
成品尺寸	170mm×240mm
印 张	13.25
字 数	218 千字
版 次	2022 年 12 月第 1 版
印 次	2022 年 12 月第 1 次印刷
书 号	ISBN 978-7-5504-5521-4
定 价	78.00 元

前言

改革开放以来，中国经济体制改革对中国经济尤其是中国企业国际化的发展起到了举足轻重的作用。中国企业国际化从无到有、从弱到强，取得了举世瞩目的巨大成就，走出了一条与传统资本主义国家截然不同的发展道路。

现阶段，有一部分人认为中国企业国际化主要指的是中国企业“走出去”，这种界定主要契合了现阶段中国企业国际化的客观情况，是具有时代背景的。然而，纵观中国企业国际化的发展历程，中国企业国际化的内涵应该更多，范畴应该更大。为此，我们认为，中国企业国际化的内涵应该是指企业以国际市场为目标，整合优化并充分利用全球生产资源和管理资源，积极融入国际分工体系，由国内经营转向全球经营，由一个区域性企业成长为国际性企业的过程。它也是开放型经济体系的重要特征与发展趋势。而中国企业国际化的范畴则应该是指企业积极利用“两个市场、两种资源”，涵盖商品与服务、资金与人力等的“引进来”和“走出去”，涉及企业从谋求国际市场和国际资源，到谋求价值链地位和国际商务话语权的一系列发展及努力过程。

关于中国企业国际化，我们经常会听到这样一段表述：“中国企业用了几十年的时间，完成了欧美国家企业上百年的发展历程。”中国企业的国际化奇迹，与市场和政府的双元驱动密不可分，特别是政府从改革开放初期单纯的制度制定者即企业国际化的外生因素，在企业和制度共同演进的过程中，逐渐转化为制度变迁的主动参与者，此时我们可以把政府看成企业国际化的内生因素。可以说，政府的主动参与是中国企业国际化取得成功的核心因素之一。因此，我们将沿着时间的脉络对中国企业国际化历史进程进行深入剖析，通过分析制度在不同阶段的发展演进以及对不同阶段中一些典型案例的分析来探讨中国企业是如何在政府和市场的双元驱动下实现其国际化之路的。

· 第一阶段（1978—1991 年）

在第一阶段，中国企业国际化及其制度演进的主要特征是以“引进来”为主的国际化带入，该阶段我国实施“市场换资本”战略，开放国内市场，积极主动地引进和利用外资，弥补“双缺口”，让外资通过“三来一补”、创办“三资”企业、技术转让、订单外包等方式，将具备成本优势的中国企业纳入全球分工体系，特别是全球价值链低端的加工制造环节。其特点表现为行业相对单一，主要集中在服装、轻工业上；主要依靠劳动力和场地优势；仅仅处在全球价值链低端。该阶段要解决的核心问题是如何开放国门，引进外资，激发国内市场经济活力。为此，该阶段在制度设计和政策推进上基本都聚焦于该问题，从 1979 年 7 月颁布的第一部《中华人民共和国中外合资经营企业法》到 1991 年的十来年间，先后颁布了一系列法律法规来促进外资引进，激发国内市场经济活力，包括《中华人民共和国外资企业法》《国务院关于鼓励外商投资的规定》《中华人民共和国中外合作经营企业法》《中华人民共和国中外合资经营企业法》《中华人民共和国外商投资企业和外国企业所得税法》。比如，1979 年的《中华人民共和国中外合资经营企业法》规定：①外资比例不能低于 25%；②合营企业各方可以现金、实物、工业产权等进行投资；③鼓励合营企业向境外出口。1988 年颁布的《中华人民共和国中外合作经营企业法》相对于 1979 年的《中华人民共和国中外合资经营企业法》更加灵活，进一步激发了国内市场活力和引进外资的热潮。比如：①相对于 1979 年的《中华人民共和国中外合资经营企业法》，合作投资条件更加宽松、广泛，增加了土地使用权、非专利技术和其他财产权利；②合作的提前终止、退出与转让更加灵活；③1979 年的《中华人民共和国中外合资经营企业法》仅仅鼓励企业出口，1988 年的《中华人民共和国中外合作经营企业法》增加了鼓励创办技术先进的生产型合作企业，为第二阶段“以市场换技术”提前谋划，提供了法律支撑。在国家制度、地方政府改革突破以及企业的共同努力下，1991 年我国获得了阶段性突破，这一年，中国吸引外资规模首次在全球发展中国家中排名首位，这也标志着我国较好地实现了中国企业国际化第一阶段的目标。

在万米高空的航班上为旅客提供一顿既安全又美味的餐食，一直以来都是一个“技术活儿”。由于航空运输业的特点与航空安全的需要，机上餐食特别是机上热食，要经过复杂的食品加工过程，才能最终呈现在旅客面前。在连续剧《历史转折中的邓小平》中有一个关于面包渣的故事。1979

年1月，时任国务院副总理邓小平访美，中美通航进入启动倒计时。在赴美的航班上，小平同志深情地对时任民航局局长沈图说："我们中国自己的航班上，什么时候能吃上不掉面包渣的面包哟?"在筹备通航的过程中，美方明确提出，中美航线的配餐必须符合国际标准。但是，如何才能够实现配餐的国际标准呢？1979年，中国第一部《中华人民共和国中外合资经营企业法》出台，带来了一个重大的制度机遇，于是，香港商人伍沾德和中国民航总局商量在餐食上开展合作。

1980年4月，中华人民共和国外国投资管理委员会批准成立了京港合资北京航空食品有限公司。这是国家外国投资管理委员会审查批准成立的全国第一家合资企业（港商投资享受外商投资政策），其在原国家工商行政管理总局的注册编号为"001"号。它的成立填补了中国民航航空食品生产的空白，开启了中国引进外资和兴办"三资"企业的序幕。

经过40多年的发展，该公司多次续签了合作协议，到2021年底，北京航空食品有限公司有员工近3 000名，日均配餐量超10万份，每日配餐航班超500架次，为德国汉莎航空、阿联酋航空、美联航、日航等30余家外国航空公司以及中国国航、东航、南航等多家国内航空公司提供机上配餐服务。该公司董事长2018年在回顾企业发展历程时说："合资是非常成功的。既开创了中国企业的先河，也受益于国家政策，北京航食是在改革开放的春风中成长壮大的。"正是我国在改革开放之初通过以《中华人民共和国中外合资经营企业法》为代表的对于"三资"企业管理上的制度创新和开放，提供了最早的制度创新动能，使得一系列中国企业有了引入国际资本和经验并实现国际化成长的机会。但是，无论是从"引进来"的数量还是从质量来看，这一阶段应该说只属于开放的"试水期"。

·第二阶段（1992—2001年）

中国企业国际化的第二阶段展现出如下特征：引进外商直接投资（Inward Foreign Direct Investment，IFDI）发展最快，以"市场换技术"的成效明显；进出口增长曲线非常相似，实现稳步增长，在这一阶段后期出现了微小的贸易顺差；中国对外直接投资（Outward Foreign Direct Investment，OFDI）仍然停滞不前。在此背景下，我国第二阶段的企业国际化及其制度演进转为以大规模引进外资和产品出口为主的国际市场拓展。该阶段我国引资规模迅猛增长，政府开始注重从量向质的转变，实施"市场换技术"引资战略，对外资进行产业和区域引导；同时，中国企业不仅通过代工方式让产品“走出去”，更开始有目的、有规划地“走出去”拓展国际市场，出口产品结构开始向资本技术密集型转化，民营企业开始走上国际舞台。

该阶段我们要解决的核心问题是如何更好地引资，同时，如何让中国产品更好地走出国门。聚焦于这两个问题，我国在该阶段发展导向和制度设计上做出了相应调整。1992 年春，邓小平第二次视察南方，发表重要讲话，在顶层设计上明确了大胆利用外资是一项全新的事业，这让全国各个企业进一步放开手脚，掀起了吸引外商投资的新一轮热潮。外商投资大规模进入，以公有制为主体、多种所有制经济共同发展的格局基本形成，也使得中外合资企业以及本土企业包括民营（私营）企业的国际化进程加速，这部分企业的外贸产品更多更好地“走出去”已是大势所趋。为此，如何对其放开进出口经营权成为该阶段的重要改革着力点。1993 年 11 月，国务院批转《关于赋予商业、物资企业进出口经营权试点意见的通知》，开始放开进出口经营权。1993 年，中国外贸经营的主体结束了仅有国有企业和外商投资企业的局面，民营企业开始登上历史舞台。1995 年，中国机电产品出口首次取代纺织和服装成为第一大类出口商品，中国企业的出口商品由劳动密集型为主向资本技术密集型为主转变，这种转变使得我国对外贸主体的经营权进一步放宽。1996 年，原对外经贸部颁布《关于设立中外合资对外贸易公司试点暂行办法》，1998 年，原对外经贸部颁布《关于赋予私营生产企业和科研院所进出口经营权的暂行规定》，民营企业在全国范围内获得外贸经营权。到 2001 年，我国外贸领域获得了突破性进展，一是中国在这一年成功加入世界贸易组织（WTO），二是我国外贸进出口额总值首次突破 5 000 亿美元大关，标志着这一阶段中国企业国际化任务较为完美地收官。

与此同时，中国企业境外投资也在逐步发展。在顶层设计上，1992 年，党的十四大报告指出“积极扩大我国企业的对外投资和跨国经营”；1997 年，党的十五大报告提出“更好地利用国内国外两个市场、两种资源”“鼓励能够发挥我国比较优势的对外投资”；2001 年，我国政府正式将“走出去”战略写入《国民经济和社会发展第十个五年计划纲要》。在政策层面，1995—1997 年，我国政府相继颁布了《关于印发〈对外经济合作企业外派人员管理办法〉的通知》《境外投资财务管理暂行办法》《中华人民共和国外汇管理条例》《国务院关于进一步加强在境外发行股票和上市管理的通知》；1999 年，国务院批准了《关于鼓励企业开展境外带料加工装配业务的意见》。密集颁布的相应法律法规在制度层面为企业“走出去”提供了保障，我国对外投资也由此取得了一系列阶段性突破。

华为技术有限公司（简称“华为”）于1987年在广东省深圳市成立，发展至今已是全球领先的信息与通信基础设施和智能终端提供商。20世纪90年代，中国通信市场竞争格局发生了巨大变化。由于通信设备的关税相对较低，国内和国际市场竞争呈现白热化态势。跨国通信设备巨头如摩托罗拉、西门子、爱立信等纷纷转入中国市场以攫取更多利润。1999年，一部摩托罗拉手机，月平均话费300元，到2020年5月，手机话费月均仅为99元。可见那个年代的中国通信市场之大，利润率之高。在这样惨烈的竞争之下，华为面临着“活下去”的紧迫问题，于是国际化成了华为“逼上梁山”的选择。

成立于深圳的华为，自然而然地将邻近的香港作为“走出去”小试牛刀的第一选择。1996年，华为与香港和记电讯合作，提供交换机产品，成功打入香港市话网。在进入香港市场并取得成功后，华为领导层决定复制拓展市场的经验，采取“集中优势兵力，制胜薄弱环节”的策略，首先从电信网络发展较薄弱的国家入手，步步为营，层层包围，最后打入了欧美发达国家。

俄罗斯成为华为国际化的下一站。当年俄罗斯的电信业受到经济低迷的影响，发展缓慢，市场需求很大。而中国政府与俄罗斯政府一直保持着良好的外交关系，这为中国企业进军俄罗斯市场提供了有利条件（市场与政府双元驱动的典型表现）。华为于1997年进入俄罗斯市场，5年后，华为在俄罗斯市场年均销售额超过1亿美元。现在，华为已成为俄罗斯电信市场的领先者之一。

在成功进入俄罗斯市场后，华为开始拓展拉美市场。与俄罗斯相比，拉美市场的开拓更加艰难。于是华为采取了一个重要策略，让自己的境外拓展路线沿着中国的外交路线走，以国家品牌提携企业品牌。2000年前后，华为开始在欠发达国家（地区）步步为营，在泰国、马来西亚等东南亚市场以及中东、非洲等区域市场全面拓展业务。在发展中国家的节节胜利，增强了华为的发展后劲，积累了华为国际化的经验，华为借势在发达国家市场“攻城略地”。从2001年开始，华为产品成功进入德国、法国、西班牙、英国等发达国家。而此时，欧美IT（信息技术）企业大多正陷入十年高速增长以来的首次业绩衰退，它们不得不收缩战线、减少开支。华为敏锐地抓住市场机会，“敌进我退”，发起凌厉攻势。2004年，华为获得荷兰价值超过2 500万美元的合同，首次实现在欧洲的重大突破。2005年，华为的境外合同销售额首次超过国内合同销售额。同年，华为在英国市场实现里程碑式的突破：进入英国电信价值百亿英镑的21世纪网络改造和建设大单的“优先供应商短名单”。这也是华为首次突破欧美主流市场的标志性事件。如今，华为已经全面占领欧洲市场。为了有效利用全球资源，经过20多年的筹划和布局，华为已经在全球多个国家和地区建立了行政中心、财务中心、研发中心和供应链中心。

· **第三阶段**（2002—2013 年）

在这一阶段，中国企业国际化显示出如下特征：与第二阶段相比，四种方式齐头并进，增速明显加快；贸易总量明显高于投资总量，为2013年成为货物贸易全球第一大国提供了强力支撑；与第二阶段相比，贸易顺差进一步拉大；OFDI 增速明显，特别是2008年全球金融危机爆发以后，更是迎来了“走出去”的黄金时期。

在前面两个阶段，主要是产品走出国门，而中国企业真正走出国门仍然罕见。于是，新的阶段性问题产生了，即：如何培育中国企业国际竞争力，让中国企业更好地“走出去”？对此，中国企业国际化便开始了第三阶段的征程，该阶段的主要特征是“引进来”和“走出去”并进提升，实施“引进来”与“走出去”共同发展的战略，注重“吸引质量型外资推动产业结构调整”，同时加快实施“走出去”战略。中国企业开始在全球进行投资和收购，加速“走出去”进程实现跨越发展。在制度演进上，我国的主要表现是：一方面，进一步放开外贸经营权，并持续下调出口退税率。2003年，我国开始将出口退税率由15.5%调整到12.51%，2006年，我国取消了多项皮革类原材料的出口退税政策，同时下调钢材、纺织品、家具等产品的出口退税率。2014年修订通过了《中华人民共和国对外贸易法》，让中国的自然人也能够从事对外贸易经营活动，并且对外贸易经营者经依法登记便可从事货物进出口和技术进出口业务。另一方面，进一步规范引导和鼓励中国企业进行境外投资。2004年，商务部发布《关于境外投资开办企业核准事项的规定》；2009年，商务部发布《境外投资管理办法》；2012年，国家发展和改革委员会等13个部门发布《关于鼓励和引导民营企业积极开展境外投资的实施意见》。在此背景下，我国对外直接投资从2002年起开始实现跨越式发展，自2002年以来至2013年，平均每年增长40.7%，到2013年达到1 078亿美元，首次突破千亿美元大关。

在这一阶段，中国企业国际化的一个著名的典型案例便是“吉利并购沃尔沃”事件。民营企业是中国经济的重要组成部分，在民营企业的国际化之路上，中国政府的制度动能从未缺席。在中国民营企业国际化之路上，一个重要的里程碑事件就是2010年，吉利汽车成功地以“蛇吞象”的模式收购了瑞典的沃尔沃汽车公司。此次的成功并购有很多经验，其中有吉利的品牌整合能力，有李书福对沃尔沃品牌的独特感情与执着追求。我们将这一并购的成功和后续的整合，归功于市场力量和政府力量的共同作用。不能忽视的一点就是因为中国民营企业之所以敢于推动和成功开展如此让人印象深刻的并购行为，就是因为有政府的制度创新动能在后面提供坚实的保障。

首先，在母国制度动能方面，中央出台了大量鼓励民营企业发展，鼓励民营企业“走出去”的政策和制度保障。如2005年在《国务院关于鼓励支持和引导个体私营等非公有制经济发展的若干意见》中就提出“国家支持有条件的非公有制企业通过兼并、收购、联合等方式，进一步壮大实力，发展成为主业突出、市场竞争力强的大公司大集团，有条件的可向跨国公司发展”，“支持非公有制企业开拓国际市场”。这些制度安排，使得吉利在并购过程中，可以得到地方政府和相关部委、金融部门的支持，还能得到外汇、对外投资审批等一系列保障。在2009年的《汽车产业调整和振兴规划》中，也明确指出“支持汽车生产企业通过自主开发、联合开发、国内外并购等多种方式发展自主品牌”。

其次，在双边制度动能方面，中国和瑞典的良好双边关系，也使得双方都有良好的意愿批准这一并购行为。瑞典于1950年1月14日宣布承认中华人民共和国，1950年5月9日同中国建交，是第一个与中国建交的西方国家。建交后，中瑞（典）关系平稳发展，两国在政治、经济、文化等各个领域和各个层次的交流与合作日益增多并取得显著成果。1992年以来，中瑞（典）关系不断发展，高层互访较频繁，各部门各级别的交流与合作显著增加，这些访问与交流增进了两国的相互了解和友好关系。因此，在企业家的自主努力下，在政府的制度动能支持下，天时、地利、人和，促成了这一里程碑式并购的出现。

·第四阶段（2014年至今）

中国企业国际化进程的第四阶段具有以下基本特征：第一，2014年IFDI首次超越美国，成为全球第一；同时，OFDI也首次接近IFDI水平。第二，IFDI平稳上升，OFDI规模在2016年达到峰值后开始下降。出现下降的原因是中国政府加大了限制资本外流的力度，非理性对外投资得到有效遏制，同时美国等外国政府以国家安全为由推迟或阻止中国对境外企业的收购。第三，对外贸易出现较大波动。进口和出口在2014开始出现下降，2016年后上升，但2019又出现下滑。2014年出现双下降的原因是我国推动扩内需和调结构，同时外需低迷，主要大宗商品价格大幅下跌；而2017年回升，是因为外贸新业态发展的营商环境不断改善，国内经济稳中向好，而国际市场也有回暖；2019年再次出现下滑，主要原因是中美贸易情况恶化，美国实行贸易保护主义，对中国进行遏制。

2014年后，我国开始进入企业全球化布局的高质量“走出去”阶段。该阶段的核心问题也转变为如何健全企业国际化管理制度和服务体系，提升中国企业全球影响力。在该阶段，中国跨国公司开始建立全球化架构，国际影响力和竞争力显著提升，开始步入高质量发展阶段，全面融入全球价值链、产业链、创新链中并力争上游，中国跨国公司的品牌形象开始具有较大全球影响力。

事实上，2013年底中国提出“一带一路”倡议，同时开始实施自贸试验区发展战略，已经在谋篇布局。2014年起相继推出的一系列中国企业投资管理法律法规则让中国企业国际化管理制度和服务体系更为完备，如2014年的《境外投资项目核准和备案管理办法》，将境外投资管理方式由逐项核准改为备案为主、核准为辅，而2017年的《企业境外投资管理办法》、2018年的《对外投资备案（核准）报告暂行办法》《企业境外经营合规管理指引》以及2019年的《对外投资备案（核准）报告实施规程》等，也都更好地加强了对外投资的监督管理和质量调控。截至2019年底，《财富500》榜单显示，在全球最大500家企业中，中国企业数量首次超过美国，排名第一。这表明中国政府和企业双元力量正共同推动中国企业国际化迈向高规格、高质量的发展阶段。

通过对中国企业国际化历史进程的回顾，以及对于相关制度在不同阶段的企业国际化发展演进过程中扮演重要作用的探讨，我们可以看到：中国经济体制改革和中国企业国际化的思想、实践、建构与完善，是人类历史上独一无二的伟大实践，也是中国共产党百年来奋力拼搏，取得伟大成就的缩影。这一独特历史进程既是马克思主义实践的创造性革新，也是历史唯物主义理论的革命性创新。

中国企业国际化用十余年的时间走完了欧美发达国家上百年的道路，其速度也远远快于日、韩历史上的国际化进程，其中涌现出大量具有中国特色的“中国故事”。同时，我们发现：中国企业在国际化的动机、速度与模式等各个方面都很难在现有的西方理论框架中得到完全的解释，这些矛盾显著地体现在企业与政府的互动上。在传统的国际化理论中，仅仅强调了企业主体的作用，忽视了政府的影响，而在传统的制度理论中，则仅仅强调了政府主体的作用，而忽视了企业对于制度的反向影响。

然而，中国企业国际化最为突出的特征是政府与制度在其中所扮演的重要角色，而且政府在制定制度时也越来越多地借鉴和参考企业国际化的经验与需求。因此，中国企业与政府间的密切互动、相互影响是推动中国企业成功“走出去、走进去、走下去”的关键，这种互动对于中国国内制度环境的改善和制度发展演进而言至关重要。在今天世界地缘政治、权力博弈此起彼伏，逆全球化思潮和运动交汇激荡的背景下，对中国开放型制度理论和企业国际化予以认真探究，对于明确中国企业国际化与制度演进的典型特征，构建新的具有中国特色的企业国际化分析框架，进而指导我国企业国际化持续革新、发展，继续创造中国奇迹而言，具有特殊的意义。

有鉴于此，本书主要由以下三个篇章组成：

第 1 篇是理论基础篇。首先，本篇较为全面地回顾了制度理论的基本内容，从传统的制度理论视角对跨国公司的进入模式和经营战略进行探讨；其次，本篇深入探索了制度理论的前沿内容，并指出组织亦可对制度环境做出战略性的回应，将制度理论的诠释范围扩展到了组织对外部制度的反向影响范畴；再次，本篇重点分析了中国企业国际化的发展现状，并对企业国际化与企业绩效关系的现有文献进行了元分析，进一步明确了企业国际化行为与企业绩效之间的理论机制；最后，本篇对新兴市场经济体与制度协同演进分析的相关概念、理论和方法论进行了深入探索与分析，并在此基础上创新性地提出了制度与中国企业国际化理论分析的研究框架——5Cs 模型。

第 2 篇是中国经验篇。首先，本篇讨论中国企业国际化与绩效的相关关系；其次，本篇从开发区设立的视角出发，在制度理论的框架下解答了跨国公司进入中国的市场战略，聚焦外商直接投资的区位选择，重点探讨了开发区在中国制度质量提升中的作用；再次，本篇以中国环保制度的演进为例，通过多个实证分析剖析了绿色制度演进与跨国企业战略重构的关系；最后，本篇运用制度理论探讨了“一带一路”倡议作为中国的母国制度对中国跨国并购企业社会责任的影响，并提出国际化企业履行社会责任的驱动力不仅来源于企业利益相关者和东道国所带来的制度压力，母国的制度压力也是驱动国际化企业履行社会责任的重要动因。

第3篇是案例探讨篇。首先，本篇以四家位于非洲的中国国有矿业企业为例，从制度理论视角探讨了不同的机构参与者是如何对中国跨国企业的人力资源管理实践产生影响的；其次，本篇采用单案例纵向研究方法，在二次创新理论视角与逻辑的基础上创新性地构建了全球二次创新动态模型，深度剖析了后发跨国企业（中国吉利集团）是如何在高度不确定的复杂制度环境中利用组织学习打破已有技术范式和固有经验惯例实现技术追赶与超越的；最后，本篇以华为和中海油为例，重点探究了当面临来源国劣势时，企业所有制对企业战略决策和企业绩效的调节效应。

王 珏

2022年10月15日

CONTENTS 目录

第1篇　制度理论与中国企业国际化：理论基础篇

第 2 篇　制度理论与企业国际化：中国经验篇

第1篇

制度理论与中国企业国际化：理论基础篇

1　制度理论

本章主要介绍了制度理论的基本概念、在跨国经营中的实际应用以及最近新的分支发展。

在全球化的进程中，企业外部政治、经济、技术、文化等环境多样性和不确定性在不断增强，要求相关领域的研究进入“开放系统研究模式”（吴小节 等，2015）。制度因素作为企业经营活动的重要外部条件，需要从制度视角理解企业的国际化，也要求对制度理论的基本内容和发展进行详细阐述。

1.1　制度理论的基本定义

制度理论主要有两个理论来源：第一个是以交易成本为主要考量的经济学来源，其核心在于制度对企业效率的影响（North，1990）。第二个是以企业是否对外部环境进行同构（isomorphism）活动为基准的社会学来源，其核心在于企业是否达到了外部制度所要求的合法性（legitimacy）（Scott，1995）。在理论研究中，需要区分这两种理论来源和制度核心逻辑对企业经营活动的不同影响；然而在实际中，经常需要同时考察两种制度逻辑对企业生存和发展的作用。另外，不同的学科对制度理论也做出了不同的阐述。具体见表 1.1。

表 1.1　不同学科视角下的制度理论

学科	经济学	社会学	政治学	心理学
逻辑核心	效率	合法性	利益	社会化
主要观点	制度安排通过影响交易成本限制企业行为	个体会通过同构行为获得外部制度合法性	制度通过不同利益集团的更迭实现	个体行为受文化规范的影响
制度影响机制	理解	模仿	谈判和协调	接受
个体行为	合作	跟随	改变	接受

表1.1(续)

学科	经济学	社会学	政治学	心理学
代表文献	North，1990	DiMaggio 和 Powell，1983；Scott，1995；	Olsen，1965	Hofstede，2001；Schwartz，1992
别称	制度经济学	新制度理论	集体行为	社会运动

1.1.1 经济学视角下的制度理论

North（1990）将制度定义为：人为设计的、限制人们之间互动的因素。制度分为正式制度和非正式制度。正式制度始于人们对社会问题的解决方案，随着这种解决方案不断扩展成文、标准化，便对随后的社会行为产生影响（Tolbert、Zucker，1996）。正式制度是明文规定的规章制度，它对人们的日常行为进行强制性的约束。通过实施权威性的行为指导方针，正式制度保证了社会的正常运行和稳定发展。正式制度主要包括经济制度、政治制度、规章条例等。而非正式制度并不是明文规定的规章制度，而是形成于人们长期的社会交往过程中，是共同分享的社会意识形态或共同恪守的行为准则，它刻画了一个社会个体间的凝聚力和协调性。通常而言，非正式制度主要包括文化、行为规范、行为准则、风俗习惯、价值观等。其中，文化反映了一个社会共享的价值标准和非明文规定的意识形态，能够很好地代表了一个国家的非正式制度（North，1990；Peng 等，2008）。文化是一个群体的成员在长期交往过程中形成的创新性可传承的思想、认知、判断和行为等（Fu 等，2004）。文化具有可持续性和黏性，其发展变化的速度相对缓慢，它深入人们的意识形态，刻画了人们的价值判断标准。进一步的研究表明，非正式行为如腐败反映出一个国家的非正式制度在很大程度上会影响人们对机会的认知和利用（Webb 等，2009）。North（1990）提出，正式制度只是制度限制中的一小部分，非正式制度才是普遍存在于日常生活与生产中的约束因素。

制度经济学者认为，外部制度通过影响交易成本来限制企业的经营活动。这种以交易成本作为逻辑核心的理论思想深受 Coase（1937）和 Williamson（1985）的影响，并且随着 North 在 1990 年出版的“Institutions，institutional change and economic performance”一书而正式成为经济学视角下制度理论的论述基础。虽然 North 认为非正式制度占人们生活中制度因素的绝大部分，但他在相关研究中主要讨论了政府以及与政府治理相关的正式制度如法律、管制、行业政策等对经济的影响。这样的讨论又分为两方：一方以奥地利学派和芝加哥学派为代表，认为政府只需提供稳定的宏观经济环境和有效的争端解决机制，不应干涉市场的自由交易，因为有效的市场自然会达到均衡而实现市场出清。另一方以凯恩斯学派为代表，认为政府应该积极干涉市场以平滑不稳定的经济周期波动，从而减少经济波动带来的交易成本的增加。这样的争论已持续了将近一个世纪，并且两方似乎都能从现实经济活动中和历史的经济发展中找到对应的佐证。这就是以自由市场为代表的“华盛顿共识”和以政府支撑为代表的“北京共识”。

1.1.2　社会学视角下的制度理论

社会学视角下的制度理论认为组织的行为会受到外部制度的影响，而组织会通过同构行为以获得外部合法性继而实现生存和发展。其中合法性和同构性的概念需要在此予以详细阐述。

首先，合法性（legitimacy）是制度理论的核心概念。这里的“法”并不是指法律，而是指社会潜在要求的道德、行为规范等。Meyer 和 Rowan（1977）将合法性视为企业遵循合理规范的结构选择逻辑，企业的行为或者战略选择应当遵从制度的要求，应当是对制度规则的反应。因此企业的种种行为与决策很有可能是为了获得制度正当性，而并不是提升效率（陈立敏 等，2016）。Kostova 和 Zaheer（1999）将正当性定义为环境对组织的接受程度，企业的行为与社会制度规范高度相符，并被各利益相关者视为正确可取、合理合情的。合法性的获取和维持是企业形成和行为决策的重要条件，同时也是企业生存与发展的关键因素（陈立敏 等，2016）。在社会学视角下，Scott（2001）将外在的制度压力分为三种，分别是规制（regulative）即各种法律法规、规范（normative）即行为准则、意识（cognitive）即文化风俗。企业的生存和发展需要同时获得以上外部制度的合法性。

其次，同构性（isomorphism）是指在制度约束或指导作用下，企业在组织结构以及行为方式上趋于相同或相似的过程（DiMaggio、Powell，1983）。同时，根据同构机制动因的不同，DiMaggio 和 Powell（1983）的研究将制度压力下的“同构”机制归纳为三种：第一种为“强制同构”（coercive isomorphism），即“组织外部具有权威或者强制力的重要机构会强迫组织采用某种结构或者行为模式”。如果组织不遵从这种制度安排，那么就会遭受一定的效率损失。第二种为“模仿过程”（mimetic process），即为了降低风险或提高生存率，组织会分析并模仿其他成功组织的行为。第三种为“规范性压力”（normative pressure），指社会规范会产生共享观念或思维方式，组织在专业知识的形成及推广中会逐渐接受这些社会规范或思维方式，并趋于相同（陈嘉文、姚小涛，2015）。

综合“同构性”与“合法性”两个概念，可以得出社会学基础下制度理论的基本逻辑：为了获取外部合法性，企业在强制同构、模仿同构和规范性压力的作用下，其组织结构和行为模式会逐渐变得相同或相似，即使这种相同的结构和模式并不利于企业经济效益的提高。Scott（1995）指出，组织系统的形成并不是仅仅得益于经济最优化的选择，同时也受社会制度力量的影响，制度因素使得组织更为相似。因而，学者们普遍认为个体的行为并不总是只受个人利益最大化目标的驱使，在强制、模仿和规范的制度压力下，组织行为经常会更多地出于对合法性的考虑（冯天丽、井润田，2009；陈嘉文、姚小涛，2015），选择屈从于外部压力从而形成同构。

1.1.3 政治学和心理学视角下的制度理论

除了经济学和社会学对制度进行研究以外，其他学科例如政治学和心理学对社会环境的研究内容实质上也与制度理论类似。例如 Olsen（1965）的集体行动理论就认为制度的改变基于不同利益集团之间的相互斗争、协商、妥协。利益联盟通过制定法律法规来改变制度环境，制度的新旧更迭是通过不同利益联盟的轮替来实现的。心理学主要从文化角度研究外部环境对个体行为的影响。例如 Hofstede（2001）将国家文化分为五个维度（个体主义、权力距离、男性气概、不确定性规避、长期性），研究其对员工工作态度的影响。Schwartz（1992）和 GLOBE 项目同样研究不同的价值观结构对个体行为的影响。由于文化具有稳定性（不易改变性），被认为是一种需要长期跟踪研究的制度环境。通过将人社会化，具有不同文化价值观的个体行为会有显著差异。

1.2 制度理论与企业跨国经营

人们很早就开始关注企业的外部环境，但是关注的主要是作业环境

（task environment），即经济变量例如市场需求、技术发展等（Dess、Beard，1984）。直到20世纪90年代，人们还是很少将制度纳入组织的分析框架中（Narayanan、Fahey，2005），总是习惯性地将“市场基础的制度框架”中的正式制度和非正式制度当成“背景因素”。但是随着世界各国经济交流的不断深入以及研究领域的不断扩大和创新，人们发现忽略了制度因素将难以全面、系统地解释发达国家企业的战略行为（Clougherty，2005；Oliver、Holzinger，2008；Scott，2008），而且这在研究发展中国家的OFDI行为时表现得更加明显（Lau、Bruton，2008）。企业在实施对外直接投资行为的同时也被嵌入东道国特定的社会环境中，这种嵌入既包括空间实体上的嵌入，也包括社会网络关系的嵌入。在此我们首先探讨空间实体上的嵌入，社会网络结构上的嵌入将在之后的社会网络理论环节进行深入探讨。“空间实体上的嵌入”指的是企业在空间上被嵌入一个特定的区域中，在该区域特定的社会规章制度、法律条款、文化价值观的制度框架下进行生产经营，并受其影响。将制度基础理论运用到跨国直接投资领域，能够为该领域的研究提供一个更为丰富的理论基础，拓宽我们的研究视角。

制度基础理论在跨国公司投资领域的运用主要体现在以下几个方面：①研究东道国制度的三个维度（管制维度、规范维度和认知维度）或东道国与母国在这三个维度上的制度距离对跨国公司自身特性产生的影响；②探讨在东道国既定的制度环境下，跨国公司与“外来者劣势”“合法性”之间的关系，如“外来者劣势”造成的后果，跨国公司克服“外来者劣势”的战略选择（Kostova、Zaheer，1999；Lawrence et al.，2002；Levy、Egan，2003；Mezias，2002；Miller、Richards，2002）；③制度环境对跨国公司选择进入模式、合作伙伴与发展战略（如多元化发展还是专业化发展）的影响（Davis et al.，2000；Kogut et al.，2002；Lu，2002；Hitt et al.，2004；Child、Tsai，2005；Dacin、Oliver、Roy，2007）；④跨国公司应对东道国制度变化或在转型经济体投资经营时的战略抉择（Whitley、Czaban，1998；Hoskisson et al.，2000；Newman，2000；Peng，2000、2002、2003；Roth、Kostova，2003；Wright et al.，2005）。

1.2.1　制度理论：跨国投资进入模式

早期的研究（Brouthers、Bamossy，1997；Kaufman et al.，1999）发现，东道国繁琐的规章制度（regulation institution）赋予政府对组织行为过度的

监管权，降低了组织的自主性，这极大地削弱了跨国公司对该国进行直接投资的意愿。Buckley et al.（2007）在研究中国企业对外直接投资时，明确提出企业对外投资的动机和能力取决于母国的各种制度因素。目前，国内对制度基础理论的运用还不够全面系统，将其运用到中国企业 OFDI 股权进入模式选择上的优秀文献较少，绝大多数文献将其运用于解释中国企业"走出去"的影响因素和区位选择问题。在区位因素方面，现有研究主要采用 Dunning 国际生产折中理论中的区位优势以及制度基础理论对企业国际投资的区位选择进行解释、研究。Dude 和 Stein（2008）谈论制度质量对双边 FDI 的影响时，发现法律的不可预测性、监管与政策、过度监管负担、政府不稳定、缺乏承诺等方面的不足是阻碍 FDI 流入的重要制度因素。阎大颖（2013）考察了跨国公司不同价值链对对外直接投资的分布及其决定因素的影响。其研究结果表明，东道国市场潜力、廉价劳动力、自然资源和战略资产禀赋均对吸引外资有较大影响；另外，东道国经济制度质量对跨国公司对外直接投资区位选择决策的作用明显。王永钦、杜巨澜和王凯（2014）研究了东道国不同制度维度，包括东道国话语权与问责制、政府稳定程度、政府效率、监管质量、法治水平、腐败控制这六类制度因素对中国 OFDI 区位选择的影响。邱立成和杨德彬（2015）区分了国有企业和民营企业 OFDI 的区位选择特征，发现国有企业 OFDI 对东道国的政治风险并不敏感，甚至倾向于进入政治风险较高的国家，而民营企业 OFDI 则有很强的风险规避意识，倾向于进入政治稳定的国家。宗芳宇等（2012）的研究表明，双边投资协定能够促进企业到签约国投资，且双边投资协定能够替补东道国制度缺位，可以促进企业到制度环境较差的签约国进行投资。有研究认为中国 OFDI 没有流向制度质量更高、风险更低的区域，杨娇辉等（2016）则提出中国企业 OFDI 区位分布的"制度风险偏好"并不是绝对的，当控制东道国资本密集度与资源丰富程度后，"制度风险偏好"消失了。齐晓飞（2017）从母国制度的角度对中国企业的国际化进行了解释。

企业 OFDI 进入模式的选择既受到母国制度的影响又受到东道国制度的影响。Liu 等（2008）就提到我国企业对外直接投资过程中既受到我国政府政策支持的正面影响，也受到国内制度环境缺陷的负面影响。因此国内制度环境对我国企业 OFDI 进入模式决策的影响方向是不确定的（Cui、Jiang，2010）。企业的所有权性质作为社会经济制度的一个重要方面，被认为是基于母国社会体制基础之上的一个重要制度特征。一方面，"国有制"本身作为企业的一个头衔，就能够为企业带来母国政府的诸多支持，以弥补企业进行对外直接投资所缺少的专有优势（Luo et al.，2010；Krugman、Li，2007）；另一方面，“国有制”也会给企业带来一些不利影响，如张建红等（2010）的实证研究就证明，在其他条件等同的情况下，国有制并不利于我国企业境外收购的顺利完成。当国有企业进行国际化时，其在国内对于母国政府的“资源依赖”使得国有企业受到东道国政府的“格外关注”。东道国政府通常认为国有企业的对外投资是具有双重动机的（经济动机和政治动机）（邱立成、杨德彬，2015）。因而，对母国政府高度依赖的企业形式通常会引起东道国政府的高度警惕和担忧。中国国有企业不会被东道国认为是一个单纯的经济体，而是会被东道国认为同时也是一个母国政府控制的“政治体”，因此国有企业的国际化行为常常处在东道国监管机构的严密管制之下，特别是在可能对当地经济产生影响的方面（Cui、Jiang，2012）。这无疑会使得国有企业在东道国的投资和经营举步维艰，因为“国有”色彩而导致失败的案例也屡见不鲜。例如中海油并购美国石油企业优尼科、中国铝业收购澳大利亚力拓公司，最终都以失败而告终。

东道国正式制度对企业对外直接投资股权模式选择的影响具有不确定性。虽然越来越多的国家正在逐渐减少对外商直接投资的直接限制，但是其他形式的歧视性政策仍然存在（Meyer et al.，2009）。已有的研究认为东道国正式制度中的这种风险会对跨国公司进入该国市场的模式选择产生影响。Kwon 和 Konopa（1993）在研究美国跨国公司时发现，东道国市场制度方面的风险越大，企业采取高控制程度进入模式的可能性也就越大，虽然这种影响不及东道国市场竞争强度的影响大。Pak 和 Park（2004）也发现，东道国的政策越不稳定、法律制度越不完善，跨国公司选择高控制进入模式（比如独资）的可能性就越大。而 Meyer et al.（2009）的研究则发现，当东道国的市场支持政策越不健全时，在发展中国家直接投资的跨国公司为了便于获取市场资源，选择建立合资子公司的可能性就越高，但是随着市场政策的不断完善，采用并购或独资方式的可能性将提高。薛求知和韩冰洁（2008）的研究也表明，东道国国家层面感知腐败、产业层面感知腐败反而会提高跨国公司选择合资（控股或非控股）进入模式的可能性。蓝海林等（2010）通过构建理论模型，提出了相应的命题：当东道国政府限制性政策越强劲，跨国公司所选择的进入模式控制程度、股权投资比例和资源承诺水平也就越低。以上研究表明，东道国制度环境对跨国公司进入模式存在影响，只是影响方向不确定。还有部分文献的研究结果则表明，东道国的制度环境对跨国公司股权进入模式不产生直接影响。如 Burgel 和 Murray（2000）通过调查研究英国高新技术产业国际化的进入模式，证实东道国的正式制度不会对其产生影响。张建红和周朝鸿（2010）的实证研究也表明，东道国的制度环境对中国企业成功实施境外收购的直接影响并不显著。杜晓君等（2017）认为东道国政策风险是影响跨国企业境外市场进入模式选择的关键因素，中国跨国企业倾向于选择独资模式进入具有政策风险的东道国。但是，朱华（2017）的研究结果表明，东道国政治风险和政治差异等因素并未对企业并购决策产生显著影响。

东道国非正式制度对企业境外市场进入模式选择的影响方向也比较模糊。企业进行跨国直接投资时，必然面临东道国多样化的非正式制度“同构压力”，特别是文化层面的“融合”（Mezias et al., 2002；Yiu、Makino, 2002）。因此学者们通常会用东道国和母国之间的非正式制度距离，特别是用文化距离来考察其对跨国公司对外直接投资进入模式的影响。东道国和母国之间的非正式制度距离过大会增加企业经营的成本和风险，因此绝大多数跨国公司不会选择独资的方式（Erramilli, 1991；Hennart、Larimo, 1998；Yiu、Makino, 2002；Duarte、Garcı'a-Canal, 2004；Jung, 2004；黄速建、刘建丽，2009；蓝海林 等，2010；Cui、Jiang, 2012）。如 Puck et al.（2009）通过研究在华跨国公司进入模式的转变，发现当母国与中国之间的文化距离较大时，跨国公司并不会实施独资化。但是也有学者（Luo, 2001）在研究在华跨国公司进入模式的选择时发现文化距离对其没有影响，甚至有少部分学者的实证研究表明文化距离会促使企业选择高控制程度的进入模式，比方独资（Padmanabhan、Cho, 1996；Anand、Delios, 1997）。黄凌云等（2014）研究了东道国的文化特征以及两国间文化距离对企业进入模式的影响，研究结果表明，面对权利距离越大，个人主义、不确定性规避、和谐主义越缺乏的文化环境，企业越倾向于选择以绿地投资的方式进入；东道国与中国的文化差异越大，企业越倾向于选择兼并收购的方式进入。

此外，当东道国的制度发生变迁时，跨国公司是否会调整战略模式以适应环境的变化，这也是近年来一个重要的研究主题。Peng 和 Heath（1996）以及 Peng（2003）的研究表明，在向转型经济体投资时，跨国公司倾向于采取并购的方式进入东道国，之后的一些研究进一步证实了该结果。Xia et al.（2009）探讨了当中欧和东欧转型经济体由中央计划经济转变为市场经济时，美国跨国公司采取并购进入模式的概率会提高。这是因为原先东道国施行的中央计划经济没能为企业提供巨大的空间去实施和部署自身的发展战略，但是一旦东道国发展市场经济，企业的自主权提高，跨国公司即可通过跨国并购的方式将母公司的知识、技术、规章制度全部转移到境外子公司，实现内部一体化。

以上所提到的文献考察的是基本制度对境外直接投资进入模式的直接影响，但是近年来，学者们开始注意到在不同情景下制度所起的作用也不一样，由此导致了研究结果不一致，甚至出现了相互矛盾的结果。换言之，制度对影响企业境外市场进入模式的因素还存在间接的调节作用，或是制度对企业境外市场进入模式的影响还受到其他因素的调节。如 Meyer et al.（2009）考察在发展中国家投资的跨国公司在面临不同的制度环境、不同的资源需求（有形资产和无形资产）时所做出的进入模式选择（并购/绿地投资/合资）。具体而言，当东道国的制度环境较差时，以获取无形资源为主要目的的跨国公司会选择合资的方式，而当东道国的制度环境较好时，它们更可能采取并购的方式。薛求知和韩冰洁（2008）研究在新兴市场国家投资的跨国公司时，发现东道国腐败程度对跨国公司进入模式战略的影响会受到跨国公司进入东道国战略动机的调节。而 Cui 和 Jiang（2012）的实证研究也表明母国的调控制度、东道国的调控制度、非正式制度对中国企业对外直接投资股权进入模式的影响会受到投资主体所有权性质（是否国有企业）的调节。

1.2.2　制度理论：跨国公司经营发展

制度对跨国公司的经营管理产生了重要影响，包括对跨国公司人力资源管理的影响（Rosenzweig、Nohria，1994）、对跨国运作的外汇交易绩效的影响（Zaheer，1995）、对跨国子公司生存的影响（Barkema et al.，1996）、对整体绩效的影响（Morosini et al.，1998），等等。早前的研究主要关注文化距离对跨国公司发展的影响，通常认为文化距离会对跨国公司的发展产生负向影响。如 Barkema et al.（1996）的研究发现，与东道国文化差异大的外资企业更有可能被撤资或者解体。Luo 和 Peng（1999）对 108 家在华外资企业的研究发现，文化距离与外资企业的绩效呈现显著的负相关关系，但是也有研究发现它们之间存在正相关关系或不存在关系。Park 和 Ungson

(1997) 研究了186家合资子公司的解散行为，认为文化差异并没有产生直接的影响，美日合资企业的寿命甚至要长于美国本土企业。Morosini et al. (1998) 在对52项跨国兼并项目的研究中发现，文化差异与兼并后的绩效呈显著的正相关关系。国内学者尹忠明（2013）阐述了文化距离对中国跨国企业的绩效存在直接影响，且对于不同的绩效目标的影响存在差异，文化距离对于企业的财务绩效会产生负面影响，而对于企业的非财务绩效的直接影响却是正向的，但是该文献没有使用相关数据对其结论加以证明。通过对以上文献的回顾，我们不难发现文化差异对于跨国公司绩效的影响结果并不一致，其可能的原因是文化距离与跨国公司经营发展之间的关系还受到其他因素的影响。Li等（2013）的研究将企业风险与国家文化结合起来，发现和谐主义和不确定性规避与企业风险负相关，个人主义与企业风险正相关。赵龙凯等（2014）研究了出资国文化特征与合资企业经营风险之间的关系，结论表明出资国文化特征中的和谐主义与不确定性规避会显著降低企业风险，个人主义则会显著增加企业风险；同时，出资国与中国的文化冲突会显著降低合资企业的风险。

Mudambi和Navarra（2002）提出东道国和母国之间的制度距离提高了跨国直接投资的风险，增加了跨国经营的成本，不仅影响着跨国公司进入东道国之前的进入模式战略决策，同时也会对进入之后的绩效产生影响。但是他们并没有系统地检验制度距离的影响机制。潘镇等（2008）在对我国制度进行分类的基础上，以2 000余家在华外资企业为样本，分析了制度距离对于外资企业生存的影响。研究表明，投资国和中国的制度距离越大，外资企业所面临的经营风险越大，遭受失败的可能性也就越大，而在各种制度因素中，企业管理制度距离和法律制度距离的影响最为显著，企业运行制度距离和文化距离居中，而经济制度距离的影响最弱。同时，制度距离越大，合资和独资企业的绩效表现差异就越大，但是合资企业遭受失败的可能性更大。Gugler（2012）提出母国的制度环境同样会对境外子公司的绩效产生影响，完善的母国制度环境不会对企业的对外直接投资设置过多的限制，比如对于资金流动的控制，母公司就能够随时为子公司的发展提供必要的资金支持，进而对其财务指标产生影响。

结合国内外的研究现状，本书发现已有研究关注制度与境外子公司在东道国经营发展的关系，包括对跨国公司人力资源管理的影响、对跨国运作的外汇交易绩效的影响、对跨国公司生存的影响、对整体绩效的影响，等等，但没有研究关注制度对我国境外子公司绩效的影响，更没有将制度基础理论同社会网络理论相结合，探讨制度通过境外子公司的社会网络关系影响其绩效的路径机制。因此，结合进入模式、社会网络关系和制度研究它们对我国境外子公司绩效的影响具有重要的实践价值和理论意义。

1.3　制度理论的新发展

随着学者们对制度理论的深入理解和研究，近些年来制度理论有了很多新的发展。本节主要介绍两个在学术界颇受关注的研究分支：组织对制度的改变和制度复杂性。

1.3.1　组织对制度的改变

对制度理论的研究长期专注于定义和解释组织环境中的制度化，以及制度如何影响组织遵从（conform）外部压力。很早的制度研究着重于对一些人们已习以为常的制度因素例如信仰、神话等对组织价值观和社会意义的潜移默化的影响（Selznick，1947）。随后的研究关注各种制度因素对组织结构和组织变化全方位的影响（Scott、Meyer，1987）。然而在很长一段时间内学者们都认为，只有制度环境对组织单方面的影响，而这种影响反之则不成立。直到Oliver（1991）从资源依赖理论的视角，比较系统地提出组织亦可对制度环境做出战略性的回应，将制度理论的诠释范围扩展至组织对外部制度的反向影响，才被学界广泛接受。Oliver（1991）认为组织不一定只会被动遵从（passive conform）制度压力，而是会积极操纵（active manipulate）环境。具体来说，她认为组织对外部环境的应对策略可以分为五个大类，分别是：默许、妥协、回避、否定和操纵。

第一，默许。这表示组织认同制度施加的外部压力，通过习惯、模仿和服从来获得外部合法性。习惯，主要针对潜移默化的、理所当然的价值规则。在这种情况下，组织甚至意识不到一些行为和实践正是受到了包括习俗在内的制度规范的影响。模仿，是指有意或无意地去同构自我结构，向在该环境下取得成功的组织或值得信赖的组织靠近以求得生存。服从，是一种有意识的遵守制度要求的行为，以求得自我利益的实现。

第二，妥协。当组织的内部要求例如追求效率或自助控制，与满足外部制度期望以获得合法性发生冲突的时候，以及外部环境对组织有多重压力时，组织可能会使用妥协的策略。这种策略通常是不受人欢迎的，是组织抵抗（resistance）制度压力的开端。妥协策略包含了平衡、息事宁人和讨价还价三种形态。平衡是指当组织面对多种外部制度压力时，通过平衡的方式协调不同目标之间的关系。息事宁人是指对外部期望采取部分满足或只满足最低限度的制度压力以求得生存。讨价还价是较为积极的一种妥协方式，以协商的方式通过与外部交换而获得生存资源。

第三，回避。组织通过隐藏不服从的部分、与制度保持距离以及逃离制度规则和期望来回避一些必要的制度服从。隐匿，是指用默认的表象隐藏对制度不服从的部分，伪装出已经打算服从制度要求的表象。缓冲，是指组织通过与制度保持一定的距离，来规避外部的监视、审查和评估，将内部的工作与外部的评估进行一定程度的脱钩。逃避，是组织主动离开制度，或者显著改变自己的工作目标以逃离必需的制度服从，这也是一种克服外部压力的方式。

第四，否定。否定包括了忽视、挑战和攻击三种方式。相较于默认、妥协和回避，否定更明确地拒绝制度的范式和期望，是更积极地抵抗制度压力的方式。忽视，是指直接忽略制度的规则和价值，这种方式在外部压力较小，或者外部目标之间相互冲突的时候比较有可能达成，并且会由于组织缺乏对制度压力背后实行原因的理解以及不了解不服从的后果而加剧。挑战，是指组织以一种冒犯的方式直接否定制度压力。当组织可以通过挑战展示其行为的正当性时，或者其内部价值观与外部规则相去甚远时，就倾向于直接对制度进行挑战。攻击，相较于挑战，是更为激进与频繁地主动脱离制度压力的方式。这种方式一般发生在组织的内部价值观较为负面，而组织相信其权利或自主权处于极度危险之中时。

第五，操纵。这是最为积极地改变制度压力，甚至反过来试图对制度施加影响的一种策略。它包括合谋、影响和控制，是一种有明确目的的，甚至是机会主义的行动。合谋，是指组织试图说服制度中有影响力的个人和要素加入组织内部，以提高组织的外部价值和可接受程度。这种对制度连接的机会主义使用方式可以使组织获得外部的资源和肯定。影响，是指组织改变外部制度的价值观和规则，使得外部的评价标准更符合组织自身的利益诉求。例如工会会影响公众对特定行业的看法，以及游说政府制定对自身企业或行业有利的政策和规则。控制，是指建立自身权力来掌控外部制度，由组织主导事情的发展方向而非任由外部制度干涉组织目标和结构。

1.3.2　制度复杂性

Meyer 和 Rowan 在 1977 年已经提出了外部环境对组织的制度压力是由不同的制度实体构成的，而这些制度实体对组织的压力可能是不同的甚至是冲突的，会导致组织需要同时处理复杂的制度要求。例如学校需要同时处理来自政府、市场和学生的不同期望，而这些期望有时包含着相互冲突的内容，学校无法同时满足所有的制度要求。Greenwood 等人（2010）对制度复杂性做了更为详细的阐释：首先，由于外部环境有多元的制度实体，其内涵逻辑不同导致组织面临复杂的制度要求。其次，不同的制度要求在目标和方法上的不一致，会导致组织感受到的复杂程度不同。最后，组织本身的一些特征会过滤制度复杂性，最终决定组织的后续行为。

Frieldland 和 Alford（1991）定义了外部环境中存在的不同制度逻辑：对西方社会而言，主要是市场逻辑、官僚政府逻辑、民主逻辑、家庭逻辑和宗教逻辑。他们认为不同的制度逻辑提供了如何解释环境压力和规范行为的原则，组织遵循这些制度逻辑是为了得到制度实体的认可和背书，进而获得生存和发展所需的资源。然而这些不同的制度逻辑之间可能并不相容，因而对组织如何应对制度复杂性提出了挑战。

Pache 和 Santos（2010）进一步分析认为，制度逻辑不相容可以分为目标不同和方法不同，制度的目标不同会比方法不同更能让组织感受到压力。此外，外部制度实体是否能在组织内部施加影响，也能决定组织对制度复杂性的感受程度。一般而言，即使有多重外部压力，只要组织内部没有或只有一个代表占据主导地位，组织就能减少外部复杂性的压力。相反，如果组织内部存在多种外部制度的代表，则组织可能会崩溃。总之，当外部环境高度分裂且都能够在组织内部施加影响时，组织将面临最为严重的制度复杂性压力。

最后，Greenwood 等人（2010）还对能够过滤制度复杂性影响的组织特征做了分类。他们认为组织在环境中的地位、组织内部结构、所有权与内部治理、身份认同等特征都能过滤外部不同的制度压力。因此，对于制度复杂性如何影响组织行为，需要同时结合制度复杂性本身和其如何在组织内部发挥作用两方面来分析。

2　企业国际化研究现状

本章将通过文献计量学方法对企业国际化研究现状进行分析，分析的内容主要包括已有研究的时间分布，作者、机构、国家/区域的合作分布，关键学科门类和学术期刊聚类以及文献的耦合等方面。

2.1　企业国际化的界定

已有关于企业国际化行为的研究并未对“国际化”这一概念达成统一的认知。对企业国际化行为较早的解释是 Vernon 基于产品生命周期理论的研究。Vernon 认为企业进行国际化经营主要是为了降低产品的生产成本。Johanson 和 Vahlne（1977）在提出企业国际化过程理论的基础上，对企业的国际化进行了界定，认为企业国际化是一个企业对境外市场逐渐提升承诺的连续发展过程。Hitt 等（1997）基于资源观和组织学习理论，认为企业国际化是企业的运营市场多样化战略，产品研发、产品制造以及产品销售等活动跨越国家边界进入不同的区域或市场均可被称为国际化。Hitt 等（2006）认为“国际多元化”（international diversification）、“地域多元化”（geographic diversification）、“全球多元化”（global diversification）“国际化扩张”（international expansion）、“多国多元化”（multinational diversification）、“全球化”（globalization）以及“多国性”（multinationality）等表述与“国际化”（internationalization）具有相同的战略架构。

正如 Hunter 和 Schmidt（1990）所述，“几个世纪以来，科学家们已经知道，一项研究无法解决一个重大问题。事实上，一个小样本研究甚至不会解决一个小问题。因此，科学的基础是许多研究结果的知识积累”。因此，本章采用文献计量学方法来分析中国企业国际化研究领域的知识聚类和分布。例如，现有企业国际化研究领域的发展脉络，作者、机构、国家（地区）的合作网络等。文献计量学使用引用和共同引用作为科学知识传播以及学科之间知识流动的指标，已被广泛应用于创新管理（Shafique，2013）、宏观经济学（Mccain，1983）、组织行为（Culnan 等，1990）、消费者行为学（Hoffman、Holbrook，1993）、运营管理（Pilkington、Meredith，2009）、战略管理（Ramos-Rodriguez、Ruiz-Navarro，2004）等领域以构建该领域的知识架构。

本章使用“国际化”“出口”“国际化程度”“国际多元化”“地域多元化”“地域分布”“境（海）外运营范围”“国际化扩张”“全球多元化”“全球化”“多国性”“对外直接投资”“跨国公司”“境（海）外市场进入”以及“进入模式”等关键词，依托 Web of Science 核心数据库跨越近 30 年时间（1990 年 1 月 1 日到 2019 年 7 月 31 日）的数据，共检索出了 8 555 篇有关企业国际化的文献。同时本章使用 Endnote 软件对这 8 555 篇文献进行了逐一核查。本章基于已有关于企业国际化的文献，使用文献计量学方法分析企业国际化领域的研究足迹、研究热点、研究前沿和研究趋势问题等。

2.2　企业国际化研究的年代和国家分布

文献年代分布在一定程度上反映了该学科领域研究的发展速度和总体研究水平。随着 1993 年风险投资的兴起、2006 年互联网商业模式的推出以及国家创新政策的出台，引发了全球学者对企业国际化行为研究的热潮。如图 2.1 所示，20 世纪 90 年代，有关企业国际化的研究数量有限，而从 1997 年开始，有关企业国际化的关注度有了质的飞跃，这一现象与 Hitt 等（1997）刊登于 *Academy of Management Journal* 上题为“International diversification: Effects on innovation and firm performance in product diversified firms”的高被引研究息息相关。Hitt 等（1997）的研究在企业国际化研究领域具有里程碑意义。因此，从 1997 年开始，关于企业国际化的文献数量显著增长，由 1997 年的 20 篇增长到 2016 年的 574 篇。虽然 2017 年的相关文献数量稍有减少，但仍属于高产出年份。

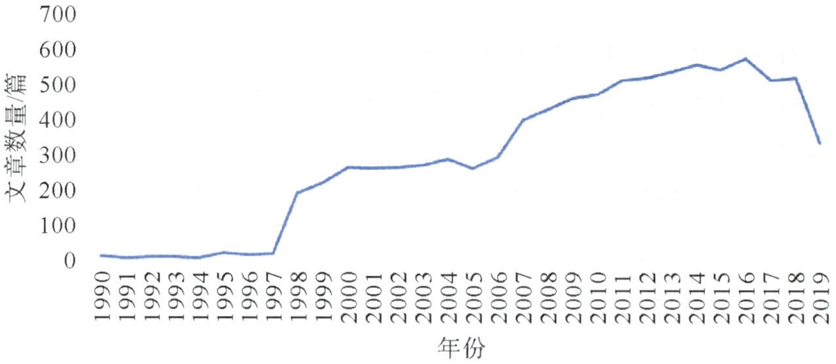

图 2.1　文献年代分布

20 世纪 60 年代始于美国的企业国际化研究，主要聚焦于北美和西欧企业的国际化。后来，国际商务的学者们（Yoshino，1976；Vernon，1977；Franko，1983）开始将注意力聚焦于日本企业国际化行为和亚洲“四小龙”国家或地区的跨国公司。然而，对新兴经济体企业国际化的研究却是近年来才有的事情。以往被学者们忽视的诸如中国和印度等新兴经济体国家现在已成为其研究的常规话题（Ramamurti，2016）。

科学研究是一个动态学习的过程，每个国家的研究者都不是孤立的个体，而是关系网络的重要组成节点。国家间的关系网络越密集，这个国家的研究者与外界的学术交流就越频繁，相关领域的研究工作就越前沿。如表 2.1 所示，美国学者和欧洲学者是企业国际化行为研究的主力军，始终占据垄断地位，尤其是在 20 世纪 90 年代初期。而自 1978 年底中国开始实施改革开放政策、1992 年邓小平发表“南方谈话”、1999 年推行“走出去”政策以及 2001 年加入世界贸易组织，越来越多的中国企业开始走出国门进行对外直接投资和跨国并购。

表 2.1　文献的国家聚类（前 20 个国家或地区）

出现次数	中心性	sigma 值	国家或地区	年份	英文半衰期	聚类
2 398	0.33	3.585	美国	1990	19	0
1 273	0.40	1.00	英格兰	1998	13	0
751	0.03	2.95	中国大陆	1998	16	1
626	0.07	1.00	德国	1998	14	2
478	0.14	3.85	加拿大	1998	12	1

表2.1(续)

出现次数	中心性	sigma 值	国家或地区	年份	英文半衰期	聚类
469	0.07	1.00	澳大利亚	1995	17	1
359	0.07	1.00	西班牙	2000	14	3
327	0.07	1.00	法国	1996	18	2
301	0.02	1.00	韩国	1998	16	1
290	0.01	1.00	日本	1998	14	1
279	0.06	1.00	意大利	1998	15	2
250	0.04	1.00	荷兰	1998	13	3
227	0.01	1.00	中国台湾	1999	13	1
174	0.01	1.00	瑞典	1998	15	3
159	0.02	1.00	土耳其	2000	13	3
154	0.03	1.00	比利时	1998	15	2
133	0.03	1.00	丹麦	1999	13	2
127	0.02	1.00	苏格兰	1998	12	3
122	0.01	1.00	奥地利	1998	15	3
120	0.02	1.00	瑞士	2000	14	3

2.3　企业国际化研究的学者、机构和期刊分布

通过对文献作者分布的分析，不仅可以了解该研究领域的核心作者，并掌握核心作者的研究动向，而且可以促进该领域的学术交流及学科发展。在一个科学研究领域，有影响力的学者通常是独著或与他人合著，并在顶级或有影响力的期刊上发表有独特观点的文章（Fagerberg 等，2012）。科学研究是一项团体活动，需要发挥集体的智慧，多个学者的合作有利于高效配置互补性知识资源以提高文章的科学研究水平。本节基于 Web of Science 核心数据库，从知识生产者角度使用文章平均年被引用次数指标对企业国际化研究领域的作者影响力进行了排名。表 2.2 展示了学者的聚类。其中被引排名最多的聚焦于中国企业国际化研究的学者是英国利兹大学商学院的 Peter J Buckley 教授。

表 2.2　学者聚类（前 20 位学者）

序号	出现次数	突发性	中心性	Sigma 值	作者（年份）	期刊与文章	半衰期	聚类
1	123	46	0.00	1.00	HELPMAN E (2004)	American Economic Review, DOI0.1257/000282804322970814	6	3
2	104	39.04	0.00	1.00	MELITZ MJ (2003)	Econometrica, DOI 10.1111/1468-0262.00467	7	5
3	96	36.4	0.00	1.00	JAVORCIK BS (2004)	American Economic Review, DOI10.1257/0002828041464605	6	5
4	93	30.23	0.00	1.00	BUCKLEY PJ (2007)	Journal of International Business Studies, DOI 10.1057/PALGRAVE.JIBS.8400277	5	1
5	86	29.54	0.00	1.00	GORG H (2004)	World Bank Research Observer, DOI 10.1093/WBRO/LKH019	6	5
6	85	30.7	0.00	1.00	JOHANSON J (2009)	Journal of International Business Studies, DOI 10.1057/JIBS.2009.24	6	1
7	84	33.82	0.00	1.00	MARKUSEN J (2002)	Multinational Firms and the Theory of International Trade	6	3
8	83	29.39	0.00	1.00	LUO YD (2007)	Journal of International Business Studies, DOI 10.1057/PALGRAVE.JIBS.8400275	6	1
9	82	33.95	0.00	1.00	AITKEN BJ (1999)	American Economic Review, DOI 10.1257/AER.89.3.605	6	5
10	76	36.94	0.00	1.00	CAVES RE (1996)	Multinational Enterprise and Economic Analysis	6	4
11	69	25.99	0.00	1.00	WAGNER J (2007)	World Economy, DOI 10.1111/J.1467-9701.2007.00872.X	6	0
12	67	25.65	0.00	1.00	HELPMAN E (2008)	Quarterly Journal of Economics, DOI 10.1162/QJEC.2008.123.2.441	6	0
13	65	21.81	0.00	1.00	LUO YD (2010)	Journal of World Business, DOI10.1016/J.JWB.2009.04.003	6	1
14	62	17.19	0.00	1.00	MEYER KE (2009)	Strategic Management Journal, DOI10.1002/SMJ.720	5	1
15	62	25.52	0.00	1.00	CARR DL (2001)	American Economic Review, DOI 10.1257/AER.91.3.693	6	3

表2.2(续)

序号	出现次数	突发性	中心性	Sigma 值	作者（年份）	期刊与文章	半衰期	聚类
16	61	26.1	0.00	1.00	DREHER A (2006)	Applied Economics, DOI 10.1080/00036840500392078	6	1
17	61	19.09	0.00	1.00	PENG MW (2008)	Journal of International Business Studies, DOI 10.1057/PALGRAVE.JIBS.8400377	6	0
18	59	9.82	0.00	1.00	BLALOCK G (2008)	Journal of International Economics, DOI10.1016/J.JINTECO.2007.05.011	5	5
19	54	21.91	0.00	1.00	BORENSZTEIN E (1998)	Journal of International Economics, DOI 10.1016/S0022-1996(97)00033-0	6	5
20	53	23.14	0.00	1.00	HELD D (1999)	Global Transformations: Politics, Economics and Culture	4	2

经过几十年的发展，有关企业国际化行为的研究机构已遍布美洲、欧洲和亚洲。从表2.3可知，在文章被引用次数最多的前20家研究机构中，90%分布在美国和欧洲，而亚洲国家仅中国的北京大学和韩国的韩国大学出现在榜单上。机构被引用率排名与核心作者被引用率排名是相对应的，例如，哈佛大学的Elhanan Helpman教授和Marc J. Melitz教授分别是被引用率排名第一和第二的学者；而利兹大学的Peter J Buckley教授的被引用量亦相当高。

表2.3　研究机构聚类（前20家研究机构）

序号	出现次数	突发性	中心性	Sigma 值	机构	年份	半衰期	聚类
1	137	8.92	0.24	6.81	University of Nottingham	1998	11	1
2	103	5.32	0.08	1.54	Harvard University	1998	10	0
3	88	6.17	0.03	1.18	World Bank	1999	12	0
4	84	4.73	0.09	1.51	University of Leeds	1998	17	5
5	64	-	0.02	1.00	Australian National University	1998	16	3
6	61	5.03	0.06	1.36	University of Oxford	1999	11	9
7	61	5.18	0.14	1.96	NBER (National Bureau of Economic Research)	2001	11	0

表2.3(续)

序号	出现次数	突发性	中心性	Sigma 值	机构	年份	半衰期	聚类
8	57	-	0.03	1.00	National University of Singapore	1998	12	3
9	53	-	0.06	1.00	University of Reading	1998	15	4
10	50	-	0.07	1.00	CEPR (Centre for Economic Policy Research)	2004	8	0
11	50	-	0.07	1.00	Peking University	2002	12	3
12	47	4.85	0.03	1.13	Kiel Institute for the World Economy	2004	10	1
13	44	4.36	0.05	1.22	University of Loughborough	1999	13	2
14	44	4.48	0.02	1.08	University of Cambridge	1999	8	0
15	44	-	0.03	1.00	Columbia University	1998	10	2
16	43	4.45	0.06	1.29	Korea University	1998	15	3
17	43	5.23	0.03	1.16	University of Wisconsin	1998	8	8
18	41	-	0.03	1.00	Indiana University	1999	14	6
19	40	7.16	0.04	1.34	University of International Business and Economics	2011	4	5
20	40	4.66	0.02	1.12	University of Hong Kong	1998	10	3

人们通常认为，某一学科对某一研究领域的重要贡献可以通过在某一学科领域的学术期刊上所发表的相关论文的数量来衡量（Shafique，2013）。科学知识的使用通常会以引用的形式留下痕迹，并通过学术期刊使每个引文和一个或多个科学领域之间建立联系（Fagerberg 等，2012）。通过定量核算特定学术期刊的所有引用量，可以获得关于这个学术期刊如何被不同科学领域或不同学术背景的学者使用的定量分析。依据布拉德关于文献集中与离散分布规律定律，在一定时期内，某一学科所涉及的研究内容通常集中分布于数量不多但被引用频率较高的 N 种期刊上，这些期刊为该研究领域的核心密集区。本节发现经济学类期刊（例如，*Journal of International Economics*、*American Economic Review*、*World Economy* 和 *Journal of Development Economics* 等）、国际商务类期刊（例如，*Journal of International Business Studies*、*Journal of World Business*、*International Business Review* 和 *Management International Review*）以及管理学类期刊（例如，*Strategic Management Journal*、*Academy of Management Journal*、*Journal of Management Studies* 和

Journal of Business Research）被引用的频率最高。*Journal of International Business Studies*（《国际商务研究》期刊）的学者们是企业国际化研究领域最核心的知识提供者和使用者。*Journal of International Business Studies* 一直被认为是国际商务领域最权威最核心最重要的期刊（Dubois、Reeb，2000）。拥有广泛读者群的战略管理领域的最有影响力的期刊—— *Strategic Management Journal*（《战略管理》期刊）也是企业国际化研究领域非常关键的知识池或知识库。而由 Christopher Freeman 于 1972 年创建的第一个专注于创新领域研究的最有影响力的期刊—— *Research Policy*（《政策研究》期刊）亦是企业国际化研究的重要载体。具体参见表 2.4。

表 2.4　期刊聚类（前 20 种期刊）

序号	突发性	中心性	期刊	研究领域
1	1818	0.17	Journal of International Business Studies	IB&AREA
2	1760	0.07	Journal of International Economics	ECON
3	1416	0.06	American Economic Review	ECON
4	970	0.03	World Economy	ECON
5	963	0.03	Journal of Development Economics	ECON
6	949	0.06	Strategic Management Journal	STRAT
7	942	0.07	World Development	SOC SCI
8	936	0.17	Review of Economics and Statistics	ECON
9	788	0.01	Journal of World Business	IB&AREA
10	785	0.02	Quarterly Journal of Economics	ECON
11	783	0.01	International Business Review	IB&AREA
12	682	0.03	European Economic Review	ECON
13	670	0.04	Management International Review	IB&AREA
14	659	0.03	Academy of Management Journal	ETHICS-CSR-MAN
15	578	0.02	Economic Journal	ECON
16	567	0.08	Applied Economics	ECON
17	537	0.01	Review of International Economics	ECON
18	518	0.01	Journal of Management Studies	ETHICS-CSR-MAN
19	485	0.01	Journal of Business Research	ETHICS-CSR-MAN
20	469	0.08	Research Policy	INNOV

2.4 企业国际化研究的学科种类分布

企业国际化作为一种经济、社会和技术现象，吸引了来自不同学科的研究人员。表 2.5 展示了刊载中国企业国际化相关研究的学科聚类。统计结果显示，来自不同研究领域的中国企业国际化的学者们更倾向于将其文章刊登于商学与经济学、经济学、商学和管理学等学科门类期刊。在一些情况下，学者们的学科背景是相当类似的（例如，经济学、商学以及管理学等），然而在另一些情况下，一个学科很可能被划分为好几个不同的学科门类，例如，社会学和社会科学与交叉学科等。尽管经济学、商学、管理学等学科背景的期刊是企业国际化知识的主要载体，但是仍有部分文章出现在环境生态科学、地理学等自然科学类期刊上。

表 2.5　学科种类聚类（前 20 个学科种类）

序号	频率	突发性	中心性	Sigma 值	学科	年份	半衰期	聚类
1	6370	–	0. 30	1. 00	Business & Economics	1990	21	0
2	4253	–	0. 13	1. 00	Economics	1990	21	0
3	1612	–	0. 02	1. 00	Business	1998	14	0
4	1332	–	0. 06	1. 00	Management	1995	17	1
5	1020	–	0. 02	1. 00	International Relations	1998	12	0
6	593	24. 65	0. 04	2. 48	Government & Law	1998	10	0
7	501	25. 05	0. 00	1. 12	Political Science	1998	10	0
8	483	31. 29	0. 08	11. 13	Science & Technology-Other Topics	1990	22	1
9	479	31. 34	0. 07	7. 80	Multidisciplinary Sciences	1990	22	1
10	475	5. 66	0. 44	7. 84	Social Sciences-Other Topics	1998	12	3
11	447	14. 86	0. 27	34. 33	Sociology	1998	11	2
12	433	4. 87	0. 01	1. 07	Development Studies	1998	12	0
13	419	–	0. 00	1. 00	Business & Finance	1998	14	0
14	341	6. 86	0. 02	1. 18	Public Administration	1998	11	0
15	299	–	0. 04	1. 00	Environment Sciences & E-cology	1998	13	0
16	295	–	0. 03	1. 00	Environment Studies	1998	13	0
17	295	14. 95	0. 03	1. 53	Area Studies	1998	10	0

表2.5(续)

序号	频率	突发性	中心性	Sigma 值	学科	年份	半衰期	聚类
18	269	4.77	0.13	1.80	Social Sciences, Interdisciplinary	1998	11	1
19	214	-	0.00	1.00	Geography	1998	12	0
20	190	3.67	0.00	1.02	Regional & Urban Planning	1998	12	0

2.5　企业国际化研究领域的关键词聚类分析

对文献主题分布的分析既有助于学者们了解该研究领域的研究重点和热点，又能把握当前研究领域的方向和走势，为后期进行深入研究奠定基础。而关键词是文献主题的中心词汇，能够鲜明且直观地表述文献所要论述的主题。对科学文献的索引情况能够反映某一研究领域的研究热点与研究趋势，而文献的下载次数与引用次数又能较好地体现文献知识被吸收和扩散的状况。表 2.2 的关键词分布表明企业国际化研究领域出现频次最高的是“对外直接投资”（foreign direct investment），其次是“贸易”（trade）和“全球化”(globalization)。企业国际化领域的大多数研究主要是基于美国和中国等国家企业层面（firm-level）的面板数据（panel data），聚焦于企业国际化是否会影响（impact）企业绩效（performance）和增长（growth）。对外直接投资和出口是企业进入境外市场最主要且最常见的模式，常常被用来测量企业国际化行为或战略。对企业是否实施国际化战略的决定性因素的探究，亦是当前企业国际化研究领域的热点问题之一。

表 2.6　关键词分布

序号	频率	中心性	Sigma 值	关键词
1	1 666	0.04	1.00	对外直接投资
2	1 105	0.04	1.00	贸易
3	1 082	0.06	1.00	全球化
4	926	0.06	1.00	企业
5	779	0.13	1.00	绩效
6	667	0.06	1.00	增长

表2.6(续)

序号	频率	中心性	Sigma 值	关键词
7	626	0.03	1.00	决定性因素
8	619	0.02	1.00	模式
9	586	0.04	1.00	国际化贸易
10	552	0.04	1.00	中国
11	545	0.01	1.00	产量
12	531	0.1	13.68	美国
13	506	0.04	1.00	经济增长
14	459	0.04	1.00	战略
15	446	0.06	1.00	出口
16	444	0.04	1.00	创新
17	440	0.08	1.00	影响
18	405	0.03	1.00	市场
19	396	0.03	1.00	面板数据
20	384	0.02	1.00	跨国公司
21	371	0.04	1.00	发展中国家

3　制度与新兴经济体企业国际化理论基础①

本章主要探讨新兴经济体的跨国公司与制度协同演进的理论基础。目前，现有文献对制度与新兴经济体的跨国公司关系的研究重点大都集中在制度对新兴经济体跨国公司的影响上，而对于制度与新兴经济体跨国公司的协同演进的研究，无论是从新兴经济体的角度来看，还是从理论和研究方法的角度来看，都十分有限。因此，我们认为，在未来的研究中，可以采用不同情景下的理论视角和创新多元的研究方法来进一步加强对制度与新兴经济体跨国公司关系多样性的探索。

3.1　制度与企业的协同演进

协同演进的概念可以追溯到达尔文的物种“纠缠论”，这些物种相互作用并彼此影响进化过程。协同演进是生物学和进化科学中已建立的一种研究框架，因此对协同演进的研究是多学科结合的，它是生态和进化思维多种特征的综合体。

在企业管理领域，制度和企业的协同演进分析意味着要认识到制度不仅仅是需要企业去适应的一系列约束框架，也是个人、企业和其他组织有目的行动的结果。也就是说，并非所有制度都是外生于组织的，相反，它们可以相互塑造。因此，了解制度和企业之间的协同演进过程非常重要。对于协同演进的分析将导致我们对组织的理解发生根本性的变化，因为它

① 本章来源于刘夏明、杨娜、李霖洁、刘园园 2021 年在 *International Business Review* 期刊第 4 期上发表的论文“Co-evolution of emerging economy MNEs and institutions: A literature review”，在此基础上加入 2020 年以后发表的相关文献，对论文内容进行了更新和扩展而形成。

使我们能够了解企业破坏现有制度安排和新制度形成的动态过程，并且掌握制度的建设、维护和破坏的整个过程。

DiMaggio（1988）提出制度和企业协同演进过程中的制度变迁是通过代理机构发生的，即制度企业家行为。制度企业家是利用资源创建新制度或改造现有制度的行动者。在现有研究中，与制度企业家的概念密切相关的是制度创业者，即个人或企业在制度建设过程中所扮演的领导角色。为了更好地突出和强调企业和制度的作用，本章将在协同演进分析中引入制度企业家和制度创业的概念，它们代表了研究制度变化的内生解释的一种新途径。

自20世纪80年代以来，组织研究领域的学者对制度、代理和协同演进进行了大量研究。虽然有许多关于制度对企业国际化的影响的研究，但在国际商务与管理领域，对于跨国公司和制度的协同演进分析仍然非常有限。Cantwell等（2010）提出了跨国公司和制度协同演化的理论框架，其中确定了跨国公司和制度的三种参与形式：制度规避、制度适应和制度协同演进。上述三种跨国公司和制度之间的关系十分普遍，它们主要适用于发达国家和新兴经济体。然而，与发达经济体相比，新兴经济体的特点是市场化程度较低、政府积极参与和外部环境的高度不确定性。例如，一些新兴经济体国家的政府不仅是监管者和承包商，而且还是大型企业的所有者（Meyer，2018）。因此，新兴经济体的企业（国有企业或私有企业）与制度之间的相互作用关系的本质可能与发达经济体截然不同。因此，新兴经济体的跨国公司和制度之间相互作用过程中所涉及的具体变量和机制可能与发达经济体之间存在较大差异。尽管García-Cabrera和Duran Herrera（2016）基于在东道国和发展中国家环境中给定跨国公司及其环境的案例，建立了跨国公司与制度环境协同演进过程的动态模型，但本章讨论的核心将聚焦于新兴经济体跨国公司及其制度环境是如何协同演进的。

现有文献中也有少数学者采用案例研究法对跨国公司与制度协同演进的过程进行了探讨。例如，Clark和Geppert（2006）研究了跨国公司和当地管理者如何在东道国参与建立微观经济制度，Manning等（2012）研究了跨国公司塑造新兴经济体制度的过程。Horner（2015）通过对新兴经济体企业如何挑战跨国公司专利议程的研究，建立起它们在国际化过程中应对和利用当地制度的经营实践模式。Carney等（2016）解释了新兴经济体的跨国公司是如何将制度能力转移到国外市场的。这些案例研究揭示了一些跨国公司和新兴经济体的跨国公司与某些制度的动态协同演进过程，但对新兴经济体企业国际化与制度相互作用研究的发展过程和现实状况仍鲜有涉及。虽然新兴经济体作为一个整体与发达经济体存在显著差异，但它们同样具有多样性和活力。

本章主要通过综合文献识别和叙述性综合描述相结合的方法，对制度与新兴经济体跨国公司之间相互作用的相关文献进行综述。在文献遴选方面，我们选取了 2000—2021 年发表的近 200 篇涉及企业国际化、跨国公司、制度和新兴经济体的学术论文。通过对上述论文进行综合描述，本章全面介绍了新兴经济体的跨国公司与制度相互作用或协同演进关系的研究进展和现状，并批判性地讨论了在上述研究中运用的概念、理论和方法所涉及的各种问题，以深化我们对跨国公司与制度协同演进的认识。因此，在鼓励更多的比较性研究的同时，我们也呼吁未来协同演进学术研究中理论基础和方法上的多样性。

3.2　文献的遴选标准

文献综述的主要目的是评估现有的知识领域，并确立一个研究问题，以提高我们对该问题的认知水平。目前，共有三种类型的文献综述，包括叙述性综述、定性系统性综述和定量系统性综述（元分析）。作为叙述性综述的主要形式，叙述性概述通常描述一个问题的历史或发展进程，并通过对某一主题的现有知识及其广泛视角进行全面的叙述，引发更深层次的学术对话。系统性综述旨在全面定位和综合对相关特定问题的研究，在此过程中的每一步都采用有组织的、透明的和可复制的程序。同时，系统性综述涉及通过在多个数据库中搜索和联系单个作者来获取所有正式发表和未发表的论文，并且每篇论文通常由几个独立的审稿人审阅。相比之下，叙述性综述通常没有指明选择和评估论文的方法过程，因此可能导致某种程度上的结果偏差。

基于初步文献检索的结果，我们发现：有关制度与新兴经济体的跨国公司协同演进的研究正在兴起，而关于这一主题的研究却非常有限。因此，在现阶段，以叙述性综述的方式讨论跨国公司与制度协同演进发展的文献，探索新兴市场经济体与制度协同演进分析的相关概念、理论和方法论，并为未来的研究提供建议可能更为合适，而不是过早地进行系统性综述。

为了尽量减少叙述性综述可能出现的偏差，本章采用了类似于 Vazquez（2018）的改良程序，选择了符合条件的文献进行综述。

（1）本章使用 Business Source Premier（EBSCO）和 ProQuest ABI/Inform Global 的数据库搜索了相关文章。

（2）本章将搜索范围限制为在学术期刊上发表的论文，并不是仅仅为了避免限制某些可用信息来源而依赖于顶级期刊文章，更重要的是，这些文章使我们能够保证论文来源的可靠性。

（3）鉴于本章关注的是新兴经济体，而不是研究所有关于跨国公司与制度之间的关系都使用的协同演进框架，我们使用了“跨国公司或企业国际化”“制度”和“新兴经济体”等关键词的组合来进行初步搜索，筛选到了 2000—2021 年发表的 152 篇论文。在阅读了其中两位研究者的论文摘要和部分全文后，我们删除了 38 篇论文，因为其中一些不是用英文撰写的，其余的一些论文则与我们的研究主题无关。例如，一些论文讨论了新兴经济体金融或研究制度的发展，而不是跨国公司与制度之间的相互作用，尽管这些论文中也包含了部分被用于文献检索的关键词。

本章采用了包括 Oliver（1991）、Cantwell 等（2010）和 Lawrence 等（2013）在制度协同演进分析中使用过的互补文献法。尽管这些论文并不直接关注新兴经济体国家甚至跨国公司，但它们对于制度革新、制度工作和协同演进的概念化和理论化对当前新兴市场经济国家的制度关系研究产生了重大影响。因此，我们可以更好地评估这些理论在新兴市场经济国家的制度关系分析中的应用。

本章在表 3.1 中按时间顺序提供了 102 篇抽样论文的摘要信息，包括作者姓名、出版来源、企业国际化方向、企业—制度关系以及所涉及的新兴经济体，以便进行初步文献和内容分析。

表 3.1　新兴经济体跨国公司研究进展及现状

序号	作者/年份	期刊来源	国际化方向	企业—制度之间的关系	所涉及的新兴经济体
1	Oliver（1991）	AMR	—	企业对制度的反应范围从被动的从众到主动的操纵	—
2	Bodur et al.（2000）	AIM	新兴经济体的跨国公司	制度因素影响新兴经济体跨国公司绩效	土耳其
3	Child、Tsai（2005）	JMS	新兴经济体的跨国公司	跨国公司对新兴经济体环境政策的影响	中国台湾地区
4	Bhaumik、Gelb（2005）	EMFT	新兴经济体的跨国公司	制度因素对新兴经济体跨国公司进入模式产生影响	南非、埃及
5	Li、Yue（2005）	TASM	新兴经济体的跨国公司	制度因素影响新兴经济体跨国公司研发战略	中国大陆地区
6	Meyer、Peng（2005）	JIBS	新兴经济体的跨国公司	制度变迁与组织变迁之间的协同演进的研究倡议	中欧、东欧
7	Clark、Geppert（2006）	JIM	新兴经济体的跨国公司	跨国公司和当地管理人员参与跨国公司的微观经济体制建设	转型经济体
8	Peng et al.（2008）	JIBS	新兴经济体的国际商务战略	外国进入者与机构之间共同演进的研究倡议	新兴经济体
9	Li、Kozhikode（2008）	APJM	新兴经济体的跨国公司追赶上了现有的跨国公司	新兴经济体政府助力本土跨国公司的发展	中国大陆地区
10	Manning（2008）	EDQ	新兴经济体的跨国公司	西方的跨国公司促进了新兴经济体科学和工程集群的形成	新兴经济体
11	Chan et al.（2008）	SMJ	发达经济体与新兴经济体的跨国公司	东道国机构会对国外子公司的业绩产生影响	新兴经济体

表3.1（续1）

序号	作者/年份	期刊来源	国际化方向	企业—制度之间的关系	所涉及的新兴经济体
12	Amal et al.（2009）	LABR	新兴经济体的对外直接投资	来自新兴经济体的对外直接投资与体制变量呈现正相关关系	拉丁美洲
13	Yang、Rivers（2009）	JBE	发达经济体与新兴经济体的跨国公司	社会和组织变量决定跨国公司是否能够适应当地的行为规范并使自己合法化	新兴经济体
14	Cantwell et al.（2010）	JIBS	发达经济体与新兴经济体的跨国公司	制度规避、适应与共同演进	发达经济体、新兴经济体
15	Li（2010）	ITEM	处于新兴经济体中的发达经济体跨国企业的学习视角	东道国制度环境影响跨国公司对研发伙伴的选择	中国大陆地区
16	Gao et al.（2010）	JIBS	新兴经济体的出口	制度影响外国及本国公司的出口行为	中国大陆地区
17	Gubbi et al.（2010）	JIBS	来自新兴经济体的收购	目标公司的制度环境影响新兴经济体公司收购目标公司的价值	印度
18	Kim et al.（2010）	JIBS	来自新兴经济体的收购	制度变迁影响国际收购的盈利能力	韩国
19	Chan et al.（2010）	SMJ	美国与中国的跨国公司	国家与国家下属机构对外国子公司的业绩产生影响	美国、中国大陆地区
20	Álvarez、Marín（2010）	JIM	发达经济体与新兴经济体的跨国公司	制度框架影响外国投资者的进入方式	新兴经济体
21	Stal、Cuervo－Cazurra（2011）	LABR	新兴经济体的对外直接投资	制度加速了发展中国家的外国直接投资	巴西

表3.1(续2)

序号	作者/年份	期刊来源	国际化方向	企业—制度之间的关系	所涉及的新兴经济体
22	Santangelo、Meyer（2011）	JIBS	来自新兴经济体的企业国际化	制度影响辅助策略的实施	匈牙利、立陶宛、波兰
23	DeBeule、Duanmu（2011）	EMJ	来自新兴经济体的国际收购	制度对于境外收购非常重要	中国大陆地区、印度
24	Manning et al.（2012）	RS	新兴经济体的跨国公司	跨国公司塑造了新兴经济体的制度条件	罗马尼亚、中国大陆地区
25	Buckley et al.（2012）	BH	新兴经济体的外国直接投资	金融机构影响外国直接投资	印度
26	Andreff、Balcet（2012）	EJCE	新兴经济体的对外直接投资	制度对于新兴经济体对外直接投资的重要性	印度、中国大陆地区
27	Polesello et al.（2012）	BASE	来自新兴经济体的企业国际化	制度与外国投资者进入模式的选择有关	巴西
28	Wang et al.（2013）	IBR	新兴经济体的跨国公司	地方制度的发展增强了对外国直接投资的积极影响	中国大陆地区
29	McGuire（2013）	IA	来自新兴市场的新兴经济体跨国公司	新兴市场的公司利用并扩展了现有的全球治理结构	新兴经济体
30	Li（2013）	JIE	来自新兴经济体的企业国际化	制度影响创业公司的国际化	新兴经济体
31	Lawrence et al.（2013）.	OS	—	组织有目的地创建、维护或破坏制度	发达经济体、新兴经济体
32	Li、Ding（2013）	APBR	来自新兴经济体的企业国际化	制度压力影响国际化程度	中国大陆地区

表3.1（续3）

序号	作者/年份	期刊来源	国际化方向	企业—制度之间的关系	所涉及的新兴经济体
33	Hoskisson et al.（2013）	JMS	新兴经济体的战略研究	对于制度与要素市场的共同演化及其对新兴经济体企业战略影响的研究倡议	新兴经济体
34	Wang et al.（2013）	IJHRM	来自新兴经济体的企业国际化	制度调节个人特质—跨文化能力的关系	中国大陆地区
35	Gaur et al（2014）	JWB	新兴经济体的企业国际化	企业利用独特的制度优势，从出口转向对外直接投资	印度
36	Sun et al.（2015）	JWB	新兴经济体的企业国际化	国内制度的开放准入促进了新兴经济体企业的国际化	中国大陆地区
37	Chen et al.（2015）	MD	新兴经济体的跨国公司	地方性制度调节了企业国际化与绩效的关系	中国大陆地区
38	Horner（2015）	CPIB	新兴经济体的跨国公司和新兴经济体的企业国际化	新兴经济体企业挑战跨国公司的专利议程，并建立它们的实践模式来处理和利用当地条件进行国际扩张	印度、南非
39	Ang et al.（2015）	SMJ	新兴经济体的企业国际化	制度支柱相互作用形成了新兴市场国家的跨国治理模式选择	中国大陆地区、印度、印度尼西亚、马来西亚、菲律宾、泰国
40	Chen et al.（2015）	MBR	新兴经济体的企业国际化	地方性制度帮助新兴市场企业进入发达国家市场	中国大陆地区
41	Hitt et al.（2016）	JWB	国际战略研究	呼吁对跨国公司和环境之间的共同演化进行更多的研究	新兴经济体

表3.1（续4）

序号	作者/年份	期刊来源	国际化方向	企业—制度之间的关系	所涉及的新兴经济体
42	Zhou et al.（2016）	MD	新兴经济体的企业国际化	多层次的制度突发事件影响跨国收购	中国大陆地区
43	Li、Xie（2016）	MIR	新兴经济体的发达国家跨国公司	母国—东道国的文化距离影响跨国公司选择欧洲合资企业作为风险缓解机制	中国大陆地区
44	Ngo et al.（2016）	JIE	新兴经济体的企业国际化	母国制度属性影响新兴经济体企业国际化	越南
45	Hitt（2016）	CCSM	企业国际化	正式和非正式制度相互关联，影响企业战略	新兴经济体
46	Liou et al.（2016）	JWB	新兴经济体的企业国际化	正式和非正式制度对新兴市场的跨国公司的所有权策略有不同的影响	巴西、中国大陆地区、印度、印度尼西亚、墨西哥、俄罗斯、南非、泰国、土耳其
47	Chen et al.（2016）	JEESR	新兴经济体的企业国际化	高税率迫使本地企业向国外投资	马来西亚
48	Ma et al.（2016）	JWB	新兴经济体的企业国际化	地方性制度与企业国际化有关	中国大陆地区
49	Buckley et al.（2016）	MOR	新兴经济体的企业国际化	母国和东道国的制度都会影响跨国并购的区位策略	中国大陆地区
50	Cui（2016）	MOR	新兴经济体的企业国际化	研究中的缺陷可能会导致高估制度对企业战略行为的影响	中国大陆地区
51	Narula、Kodiyat（2016）	MBR	新兴经济体的企业国际化	母国经济疲软制约了新兴市场跨国公司的竞争力	印度

表3.1（续5）

序号	作者/年份	期刊来源	国际化方向	企业—制度之间的关系	所涉及的新兴经济体
52	Geary、Aguzzoli（2016）	JIBS	新兴经济体的企业国际化	制度与许多其他因素相互作用，影响了人力资源管理实践的转移	巴西
53	Carney et al.（2016）	JWB	新兴经济体的企业国际化	新兴市场跨国公司将制度能力转移到制度条件相似的国外市场	印度尼西亚
54	Hobdari et al.（2016）	APJM	新兴经济体的企业国际化	国内商业生态系统影响企业国际化战略	新兴经济体
55	Chen et al.（2017）	GSJ	新兴经济体的跨国公司	制度变动导致跨国公司进入战略的变化	非洲
56	Clougherty et al.（2017）	JMS	跨国公司与其效率/市场力量效应	新兴市场跨国公司的对外直接投资涉及大量的效率效应和最小的市场力量效应	新兴经济体
57	Li、Ding（2017）	MBR	新兴经济体的企业国际化	制度激励和约束促进了企业国际化	中国大陆地区
58	Becker－Ritterspach et al.（2017）	CPIB	新兴经济体的跨国公司	跨国公司进行不同模式的制度创新	新兴经济体
59	Funk、Treviño（2017）	CCSM	新兴经济体的跨国公司	跨国企业/新兴经济体的制度共同演变发生在宏观、中观和微观层面上	新兴经济体
60	Marlon Monticelli et al.（2017）	RBGN	新兴经济体的企业国际化	制度对巴西葡萄酒厂国际化的影响	巴西
61	Wei、Nguyen（2017）	IBR	新兴经济体的企业国际化	母国制度影响新兴市场跨国公司子公司的全球整合战略	中国大陆地区

表3.1（续6）

序号	作者/年份	期刊来源	国际化方向	企业—制度之间的关系	所涉及的新兴经济体
62	Haak - Saheem et al.（2017）	IJHRM	新兴经济体的发达国家跨国公司	跨国公司的人力资源管理同时受到西方实践和阿联酋制度特征的影响	阿拉伯海湾国家
63	Oliveira et al.（2017）	ITJ	新兴经济体的企业国际化	中国独特的制度环境塑造了其企业的对外直接投资特征	新兴经济体
64	Sun et al.（2018）	IBR	新兴经济体的企业国际化	母国的制度障碍影响了企业的退出战略	中欧、东欧
65	Buckley（2018）	MIR	新兴经济体的企业国际化	内部化理论对新兴经济体跨国公司的对外直接投资起着至关重要的作用	印度、中国大陆地区
66	Wrana、Revilla Diez（2017）	JCP	新兴经济体的跨国公司	区域制度而不是跨国公司会对全球企业社会责任的履行产生积极影响	越南
67	Sun et al.（2018）	ITEM	新兴经济体中的跨国公司	与外国企业相比，地方性制度对本土企业研发强度的影响更突出	中国大陆地区
68	de Jesus Ferreira de Almeida et al.（2018）	IRENIE	新兴经济体的新兴市场跨国公司	新兴经济体东道国的正式和非正式制度对巴西特许经营连锁店的区位选择很重要	巴西
69	Deng、Zhang（2018）	JBR	新兴经济体的企业国际化	制度质量与中小企业境外发展倾向（境外销售增长）负（正）相关	中国大陆地区

表3.1（续7）

序号	作者/年份	期刊来源	国际化方向	企业—制度之间的关系	所涉及的新兴经济体
70	Casson、Wadeson（2018）	IBR	新兴经济体中的新兴市场跨国公司	新兴市场跨国公司利用母国成本优势将知识内部化并加以利用	新兴经济体
71	Li et al.（2018）	MIR	新兴经济体的跨国公司	国家制度调节产业集聚与外资企业盈利能力之间的关系	中国大陆地区
72	Jean et al.（2018）	MIR	新兴经济体的跨国公司	政治关系提升跨国公司产品创新绩效	中国大陆地区
73	Yan et al.（2018）	JWB	新兴经济体的对外直接投资	政府和企业有目的地塑造对外直接投资政策体系	中国大陆地区
74	Kottaridi et al.（2019）	IBR	发达经济体的跨国公司	逃避型外商直接投资可能来自发达经济体	希腊
75	Mendy、Rahman（2019）	TIBR	新兴经济体的企业国际化	以人为本的文化壁垒影响中小企业国际化	孟加拉国
76	Becker－Ritterspach et al.（2019）	CPIB	新兴经济体的跨国公司	跨国公司可以通过 CER 反应缓解加剧的负面环境外部性	新兴经济体
77	Zhang et al.（2019）	IBR	新兴经济体的跨国公司	标准认证可以成为新兴市场外国公司的有效合法性战略	中国大陆地区
78	Gao et al.（2019）	CMS	战略“三脚架”视角下新兴经济体的企业国际化	母国和东道国的制度对于寻求战略资产的新兴市场跨国公司选择其投资位置有很重要的作用	中国大陆地区

表3.1（续8）

序号	作者/年份	期刊来源	国际化方向	企业—制度之间的关系	所涉及的新兴经济体
79	Rodgers et al.（2019）	MIR	新兴经济体的跨国公司	跨国公司制定公司政治战略以降低市场成本并在新兴经济体中发展合法性	乌克兰
80	Colovic et al.（2019）	MBR	新兴经济体的跨国公司	与当地公司相比，跨国公司不太可能侵犯其员工的人权	墨西哥
81	Yan et al.（2020）	IBR	新兴经济体的企业国际化	非正式制度与正式制度相互作用，进一步影响中小企业的国际市场选择	中国大陆地区
82	Wu、Ang（2020）	JWB	新兴经济体中的新兴市场跨国公司	国内政治关系和对外关系对中国跨国公司国际化的积极互动效应在发展中东道国市场上比在发达东道国市场上更强。	中国大陆地区
83	Zhang（2020）	JIBS	新兴经济体中的外商直接投资	非正式制度对当代外国直接投资有很重要的作用	中国大陆地区
84	Karst、Gaffney（2020）	ITJ	新兴经济体的企业国际化	区域性机构影响拉美跨国公司在跨境收购中所追求的所有权水平	拉丁美洲
85	Nuruzzaman et al.（2020）	GSJ	新兴经济体的企业国际化	制度支持和制度风险并存，可以同时影响企业的国际化策略	—
86	Shukla et al.（2020）	IJPR	新兴经济体的跨国公司	成功的公司采用以当地为中心的商业战略，使它们能够获得重要的关系和知识并适应正式的制度，包括政府和监管程序	印度

表3.1（续9）

序号	作者/年份	期刊来源	国际化方向	企业—制度之间的关系	所涉及的新兴经济体
87	Wu、Deng（2020）	JBR	新兴经济体的中小企业	中小企业倾向于去与母国有不同制度的东道国，并选择低资源承诺的进入模式	中国大陆地区
88	Polloni – Silva et al.（2021）	GC	新兴经济体的跨国公司	外国直接投资与人类发展的关系因所分析的人类发展方面和制度而异	巴西
89	Bashir et al.（2021）	MDE	新兴经济体的对外直接投资	当制度距离和经济自由度较低且政治风险较高时，资源禀赋对中国企业的投资更具有吸引力	中国大陆地区
90	Liu et al.（2021）	JBR	新兴经济体中的新兴市场跨国公司	新兴市场跨国公司的母国文化会产生“印记”效应，从而促进或阻碍它们在收购企业后的社会责任表现	—
91	Zhang et al.（2021）	EMR	新兴经济体的企业国际化	当东道国的制度环境质量较好且为国有企业、消费品企业并在社会敏感行业运营时，国际化显著提高了企业的社会责任绩效	中国大陆地区
92	Alexiou、Vogiazas（2021）	JES	新兴经济体的对外直接投资	中国对外直接投资与欧洲知识产权制度的强度之间存在高度负相关	中国大陆地区

表3.1（续10）

序号	作者/年份	期刊来源	国际化方向	企业—制度之间的关系	所涉及的新兴经济体
93	Slesman et al.（2021）	IBR	新兴经济体的对外直接投资	外国直接投资在制度能力阈值以下的水平对国内企业家精神有负面（挤出）影响，在制度能力阈值以上的水平有正面（挤入）影响。挤出效应随着制度能力的变化或改善以适应不断变化的经济环境条件而减弱	—
94	Pattnaik et al.（2021）	JIM	新兴经济体的企业国际化	新兴市场跨国公司从本国环境的多样性中获得的经验和知识有助于它们的国际扩张	—
95	Tu、Zhang（2021）	EMFT	新兴经济体的企业国际化	跨国收购后的长期价值创造受到较大的文化距离的阻碍，这种负相关性在服务业或战略性新兴产业的并购方中更为突出	中国大陆地区
96	Anwar、Iwasaki（2021）	EE	新兴经济体的企业国际化	新兴跨国公司投资于制度质量普遍较低的高风险市场	“金砖国家”
97	Yen、Lin（2021）	CMS	新兴经济体的对外直接投资	跨国性（国际多元化和本国政治影响力）与多重同步 OFDI 新模式的绩效效应之间存在正相关关系，与传统的稳步增加 OFDI 模式的跨国性与绩效效应之间存在部分正相关关系	中国大陆地区
98	Kayaci、Ataay	EAR	新兴经济体的企业国际化	在跨国并购中，并购企业股权集中度与目标企业股权水平呈正相关关系	土耳其

表3.1（续11）

序号	作者/年份	期刊来源	国际化方向	企业—制度之间的关系	所涉及的新兴经济体
99	Tang et al.（2021）	APJM	新兴经济体的对外直接投资	当中国企业的总部设在制度发展水平高或经济发展水平低的地方，或者当母国与东道国之间的政治关系友好或东道国市场增长缓慢时，国有企业可以扩大对外直接投资；否则，国有制会阻碍对外直接投资	中国大陆地区
100	Tang（2021）	IBR	新兴经济体的对外直接投资	东道国市场制度支持与新兴市场企业在该国 FDI 项目投资规模之间存在倒 U 形关系	中国大陆地区
101	Huang et al.（2021）	IBR	新兴经济体的对外直接投资	当新兴经济体企业的对外直接投资组合具有较高的东道国制度整体质量或东道国战略要素市场发展的多样性时，其对外直接投资对短期绩效的贡献更大。然而，在较长时期内，当战略要素市场和制度环境总体多样性较高时，新兴经济体企业对外直接投资对长期绩效的贡献更大	中国大陆地区
102	Nayyar、Prashantham（2021）	CPIB	新兴经济体的企业国际化	印度各州的地方市场支持制度对印度跨国企业在发达经济体而非新兴经济体进行收购的可能性产生负面影响	印度

3.3　新兴经济体跨国公司制度关系研究

本章首先回顾新兴经济体跨国公司与制度研究的总体趋势，主要包括期刊和年度分布、国际化方向以及企业国际化和制度之间的关系，除此之外还将对抽样出版物中涉及的新兴经济体进行简要讨论。接下来，我们将在下一节重点讨论新兴经济体企业国际化和制度的相互作用或协同演进研究的概念化、理论化和研究方法。

3.3.1　期刊和年度分布

如表 3.1、图 3.1 和图 3.2 所示，新兴经济体跨国公司与制度研究发表在各种期刊上，包括传统的国际商务与管理期刊如 *JIBS*、*JWB* 和 *IBR*，以及综合管理类如 *SMJ*、*JMS*、《欧洲管理》、《管理与组织评论》、《管理决策》、《亚太管理和拉丁美洲商业评论》（*Asia-Pacific Journal of Management and Latin American Business Review*），发展学类如《经济发展》季刊、伦理学类如《商业伦理》期刊，历史学类如《商业史》期刊和人力资源管理类如 *IJHRM* 期刊。研究结果表明，新兴经济体中跨国公司与制度的关系不仅是国际商务与管理领域的一个热门话题，同时也引起了经济学、管理学和组织学的关注。就年度分布而言，如果我们将样本周期划分为 4 个区间，那么出版物的数量将从第一阶段（2000—2004 年）的 1 份增加到第二阶段（2005—2009 年）的 11 份，到第三阶段（2010—2014 年）的 22 份，以及第四阶段（2015—2021 年）的 67 份。数据表明，学术界对这一主题的兴趣呈快速上升趋势。

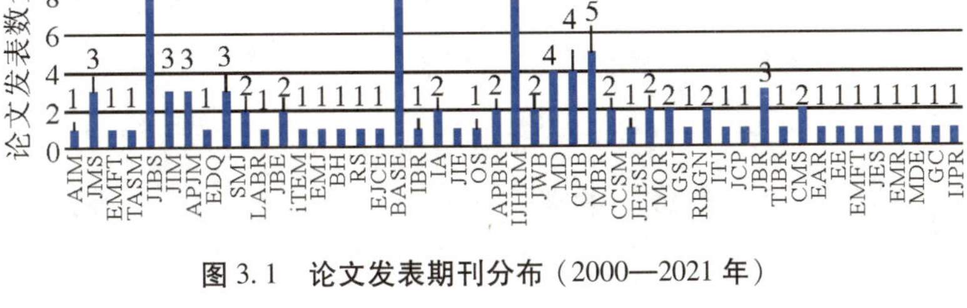

图 3.1　论文发表期刊分布（2000—2021 年）

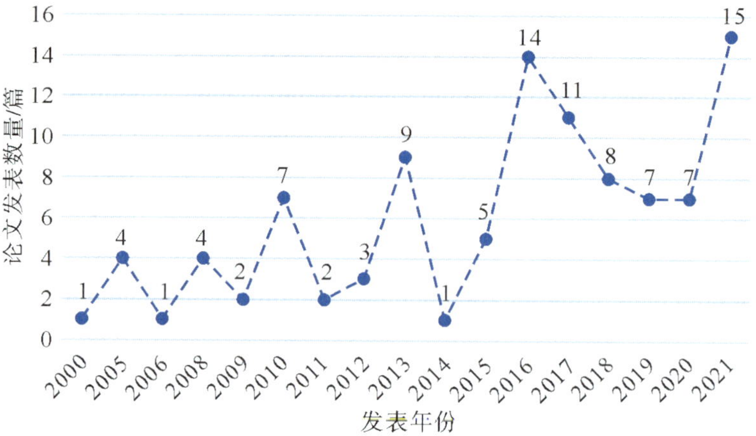

图 3.2 论文发表数量分布（2000—2021 年）

3.3.2 国际化方向

当前研究的重点是制度和新兴经济体企业国际化或者新兴经济体的跨国公司之间的关系。然而，在表 3.1 中，我们引入新兴经济体企业国际化方面的研究，以此来比较“跨国公司与制度之间的相互作用”和“新兴经济体中跨国公司与制度之间的相互作用”，以方便我们更好地理解后一种模式的独特性。在 102 篇被抽样的文献中，有 37 篇关注跨国公司与制度之间的关系，有 51 篇关注新兴经济体中跨国公司与制度之间的关系，剩余的 14 篇论文是关于制度进程的战略响应、制度工作、新兴经济体的战略研究以及关于不区分发达经济体和新兴经济体的一般性国际战略研究的文献综述。如果我们将样本周期划分为两个区间，我们会发现在 13 份学术期刊中，第一个阶段（2000—2009 年）只有 1 份关于新兴经济体中跨国公司与制度方面的研究。在第二阶段（2010—2021 年），已有超过一半的期刊讨论了二者之间的关系。因此，新兴经济体中跨国公司与制度之间的相互作用关系越来越受到关注。鉴于新兴经济体在国际舞台上的重要性与日俱增，这样的结果并不令人感到意外。

3.3.3 企业国际化与制度的关系

本章选定的 102 篇学术论文涉及公司和制度之间的各种相互作用问题。在跨国公司和制度关系研究中，主题包括母国/东道国制度对跨国公司进入模式选择的影响、研发活动、国际战略、合作伙伴选择、国际人力资源管理、企业行为、企业社会责任（CSR）、新兴经济体的盈利能力或绩效等。在针对新兴经济体的研究中，公司绩效研究最受欢迎，其次是企业的进入模式选择。

在新兴经济体跨国公司和制度关系研究中，主题包括影响新兴经济体企业国际化的母国/东道国制度、进入模式选择或治理模式选择或转变、新兴经济体的跨国公司的对外直接投资、对外直接投资政策制定、国际人力资源管理、企业竞争力、盈利能力或业绩和影响。很明显，关于新兴经济体跨国公司最流行的研究主题是对外直接投资的决定因素或动机，随之而来的是新兴经济体的企业国际化。企业国际化尤其是新兴经济体的对外直接投资，是国际商务与管理中相对较新的现象，这或许可以解释为什么目前对OFDI决定因素的研究要比对新兴经济体企业绩效的研究多。

上述文献研究的一个共同特点是：制度在很大程度上被认为是理所当然的存在，学者们在此基础上讨论了它们如何影响企业战略和行为。然而，对内生性制度的研究正在兴起。虽然制度可以塑造和约束组织模式及行动模式，但个人、企业和其他行动者有目的的行动也可以制定和重建制度（McGaughey等，2016）。在我们关于新兴经济体中跨国公司活动的抽样期刊中，Child和Rodrigues（2005）指出，跨国公司影响环境政策，Clark和Geppert（2006）发现跨国公司和当地管理者都参与了国际合资企业的微观经济制度建设，Becker-Ritterspach，Lange和Becker-Ritterspach（2017）指出，跨国公司参与了不同的制度革新模式构建，Manning（2008）和Manning等（2012）揭示了跨国公司塑造了制度条件。Funk和Trevino（2017）观察到一个非常有趣的现象：在宏观、中观和微观层面上，跨国公司和新兴经济体机构之间并不是协同演进的，而是协同退化的。

相比之下，关于新兴经济体跨国公司如何形成或与制度协同演进的研究非常有限。在有关新兴经济体企业国际化的精选论文中，McGuire（2013）发现，新兴经济体利用并扩大了现有的全球治理结构体系，而Carney等（2016）讨论了新兴经济体企业如何发展制度能力，并将其转移到具有类似制度条件的国外市场。一种解释是，在制度转型或设立方面，新兴经济体明显缺乏关于个人、企业及相关机构的研究，即当前的全球经济治理适合许多新兴经济体企业，因此新兴经济体几乎没有动机调动资源进行任何制度变革，而且这些变革也不会给它们带来多少收益（McGuire，

2013）。第二个原因与新兴经济体缺乏健全的制度有关，这为跨国公司的制度建设提供了巨大的机会。而对于进入那些拥有健全制度的发达经济体的新兴市场经济体跨国公司而言，情况恰恰相反。最后一个可能的原因与发达经济体和新兴经济体之间的力量平衡有关，至少在微观层面上是这样的。正如 Clark 和 Geppert（2006）所指出的，在跨国制度情景中，如跨国公司与新兴经济体企业之间的国际合资企业，权力的平衡通常倾向于跨国公司。因此，在这种情况下，跨国公司将在制度变迁或制度创新中发挥重要作用。

3.3.4 新兴经济体参与

102 篇抽样论文研究中共涉及 25 个新兴经济体或地区，它们包括阿拉伯海湾国家、孟加拉国、巴西、中欧、东欧、中国（大陆）、埃及、希腊、匈牙利、印度、印度尼西亚、拉丁美洲、立陶宛、马来西亚、墨西哥、菲律宾、波兰、罗马尼亚、俄罗斯、南非、中国台湾、泰国、土耳其、乌克兰和越南。中国（大陆）是最受关注的新兴经济体，共有 30 多篇论文以中国（大陆）为制度背景讨论了一些国际商务与管理问题，其次是印度（13 篇）、巴西（8 篇）和南非。令人意外的是，只有 2 篇论文研究了“金砖五国”成员之一的俄罗斯的制度情景。

本节回顾了新兴经济体中企业国际化与制度之间关系的相关文献，其结果可总结如下：自 2000 年以来，特别是近几年以来，新兴经济体中企业国际化与制度之间相互作用的研究呈现出快速上升的趋势。其中，主要的研究机构是主流的国际商务与管理期刊，包括 *JIBS*、*JWB*、*IBR*、*MIR* 和 *MBR*。在这一上升趋势中，人们的研究兴趣已经从“去往新兴经济体的企业国际化”转向“来自新兴经济体的企业国际化”行为。在研究主题方面，学者们在研究跨国公司进入新兴经济体进行国际化时，最感兴趣的是跨国公司子公司的绩效，其次是进入模式选择、国际战略，然后是国际人力资源管理。然而，在探讨新兴经济体的企业国际化时，最受欢迎的主题是对外直接投资的决定因素，其次是一般企业的国际化战略、进入模式选择、国际人力资源管理和绩效，其中被研究最多的新兴经济体包括中国（大陆）、印度、巴西和南非。

从这一总体趋势分析中我们可以看到，国际商务与管理研究领域主要将制度视为约束性因素，但同时也将其视为制度革新成果的文献正在不断涌现。在下一节中，我们将超越一般的趋势分析，对国际商务与管理领域的协同演进研究的发展进行详细评估，包括在研究中使用的理论和方法，以便进一步加深我们对新兴跨国公司的理解。

3.4 新兴经济体企业国际化与制度化的协同演进分析

正如我们在上一节讨论的那样，尽管人们对新兴跨国公司国际化越来越感兴趣，但许多研究仍然认为外部制度的影响是理所当然的，并着重考察了制度对于企业战略和行为的影响。与 Peng et al.（2008）的观点一致，我们发现涉及新兴经济体中组织及其环境的同步演进或协同演进的研究十分有限。

如表 3.1 所示，两种类型的研究与我们对新兴经济体和制度的协同演进分析有关。第一类研究由理论或观点论文组成。Oliver（1991）、Cantwell（2010）和 Lawrence（2013）分别就制度变迁的战略响应的概念化和理论化、跨国公司及其制度环境的协同演进和制度工作提出了他们的见解。除此之外，Meyer 和 Peng（2005）讨论了新兴经济体研究如何影响理论的发展。这些研究具有很强的影响力，因此被纳入我们对新兴经济体、企业国际化和制度的协同演进分析中。第二类研究包含四个新兴经济体跨国公司制度协同演进的案例分析。McGuire（2013）观察到新兴经济体跨国公司利用并扩大全球贸易治理结构，Carney 等（2016）讨论了新兴经济体跨国公司与国内外制度的协同演进，Horner（2015）调查了跨国公司、当地本土公司以及国内外机构如何介入印度知识产权环境发展和当地本土公司全球扩张的过程，且 Yan 等人（2018）将中国对外直接投资政策体系的发展归功于中国政府与当地本土企业在国际化进程中的互动。表 3.2 总结了研究中所使用的理论/观点和方法、涉及的新兴经济体以及在这些论文中形成的主要论点，这些论点构成了我们对新兴经济体企业国际化和制度化的协同演进分析的主要基础。

表 3.2　新兴跨国公司与制度的协同演进分析

作者/年份	所涉及的经济体	理论基础	研究方法	主要观点
Oliver（1991）	—	制度与资源依赖的视角	整合文献以发展假设	对制度压力的战略反应因组织的结构和发展阻力而异
Meyer、Peng（2005）	中欧和东欧国家	组织经济学、资源基础理论和制度理论	对国际商务和管理学中理论驱动的中东欧国家研究的全面文献综述	呼吁研究快速的制度变革如何与组织变革协同演变
Cantwell et al.（2010）	发达国家和新兴经济体	邓宁国际生产折中理论背景下的进化论和制度论	历史、背景和多学科方法	跨国公司子公司的自主性日益增强，促进了机构创业和与当地机构的共同发展
Lawrence（2013）	—	制度工作视角	作为学术对话的制度工作演变回顾	制度工作研究侧重于制度工作是如何发生的，谁参与了制度工作，以及哪些因素构成了制度工作
McGuire（2013）	发达国家和新兴经济体	未具体说明，但属于国际政治经济视角	未具体说明，但专注于全球治理研究	新兴市场国家的公司利用并扩展现有的全球治理结构
Horner（2015）	印度、南非	制度文献，包括制度空白和知识产权法律保护等概念	比较案例研究	印度公司可以在国际扩张中通过实践来应对和利用当地条件
Carney et al.（2016）	印度尼西亚、越南	组织能力、国际化进程和制度工作文献	纵向单案例研究设计	新兴经济体国家的企业可以发展制度能力，并将其转移到具有类似制度条件的外国市场上
Yan et al.（2018）	中国	制度工作视角	案例研究	政府和企业都有意识地采取行动来改变对外直接投资的制度安排动态
Rana、Sørensen（2021）	孟加拉国	同构与制度创新视角	多案例研究	在国际化的进程中，子公司必须适应或创造一种适合制度空白情况的商业模式

表3.2（续）

作者/年份	所涉及的经济体	理论基础	研究方法	主要观点
Maze、Chailan（2021）	阿尔及利亚、加蓬和几内亚共和国	制度和共同进化的方法	案例研究	中国企业不仅提交标书，还发展多种联盟，以长期影响当地机构，灌输新的商业做法和标准，并以史无前例的方式扩张，东道国机构和中国跨国公司在新的生态系统中扮演合作伙伴的角色
Chan、Pattnaik	中国	制度理论	案例研究、程序法和溯因推理法	政策的结果往往好坏参半，并不像之前设想的那样明确，因为事件的展开和演变需要时间。虽然公司在资源和机会方面有更多的选择，但公司必须与母国机构保持合作，因为当情况发生变化时，可能需要它们的支持
Chidlow et al.（2021）	—	共同进化的视角	系统的内容分析	文章通过提出一个5Cs框架，对新兴市场国际化与制度之间的相互关系提出了一个综合的观点

3.4.1 理论/观点

协同演进包括反馈、相互依赖和相互之间的因果关系，它是一个动态的、交互式的、纵向的过程（Olsen，2017）。然而，协同演进本身是一种现象或研究框架，而不是一种理论，尽管组织与其环境之间的关系是协同演进方法的一种理想设定。过去的25年可以被称为制度的时代，因为学者们拒绝个人主义，并且强调组织与正式和非正式规则/制度之间进行战略互动的重要性。

然而，制度理论并不是一种单一的综合理论，而是拥有不同假设、侧重点和理论的广泛的视角范畴。值得注意的是，并非所有的制度视角都支持协同演进分析。例如，传统的制度经济学观点将制度视为不受决策者控制的“游戏规则”，而传统的制度社会学观点则将制度视为某种合法的压力。在这两种观点下，制度都被视为外生约束，且两种视角都聚焦于制度如何塑造企业行为和战略。第三种观点是比较制度主义，它认为对于不同类型的活动而言，存在与比较制度优势相关的各种制度安排，而跨国公司机构可以为制度变革进程做出贡献。第四种观点是协同演进分析，该观点将制度视为社会技术，且认为“增长是物质和社会技术共同进化的结果”（例如，Nelson、Sampat，2001）。表3.1中近一半的抽样论文采用了制度理论，但它们大多遵循前两种传统观点，讨论制度如何塑造新兴经济体的企业国际化战略，因此没有涉及任何协同演进分析。

除了制度理论外，组织经济学特别是交易成本理论和资源基础理论也适用于新兴经济体的国际商务/国际管理问题的分析。交易成本理论假设了成熟的市场机制，并提出在市场交易成本高的地方，就有动机/激励将市场内部化。如果一家本土公司跨越国界将市场内部化，一家跨国公司也就应运而生了。资源基础理论将企业的竞争优势归因于异质性的资源，但在新兴经济体背景下，我们需要明确哪些资源构成竞争优势的基础。考虑到这些观点的假设和侧重点，组织经济学和资源基础理论以及使用这些理论的样本论文都没有太多关注跨国公司和制度的协同演进。协同演进研究被认为可以与国际商务战略研究相提并论，因为后者的关注点在于在游戏规则不完全已知和变化的情况下企业是如何应对的。

制度理论在跨国公司和机构之间相互作用的国际商务分析中的早期应用之一是由Vernon（1971）、Fagre和Wells（1982）、LeCraw（1984）提出的过时的议价模型（OBM）。该模型将制度（如跨国公司进入和运营方式）视为跨国公司与发展中国家政府讨价还价的结果，最初的讨价还价对跨国公司有利，但随着时间的推移，在跨国公司的资本在东道国沉没后，议价能力就转移到了发展中国家政府手中。Eden 等（2004）提出的政治讨价还价模型（PBM）将传统的 OBM 模型作为一个特例，并将跨国公司与东道国政府的关系视为“跨国公司与政府就各种政府政策进行的反复的政治讨价还价”。因此，PBM 模型描述了跨国公司和制度在现实意义上的协同演进。

组织研究中最初的制度研究实际上与行为者的代理机构有关，但早期的新制度理论聚焦于制度在塑造组织生命周期中的作用，忽视了行为者在制度变革中的作用。然而，最近的新制度理论重新聚焦于组织和制度之间的互动上。例如，Eisenstadt（1980）认为，“社会精英”或“制度企业家”能够改变一些传统的社会和政治制度。DiMaggio（1988）进一步阐述了制度企业家的概念，并更明确地讨论了个人和组织的结构在制度方面的作用。为了拓宽对制度动态性的研究，Lawrence 和 Suddaby（2006）提出了“制度工作”的概念，将其定义为“创造、维持、颠覆制度和商业的广泛的有目的行动类别”。尽管对制度革新的研究侧重于制度创造，但对制度工作的研究使学者能够在相同的背景下理解上文定义的各种工作。

在制度理论占据主导地位的同时，其他理论也逐渐被纳入国际商务和管理领域的协同演进分析中。在精选的协同演进分析论文中，Oliver（1991）指出制度理论可以适用于逐利的、主动的组织行为，但资源依赖理论能够帮助我们理解不同组织在战略响应上的差异化。通过运用制度和资源依赖理论的集中洞见，Oliver（1991）发展了一种对制度过程的战略响应的类型学，这些反应包括默许、妥协、回避、反抗和操纵。虽然默许显然代表着从制度到组织的单向影响，因此不会导致协同演进，但操纵不仅涉及制度对组织的影响，还涉及组织塑造价值观和标准并支配制度的构成和过程。这种双向反馈和相互依赖显然导致了协同演进。

考虑到国际商务/国际管理领域有自己特定学科的理论和视角，跨国公司和制度的协同演进分析有时是通过将制度理论和国际商务/国际管理视角结合来进行的。例如，Dunning 和 Lundan（2008）提出制度因素与 OLI（所有权优势、区位优势、内部化优势）范式的三个组成部分相联系，因此可以将其纳入该范式去探索和评估“国家和企业特定的制度如何影响跨国公司的增值机会，以及随着时间的推移，跨国公司的态度和行动会如何影响这些制度的内容和意义”。

Cantwell 等（2010）在邓宁的 OLI 范式背景下提出了一个综合演进和制度观点的综合框架，以考察这些跨国公司内外部活动和制度的协同演进。它们区分了涉及跨国公司和制度的三种参与形式：①制度回避，即跨国公司将外部制度环境视为理所当然的，并在不同的制度环境之间做出选择；②制度适应，即跨国公司将制度环境视为既定的，并调整自己的结构和政策，以更好地适应环境；③制度协同演进，即跨国公司将制度环境视为部分内生的，并进行制度革新，以改变当地的正式或非正式制度。这些因素共同导致了制度和跨国公司的协同演进。这三种参与形式分别与 Oliver（1991）的回避、默许和操纵相一致。

从表 3.2 可以看出，在新兴经济体企业国际化与制度互动的四个案例研究中，有三个案例使用了制度理论，其中两个明确指出了制度工作概念的应用。McGuire（2013）的论文是唯一一篇没有具体说明采用何种理论的入选论文。然而，在对跨国公司、新兴市场国家跨国公司、WTO、非政府组织和各国政府之间互动的政治和经济关系的分析中，McGuire（2013）观察到，虽然新兴市场国家跨国公司也利用了现有的制度架构，但它们更喜欢使用非市场战略进行扩张。具体地说，由于大多数新兴经济体跨国公司并不是真正的全球性企业，它们将重点放在地区性倡议上，并将其政治活动引向地区性的市场创造。考虑到全球供应链的分散性，新兴市场国家跨国公司也还在 ISO 的合规性以及学习和帮助母国改进社会和环境标准制定体系方面发挥作用，所有这些都是新兴市场国家跨国公司对于制度的适应和操纵，尽管文中并没有采用“制度革新”或“制度工作”的概念。

Horner（2015）运用制度理论解释了母国和东道国政府、发达经济体制药公司和新兴经济体制药公司如何相互作用以适应印度和南非的制度变迁。在制度变革的动态过程中，印度本土公司呼吁缩短药品专利保护的期限和范围，而跨国制药公司则游说政府加强知识产权保护。由于 1972—2005 年没有药品专利保护和短流程专利，印度国内制药公司模仿了国外先进技术，以极具国际竞争力的价格生产了许多药品。正如该论文作者总结的那样：“如果有机会像印度仿制药行业一样，本土公司可以建立应对当地制度的实践和方向，它们也可以利用这一点进行国际扩张。”这是新兴经济体公司在国际化过程中与制度之间关系的又一案例。然而，相比之下，南非之所以采用相对强有力的专利法来保障跨国公司的利益，是因为本土自有行业缺乏挑战跨国公司的需求。因此，我们有必要认识到国际环境下制度安排的异质性。

Carney 等（2016）运用组织能力、国际化进程和制度工作理论去分析印度尼西亚房地产公司如何通过在亚洲新兴经济体开展制度工作来发展和利用其组织能力。组织能力包括可转移的组织和技术知识，而制度能力包括网络渗透、关系契约和商业模式创新，组织能力和制度能力都是公司特有的无形资产，可以随着时间的推移而积累。这家公司通过与当地政府合作来发展其制度能力，例如，调整公司业务模式以适应当地需求，说服政府参与者并与其进行谈判，为当地提供社会、经济支持和监管基础设施，并将公司资产与缺失的公共基础设施相结合。然后，该公司利用这些制度能力进入越南，并影响其城市规划实践。通过类似的方式，该公司还得以扩展到其他亚洲经济体，这些经济体也有类似的制度空白和快速城市化带来的需求。这一案例研究清楚地展示了一家新兴经济体公司如何与当地和外国机构互动和共同发展，以促进其发展和国际化，从而进入其他新兴经济体的过程。

Yan 等（2018）采取制度工作视角，重点讨论了中国新兴跨国公司和制度的协同演进。特别是，他们认为中国对外直接投资的制度环境根源于机构（负责对外直接投资的政府部门）和参与者（国际化进程中的公司）。中国跨国公司与对外直接投资的制度环境通过建立和修改、回应以及沟通三种机制来进行共同演化。在国家和政治利益的驱动下，中国政府制定新的经济政策和法规，监管国内企业的国际化活动，并依据实际情况对上述政策法规进行修改。与此同时，国内企业通过商业座谈会或私下谈判的形式与政府当局积极沟通，以创造新的制度安排，以便建立更有利的制度环境来实现它们的自身利益。中国对外直接投资政策体系的发展是一个交互式的、动态的过程，并且政府部门在其中发挥着主要作用。

一个值得关注的理论问题是，何时应该使用制度革新或制度工作的概念。如前所述，制度工作不仅涉及制度的创造和改造，还涉及对制度的破坏。而 Carney et al.（2016）和 Yan et al.（2018）两位作者都使用了制度工作的概念，但前者指出，跨国公司在其案例研究中“进行的是使用其商业模式‘创造’新的且合适的制度的游戏，而不是颠覆旧制度的游戏，这可能会招致当地利益相关者的抵制”。如果是这样的话，使用相对狭义的制度革新的概念会不会比制度工作更好呢？

以上讨论揭示了几个有趣的观点。首先，并不是所有的制度观点（如传统制度经济学和社会学制度理论）都与协同演进分析相关。其次，其他理论或研究范式（如资源依赖理论、OLI 范式、组织能力和国际化进程理论）也可以与协同演进分析相关。最后，协同演进分析中涉及的案例研究证明，新兴经济体是多样化的（Meyer、Peng，2016），因此新兴经济体跨国公司制度协同演进的程度是不同的，参与协同演进的变量和机制也是不同的。例如，印度本土制药公司是强大的制度企业，而南非同行企业则不是，中国政府在制度形成方面发挥着比印度尼西亚、印度和南非更重要的作用。因此，我们可以发现：新兴经济体跨国公司制度关系存在多种形式。

3.4.2 研究方法

新兴经济体企业国际化和制度的四个协同演进案例研究在不同的层面上解决了不同的问题。McGuire（2013）研究全球经济治理问题，Horner（2015）调查制药业 IPP 系统，Carney et al.（2016）聚焦企业层面跨境制度能力转移，Yan et al.（2018）研究国家层面对外直接投资政策体系的影响。这证实了新兴经济体跨国公司和制度间相互作用的复杂性，因为新兴经济体跨国公司面临着多个合法性领域（监管、认知和规范），地域上跨越多个国家，并处于不同的发展层面。

在新兴经济体跨国公司和制度的四项协同演进研究中，McGuire（2013）没有具体说明其使用的研究方法，且其分析主要基于次要数据，特别是学术期刊文章。其余三篇论文采用案例研究的方法。Carney 等（2016）通过整整一节的内容来讨论他们的纵向单案例研究设计。他们的多重数据来源包括采访、新闻文章、视频、年度报告和公司委托出版的书籍。相比较而言，Horner（2015）和 Yan 等（2018）没有提供任何关于其方法的详细讨论，尽管他们都使用了来自多个来源的次要数据包括档案数据等。

如前所述，一项关于协同演进的研究涉及动态和进化思维的多学科交叉，协同演进的研究方法实际上与国际商务研究的性质一致，即“范围上是多学科的，内容和方法上是跨学科的”。尽管在本章的抽样论文中纵向案例法适用于研究协同演进的情形，但也存在其他方法适用于进化和生态过程的研究（Monge et al.，2011）。因此，与企业国际化和制度的协同演进研究一样，未来国际商务研究方法论也需要更加具有多样性。

3.5 跨国公司新兴经济体制度关系的多样性

通过对新兴经济体企业国际化制度关系总体趋势的研究，以及对新兴经济体跨国公司和制度的协同演进的评估，本章认为，在国际商务/国际管理领域，许多研究遵循传统的制度经济学和社会学的制度理论，考察了作为外生约束或激励的制度如何塑造公司的国际化战略，而没有考虑制度和企业之间可能存在的内生关系。然而，有限的协同演进研究表明新兴经济体跨国公司与制度的关系是多样的。

考虑到新兴经济体的多样性，政府机构和企业国际化之间的关系在不同的新兴经济体中也应该有所不同。例如，虽然中国政府明确鼓励本土公司走向全球，但拉美政府支持其本土公司国际化的政策却是模棱两可的。了解当地公司同干预和支持较多的政府（如中国政府）与干预和支持较少的政府之间的互动有何不同，这将是非常有趣的研究方向。中国的国际收购主要是由国有企业进行的，但由于发达东道国对国家安全的担忧，因此收购往往会受到阻碍，而印度的收购往往是由民营（私营）企业进行的，因此更容易被接受。这些例子表明，世界上存在多种不同的新兴经济体跨国公司制度关系，制度变迁的过程因国家和地区的不同而不同，因此我们需要认识和研究跨国界制度安排的异质性。此外，Funk 和 Trevino（2017）观察到的跨国公司和新兴经济体制度之间的共同退化是否罕见？这种共同退化的原因是什么？对这些问题还需要做进一步的研究。

本章对于新兴经济体跨国公司和制度协同演进文献的回顾涵盖了中国、印度、南非和印度尼西亚的有限的协同演进过程。事实上，不仅这些国家需要更多的研究，许多其他新兴经济体也需要更多的研究。这将使我们了解：是否有广泛的证据表明，新兴经济体跨国公司和制度存在协同演进过程？如果是这样的话，新兴经济体在国家或地区上有什么相似之处和不同之处？若否，原因为何？这也将有助于我们更多地了解新兴经济体和发达经济体之间企业—国际化—制度关系的异同。例如，许多现有的新兴经济体跨国公司-制度关系研究仍然认为制度是理所当然的，并讨论制度如何塑造新兴经济体企业的国际化战略和行为，这是因为新兴经济体企业实际上缺乏与制度相关的代理机构，还是学者们隐含的假设，即通过外生制度来达到简化研究的目的？如果像 Cantwell et al.（2010）预测的那样，有广泛的证据表明新兴经济体跨国公司和制度协同演进，那么所涉及的结构、概念或变量和机制是什么？新兴经济体有没有协同演进的一般模式？当然，考虑到新兴经济体的差异，要在新兴经济体中概括一种一般模式是一项挑战。与发达经济体相比，通过研究不同的新兴经济体，进而了解不同的新兴经济体跨国公司与制度之间的关系，使我们能够更好地洞悉新兴经济体跨国公司与制度协同演进的理论边界。

除此之外，协同演进分析除了考虑国家的作用外，还需要考虑个人和组织的代理机构作用。对于新兴经济体跨国公司和制度协同演进的一般模式或类型的研究，将极大地帮助我们捕捉新兴经济体的共性和多样性。

3.5.1 理论多样性

现有文献中有多种理论都试图解释新兴经济体企业国际化。我们对选定论文的回顾也显示制度理论、资源基础理论、内部化理论和邓宁的 OLI 范式等已被用于分析新兴经济体企业国际化与制度之间的关系，其中制度理论占据主导地位。

一个完整的理论包含四个要素：what（要考虑的构念）、how（构念之间的关系）、why（关系的解释），以及 who，where 和 when（边界条件）。如前所述，制度理论不是一个完整的理论，而是关于制度为什么以及如何重要的不同理论论点的集合（Xu & Meyer et al., 2013），其中只有协同演进论点和比较制度主义与新兴经济体跨国公司和制度的协同演进相关。此外，制度革新和制度工作只是两个概念，即一个完整理论里的“what”要素。在传统制度理论的进一步研究中，需要阐明和讨论所使用的具体理论逻辑和假设，以及制度创业或制度工作导致新兴经济体跨国公司和制度协同演进的动力机制。这样做，我们可以改进一个完整理论的“how”“why”和“who, where and when”的要素。

此外，尽管制度革新或更广泛的制度工作的概念有时被认为能够为更深层次地理解制度、代理机构和协同演进之间的联系提供理论基础，但 Jackson 和 Deeg（2019）认为，将普遍图式等概念应用于特定案例，而不考虑历史时间、地点或特定的经济活动，是一种“宏大的理论化”方法，可能导致系统性去情景化从而导致偏差。因此，有学者建议对“制度和公司之间的中观层面的联系进行理论化，同时将这些联系跨越不同时间和地点的边界进行比较”（Jackson、Deeg, 2019）。这种对中观层面理论的呼吁与

Buckley 和 Lessard（2005）的研究结果有一定的一致性，即国际商务学者已经确定了世界经济的重要问题驱动特征，但直接用国际商务/国际管理领域以外的理论解释了这些特征，因此国际商务理论存在一个"缺失的中间层"。某种程度上，他们提出的内部化理论主要以交易成本经济学和区位理论为基础，为中观层面的理论提供了一个范例。

如前所述，除了制度理论，资源依赖理论和 OLI 模型也被用于一般的协同演进分析，组织学习理论和国际化进程理论也适用于新兴经济体跨国公司国际化和制度的协同演进研究。此外，在未列入表 3.2 的协同演进研究中，Hung 和 Tseng（2017）提出，他们利用制度理论和制度革新理论，在 Mathews（2006）的 LLL（linkage-leverage-learning，互联-利用-学习）框架下解释了一个来自中国台湾地区的新兴跨国公司的创新、转型和国际化。然而，他们将制度革新定义为有效利用制度来获取资源进行创新从而实现国际化的努力，而不是参与者（跨国公司）利用资源创建新制度或改造现有制度的活动（Hardy、Maguire，2008）。Child、Rodrigues 和 Tse（2012）提出了关于企业协同演进的政治观点，认为协同演进是行为者之间关联过程的结果。新兴经济体跨国公司与制度协同演进分析的潜在相关理论可能还包括社会资本理论、关系理论和跳板理论。社会资本理论认为，个人和组织的关系网络是促进集体行动的宝贵资源，且这种关系是与商业伙伴和政府当局的关系，这样的关系网络和联系对于企业国际化和政府机构的顺利互动以及协同演进是有帮助的。跳板理论表明，新兴经济体跨国公司的独特能力之一是它们在共同定位、共同竞争、合作竞争和协同进化方面的双元性，协同演进意味着新兴经济体跨国公司在与东道国的制度力量打交道时，经常同时遵从当地的规矩和当地的风俗。

尽管许多其他理论可能有助于解释新兴经济体跨国公司与制度的协同演进，然而，与制度理论一样，当我们独立地将这些理论中的任何一个应用于一个特殊的协同演进案例情景时，我们需要考虑这个理论是否为制度和公司之间中观层面的联系提供了足够的理论视角。例如，Volberda 和 Lewin（2003）认为，交易成本经济学、产业组织经济学、制度理论和进化经济学都是将企业与宏观或制度环境联系起来的中观理论。因此，未来的研究需要探索如何运用不同学科的理论对新兴经济体跨国公司和制度的协同演进进行分析。

基于潜在相关理论的差异性，未来的研究可能会继续尝试以理论结合来解释新兴经济体企业国际化和制度的协同演进过程，这种方法综合了不同学科角度提出的论点，并将进一步促进跨学科概念、理论和想法的发展，从而产生新的研究视角和新的研究议程。然而，正如 Okhuysen 和 Bonardi (2011) 所建议的那样，尽管多视角的解释有助于在学科内部的知识孤岛和学科之间建立起联系，但我们需要通过阐明基本假设的兼容性程度和原始理论中构念的距离来明确定义不同理论之间的关系。

更重要的是，在未来的研究中，我们需要鼓励从借用现有理论到发展本土化理论的逐步转变，进而深入解析新兴经济体跨国公司和制度的协同演进过程。发达经济体和新兴经济体之间制度、哲学和文化背景以及管理实践存在的差异性，能够为国际商务/国际管理学者提供机会来发展新的理论，这些理论可能比传统的西方理论更适合于新兴经济体企业国际化和制度化的协同演进研究。

3.5.2 研究方法的多样性

企业和制度的协同演进涉及企业及其环境的长期历史背景，不同层次的多向因果关系，相互的、同时的、滞后的和嵌套的影响，以及路径依赖。目前占主导地位的国际商务研究方法是调查法和二手数据法。为了捕捉这种进化关系，国际商务研究方法需要更加多样化，许多方法被用于研究组织研究中的进化和生态过程，包括事件历史分析、序列方法、时间序列分析、网络分析、计算模型和模拟、图形作为分析工具，以及定性分析方法，如深度的开放式访谈、案例研究、历史搜索和人种学。这些方法中的大多数都与新兴经济体跨国公司和制度的协同演进分析相关，将这几种方法结合起来可能会有所帮助。

由于国际商务研究在内容和方法上都是跨学科的，因此需要鼓励新的方法论，包括新的测量方法、模拟工具和统计技术，以提高协同演进分析的有效性、可靠性、可复制性和普适性。

4 新兴经济体跨国企业国际化与制度的协同演进视角：整合的 5Cs 框架研究①

尽管相关研究已在制度的情景作用方面取得了重大进展，但关于新兴经济体跨国企业（emerging economy multinational enterprises，EMNEs）的国际化行为与其母国和东道国制度互动的动态过程的学术研究仍处于起步阶段。因此，为了推动当前的学术辩论，本章将通过对现有文献的批判性回顾来研究新兴经济体跨国企业国际化与其制度环境之间的互动，因为制度力量不仅塑造组织行为，而且影响着新兴经济体跨国企业的国际化战略和组织成果。本章提出了一个整合的 5Cs 框架——背景（Context）、能力（Capability）、变化（Change）、伴随（Concomitance）和配置（Configuration），作为新兴经济体跨国企业国际化和制度协同演进的基础。

EMNEs 与其制度环境之间的互动引起了学术界的广泛关注。对制度的情景作用的研究已经取得了重大进展，且人们普遍认为制度力量不仅能塑造组织行为，而且影响着 EMNEs 的国际化战略和相关的组织成果（Cuervo-Cazurra 等，2019；Meyer、Peng，2016；Peng 等，2008）。在这些文献中，企业被认为是较为被动的一方。它们往往通过多重嵌入性将其战略及运营与跨国企业层面和子公司层面的异构制度环境保持一致（Meyer 等，2011）。

然而，EMNEs 的跨国活动也可能影响其存在的制度环境。企业不再只是制度的被动接受者，也能积极地与政府和其他制度参与者合作，以改变母国和东道国的制度（Cantwell 等，2010；Doh 等，2012）。换言之，制度不再只是外部因素，企业在国际化过程中不仅要利用、调整并适应现有的制度环境，

---

① 本章来源于 Agnieszka Chidlow、王珏、刘晓辉、魏颖琦 2021 年在 *International Business Review* 第 4 期上发表的论文“A co-evolution perspective of EMNE internationalization and institutions：An integrative framework of 5Cs”，并在此基础上结合可获取的最新相关资料对论文内容进行了相应的拓展和完善而成。

还可能塑造并改变制度。与研究制度对 EMNEs 的国际经营活动的影响的文献相比，EMNEs 的国际化对制度演进的反馈和前馈受到的关注有限。在本章中，我们总结了现有文献，提出了一个关于 EMNEs 国际化与制度协同演进的 5Cs 框架，即背景（Context）、能力（Capability）、变化（Change）、伴随（Concomitance）和配置（Configuration）。

在协同演进的过程中，EMNEs 与其制度环境同时演进：EMNEs 来自其母国的制度环境，并在东道国的制度环境中运行。这两种制度环境独立地又共同地塑造了 EMNEs 的国际化能力及战略，并影响 EMNEs 及其子公司的绩效。EMNEs 的国际化和制度环境的协作或竞争性互动产生了 EMNEs 的制度能力（Carney 等，2016；Landau 等，2016）。作为制度企业家（或经纪人），EMNEs 通过部署资源来促进母国和/或东道国的制度演进。鉴于新兴经济体的制度空白，EMNEs 可能会与母国政府和利益相关者合作，引入新的制度要素并制定新的制度逻辑，进而支持其国际化活动。最终，一种演进后的制度体系会成为母国的新规范（Carney 等，2016；Child、Marinova，2014；Dieleman、Sachs，2008；Yan 等，2018）。

在影响和改变母国制度的同时，EMNEs 的行为也会导致东道国的制度变化。除了采用发达经济体跨国公司经常采用的传统方法，即与东道国政府直接谈判外，EMNEs 还会利用商业外交和/或母国制度向东道国政府和其他利益相关者施加压力，挑战社会规范和期望，质疑制度安排的有效性，并参与到现有制度和新制度之间的争论中（Child 等，2012；Kolk、Curran，2017）。尽管学者们对 EMNEs 国际化和制度演进的协同进程越来越感兴趣，但很少有人关注旨在实现共同战略目标的制度和 EMNEs 之间的互动，以及有利于 EMNEs 国际化和制度转型的系统配置模式的演变。

为了推动关于 EMNEs 国际化与制度协同演进的研究，本章对 EMNEs 国际化与制度之间相互依存的独特特征进行了梳理。具体地说，本章不仅侧重于研究制度和 EMNEs 之间的互动关系，还关注这种互动发生的机制以及相关的组织成果。

在接下来的内容中，我们首先对 *International Business Review*（*IBR*）2021 年第 4 期以“新兴经济体企业国际化与制度演进”为主题的特刊进行系统的文献综述［本专著中的三位作者：王珏（Jue Wang）、刘晓辉（Xiaohui Liu）、魏颖琦（Yingqi Wei）为该特刊的客座编辑］，从制度背景到 EMNEs 的国际化方向进行了研究，接着对关于 EMNEs 的制度能力和导致制度演进的企业行为的相关文献进行概述。虽然这两种研究流派在现有文献中是分散的，但我们将在本章最后提出一个整合的 5Cs 框架，通过反馈和前馈过程提供 EMNEs 国际化和制度的协同演进视角。

4.1　研究方法

在研究过程中，我们根据以下步骤选择相关文献：首先，我们使用标准书目数据库，如 Web of Science、ScienceDirect、谷歌 Scholar，采用预定关键字的搜索运算符来识别相关文章。我们特意挑选包括有如“新兴经济体跨国公司”（emerging economy multinational）、“新兴市场跨国公司”（emerging market multinational）、“EMNEs”、“制度”（institution）等术语的关键词。它们既会被单独检索，也会被同时检索。其次，由于基于关键字（词）的正式搜索技术可能会忽略一些相关的研究，我们也通过参考书目来使用雪球搜索技术，以获得额外的相关性文献（Greenhalgh、Peacock，2005）。

基于上述步骤，我们共检索到 541 篇论文，在排除了 178 项重复研究后，我们对剩下的 363 篇论文进行回顾，以确定它们是否与我们的研究主题相关。通过将综述限制在 EMNEs 范围内，而不是广泛的具有国际化活动和制度因素的新兴市场公司，我们最终使用的数据集包括了 88 篇文章。这些论文发表在 36 本期刊上，其中大部分（15 篇，17%）来自 *Journal of World Business*，12 篇（14%）来自 *Journal of International Business Studies*，10 篇（11%）来自 *International Business Review*，使用的数据时间跨度为 2007—2021 年。

准备好数据后，我们进行了系统的内容分析，全面分析每篇文章中的文本，并了解评估此类文本的背景（Schaffer、Riordan，2003；Schreier，2012）。

4.2　从制度到新兴经济体企业的国际化

EMNEs 产生的制度背景与发达国家 MNEs（multinational enterprises）有明显的不同。因此，学者们已从母国制度、东道国制度以及两者结合的角度，给予了制度环境对 EMNEs 国际化战略及其后续绩效的影响相当大的关注。然而，这一研究方向倾向于将现有的制度视为给定且稳定的。如果有变化，那也是缓慢的，由外界决定的。因此，EMNEs 与制度环境之间的相互作用及其国际化所导致的国家制度环境的动态变化一直没有得到人们足够的关注。

4.2.1 母国制度的角色

在 47 篇研究母国制度作用的论文中，有 33 篇关注了母国制度对 EMNEs 的投资或区位策略的影响，这些影响体现在 EMNEs 对外直接投资的倾向、新的境外市场进入、现有境外市场扩张、境外子公司数量以及对外直接投资流量或跨境并购流量上。有 7 篇论文关注的是进入模式策略，包括合资企业和全资子公司的比较，境外子公司的股权比例，以及从出口到对外直接投资的转变。其他论文检验了 EMNEs 的国际化能力（Degbey 等，2021；Nayyar，2018）、国际人力资源管理战略（Haak-Saheem 等，2017）、国际多元化企业战略（Fathallah 等，2018；Li 等，2014）、全球一体化的子公司战略与本地适应性（Wei 和 Nguyen，2017）、企业绩效（Kim 等，2010；Liou 和 Rao-Nicholson，2019）以及子公司绩效（Han 等，2018）等。

从这些文献运用的理论来看，大多数研究采用制度理论，特别是新制度经济学（North，1990）或制度基础观（Peng 等，2008）来研究母国制度对 EMNEs 国际化战略和绩效的影响。研究中的一系列制度因素既可作为决定因素，也可作为调节因素，包括市场支持制度、制度改革、结合市场改革的范围和速度的制度脆弱性、有利于市场的改革及其逆转、感知制度困境以及制度障碍/约束/不稳定性等。

新兴经济体的特点是不确定且复杂的制度环境，正式制度不发达且正在经历快速转型，非正式制度与正式制度相互补充、适应、替代、竞争或动态互动（Horak、Restel，2016）。这些制度特征影响着 EMNEs 的国际化能力，这一命题由 Nayyar（2018）提出，并被 Degbey 等人（2021）在他们对非洲跨国公司并购的研究中予以证实。研究区分了正式或管制制度的作用，如政府政策、规章和法律框架，以及非正式制度的作用，即国家所有权和其与母国政府的关系。对正式或管制制度的分析主要集中在 EMNEs 的投资或区位选择、进入模式策略、监管制度对 EMNEs 的国际人力资源战略以及政府制度支持与子公司绩效等方面。纵观相关研究，母国正式制度对 EMNEs 的影响主要体现在以下三个方面：

第一，母国政府为企业提供正式制度支持在新兴经济体中表现得尤为突出，例如中国的“走出去”政策。新兴经济体企业可以利用这种支持带来的制度优势采取适当的投资、区位选择和进入策略，使基于制度的资源对企业绩效的价值最大化（Hong等，2015；Luo等，2010）。此外，制度支持可能补偿高风险投资的潜在损失和/或对EMNEs施加强制压力，促使其采取一定的国际化战略（Noh、Shin，2018）。

第二，与制度空缺有关。这些空缺反映了不发达的制度，例如监管的不确定性、不发达的知识产权保护、执法不力、不发达的要素市场和低效的市场中介制度（Doh等，2017）。这一研究方向还关注制度脆弱性，其中不同的制度维度以及不同的制度发展速度，会产生内部摩擦和冲突以及制度错位，这些错位是体制环境发生深刻变化导致企业和国家制度期望不协调的结果（Barnard、Luiz，2018）。母国的制度特征，如制度缺陷、制度脆弱性、制度失衡促使企业通过投资境外来逃避母国制度缺陷，并寻求更好的制度条件以满足其发展需求，这也被称为制度逃避主义（Cuervo-Cazurra等，2018；Witt、Lewin，2007）。

第三，对制度缺陷逃避主义观点的质疑。Cuervo-Cazurra等（2008、2018）的研究指出制度缺陷和脆弱性并没有给EMNEs带来竞争劣势，而是促使它们将竞争力提升至国际水平，并建立不确定性管理能力。在具有挑战性的制度环境中经营和适应制度变化的经验能使EMNEs相对于发达经济体的跨国公司和其他制度发展水平较低的国家的本地竞争对手更具有制度优势。因此，国际化并不是第二种论点所预测的从母国退出的战略，而是一种利用嵌入母国来获取特定竞争优势的方式（Buckley等，2016）。

非正式制度在EMNEs国际化中的作用同样突出。通过国家所有权和政府隶属程度（或与母国政府制度的政治联系）来实现的公司控制，已被证明会影响EMNEs的投资和区位战略。然而，对于这些影响是如何产生的还存在争议。例如，我们发现国家所有权总体上对对外直接投资（Hong等，2015；Noh、Shin，2018；Wang等，2012）以及制度体系薄弱的东道国对外直接投资（Yang，2018）有积极影响。相反，一些研究认为，国家所有权将企业与政府联系起来，增加了企业对母国制度的资源依赖，并导致企业在市场和非市场战略之间寻求平衡。因此，国家所有权是有边界条件的。Park和Xiao（2017）认为国家所有权与EMNEs的探索导向共同对对外直接投资倾向和强度产生负向影响。Shi等（2017）认为，国家所有权赋予企业应对制度脆弱性的权利和渠道，从而调节制度脆弱性对对外直接投资倾向的影响。Duanmu（2014）认为国有EMNEs的双重角色，即作为其子公司在东道国的资产和设施的委托人及其母国的代理人，在面临征用风险时，具有与东道国政府谈判甚至回击的动机和能力。因此，国有化削弱了征收风险与对外直接投资之间的负向关系。Li等（2018）认为除了政府隶属程度外，国家所有权对国家间外交关系和外国区位选择之间的关系具有正向调节作用。Cui和Jiang（2012）从另一个角度考察了进入模式策略，认为国家所有权调节了母国监管限制对EMNEs进入模式策略的影响。

关于政治关系的作用无疑是有争议的。政治关系有助于EMNEs的国际化，为EMNEs提供在国际市场上的特许信息和业务联系，以及获得外交服务，这是信息交流、政府支持以及赋予企业合法性和地位的重要渠道。Wu和Ang（2020）认为，政治关系是基于特定环境的，在制度环境中面临可转移的问题。它对EMNEs国际化的价值取决于其与对外关系的互动。相反，Noh和Shin（2018）、Sun等（2018）则反对政治关系的积极国际化效应。Noh和Shin（2018）认为，中国企业与母国省级政府官员的联系不仅直接对境外并购产生负面影响，而且还通过弱化国有企业对境外并购的积极影响来产生间接影响。Sun等（2018）发现，与母国政府的合作关系减少了对外直接投资倾向与国内外部威慑因素（包括制度障碍和市场竞争）之间的正向联系。

4.2.2 东道国制度的角色

与对母国制度的考察类似，对东道国制度的研究大多集中在EMNEs的投资或区位战略（31篇论文中有21篇，68%），其次是对进入模式战略（5篇）、创新绩效（3篇）、企业战略（1篇）和子公司战略（1篇）的研究。新制度经济学和制度基础观仍然是占据主导地位的理论。从基于传统论点的正式或管制制度的视角来看，管理者会被制度风险震慑（Buckley等，2018）。在进行投资和选择国外区位时，跨国公司一般倾向于选择拥有较完善制度环境的东道国，这些东道国的制度能够公正地对待外资企业，即拥有“公平的竞争环境”，不区别对待外国和国内公司，而且会限制政府对商业活动的干预（Li等，2018）。在选择进入模式时，它们有强烈的动机选择全资子公司而不是合资公司，选择完全收购模式而不是部分收购模式。完善的制度也能促进更好的创新绩效，EMNEs也不例外。成熟的制度吸引EMNEs利用这些有利条件来降低境外业务的交易成本，它们还有助于通过减少与对外直接投资活动相关的信息不对称和监管模糊性来提高风险承担能力。但是，近年来有一种对传统观点提出质疑的新兴观点认为，由于在国内存在制度空缺和制度脆弱性，EMNEs有能力应对薄弱的制度，使它们不受东道国政治风险（Buckley、Munjal，2017）以及薄弱的知识产权制度（Alexiou、Vogiazas，2021）的影响。它们甚至可能更喜欢充满风险的环境，而这通常是发达经济体企业所竭力避免的，因为较低的竞争力能提供更高的潜在回报（Buckley等，2016）。

除了对EMNEs国际化产生直接影响外，东道国制度还起到了边界条件的作用。Kang（2018）、Kolstad和Wiig（2012）认为，东道国的自然资源禀赋与中国对外直接投资之间的关系受到薄弱的制度（体现为高政治风险和低经济自由度）的正向调节。Wu和Ang（2020）的研究发现对EMNEs来说，国内政治关系和国外政治关系的积极互动效应在EMNEs扩张到制度尚不健全的东道国市场时发挥的效应要比扩张到制度发达的东道国市场更强。

4.2.3 母国和东道国制度的关联

共有21篇论文研究了母国和东道国制度的关联，其中有8篇探讨EMNEs的投资或区位选择策略、6篇研究进入模式策略、4篇关注公司绩效，另外3篇研究EMNEs的国际化战略（Child、Marinova，2014）、国际人力资源战略（Khan等，2019）和品牌战略（Liou等，2018）。

这些研究大多集中在母国和东道国之间的制度距离（制度相似性和/或差异）的多个维度，特别是文化、监管、规范、经济、知识、语言和腐败距离。其中，有两种相互矛盾的观点。一种观点认为，制度距离导致不熟悉风险和关系风险，增加了外部不确定性，强化了外来责任，并表现出在东道国运营的EMNEs子公司的劣势（Gaur、Lu，2007）。因此，它阻碍了对外直接投资和跨国并购，导致了更低的股权参与并弱化了创新绩效。另一种观点则认为，制度距离代表着获得竞争优势、新知识、创新思维和技术升级的机会，从而对跨国并购产生积极影响并鼓励股权参与（Boateng等，2017；Gaffney等，2016）。除了制度距离对EMNEs战略和绩效的直接影响外，其间接效应或调节效应也引起了学术界的关注。Kittilaksanawong（2017）研究了制度距离与EMNEs的资源对外国区位战略的联合效应。在进入模式策略方面，它是影响EMNEs的资源、母国条件、模仿外国企业以及董事会构成的边界条件。

母国和东道国制度的关联并不限于比较它们之间的异同。一些研究通过殖民关系（Dike、Rose，2019）和州际政治关系（Duanmu，2014；Han等，2018；Li等，2018）来探究二者间的关系。Child和Marinova（2014）试图通过探索东道国和母国特征的不同搭配，特别是政治稳定性和制度成熟度，作为中国跨国公司发展其国际化战略和实践的边界条件，以获得更深入的理论解释。

4.3 从新兴经济体企业国际化到制度

在近年来的研究中，学者们不再认为制度是由外部决定的，且只单向影响跨国公司。跨国公司也可以利用其制度能力来影响或改变制度（Cuervo-Cazurra等，2019）。跨国公司作为制度演进的推动者，可以通过与外部利益相关者的互动，来影响现有制度或将其改变为有利于其自身发展的制度环境（Dorobantu等，2017）。

有两种演进推动者，即制度企业家和制度经纪人。前者指的是"对特定制度安排感兴趣的行动者，利用资源创建新制度或改造现有制度的行动者"（Maguire等，2004）。后者被定义为在制度演进中取得成功的嵌入母国和东道国环境中的中介（Newenham-Kahindi、Stevens，2018）。

作为制度企业家或制度经纪人，跨国公司不仅符合制度的期望，而且还在母国和东道国操纵、发起并建立制度。基于DiMaggio和Powell（1983）以及Scott（1995）的组织制度主义框架，这一研究路线引起了学术界的广泛关注。然而，这些研究要么是概念性研究，要么是主要关注发达经济体的跨国公司的案例研究（Cantwell等，2010；Cuervo-Cazurra等，2019），很少有研究关注到EMNEs对于母国和东道国制度的影响。

4.4 制度企业家/经纪人：制度能力和新兴经济体跨国企业

制度能力支撑着EMNEs作为制度企业家/经纪人的角色。与上面讨论的制度优势相反，制度能力和制度杠杆能力被视为可以跨国界转移的企业特定资产。Carney等（2016）将制度能力定义为"使企业能够在制度空白的环境中找到路径的启发式技能和惯例"，并具有两个关键维度：社会政治网络能力和商业模式创新。Landau等（2016）将制度杠杆能力定义为"持续识别地方制度利益、建立和维持与制度接触的合法性、有目的地与它们互动、配置其现有资源以整合制度利益来实现其预期目的的能力"。这两个概念有很大的重叠，两者都表明它们有能力结合现有的企业资源，通过同时利用母国环境的制度利益和探索东道国环境中的制度框架，在国际化中产生经济价值（Luiz等，2017）。在对巴西的跨国公司向加拿大、英国、瑞士和挪威转移人力资源管理战略的做法进行检验后，Geary和Aguzzoli（2016）认为，EMNEs既不是"规则制定者"，也不是"规则接受者"，而是"以最务实和工具化的方式改写规则实践，并继续前进"。

制度和制度杠杆能力使EMNEs能够积极参与制度企业家/经纪人业务，而不仅仅是接受既定的制度，或通过配置资源和调整结构来与制度环境保持一致，被动地进行制度适应，或通过探索不同的制度背景进行制度套利。换句话说，拥有制度能力后，EMNEs可以将其针对制度的战略行动从整合和适应（或套利）转变为充当制度企业家/经纪人的角色，推动母国和东道国的制度演进。

4.4.1　新兴经济体企业与母国的制度变化

现有研究表明，EMNEs可以通过三种主要方式影响和推动母国的制度演进。

第一，EMNEs可以主动与母国政府接触，有意影响公共政策制定，改变某些政策和法规，或建立共同的技术标准（Cantwell等，2010；Khanna、Palepu，1997）。例如，Yan等（2018）认为，中国对外直接投资的制度安排是中国企业制度带来的，这样的制度可以给它们带来更大的合法性，更好地补偿它们的国际化。中国的跨国公司通过公开劝说和私下谈判，与政府官员和法律机构共同设计或修改法律法规。

第二，EMNEs倾向于采用对齐视角制定国际化战略，使其与母国政府在宏观层面上的目标一致，如提高国际竞争力、技术升级、通过投资"战略产业"促进国家的长远发展。20世纪初华为公司开始施行的"以国家品牌提携企业品牌""走出去"战略就是典型的例子（Child、Marinova，2014；Cui、Jiang，2012）。在这个过程中，它们可能有机会与负责决策和执行条例的国家机构交流，从而影响政府的政策和条例，以支持它们的国际扩张和实现宏观一致的目标。通过这种互动的过程，EMNEs最终可能改变影响企业的制度或法律框架。印度尼西亚的 Salim 集团就是一个典型的例子，该公司通过将其战略与进口替代工业化的政府政策相结合来实现增长。它与印度尼西亚政府的密切关系导致现有制度“在阻碍 Salim 集团发展时被修改”（Dieleman、Sachs，2008）。

第三，EMNEs 对东道国制度的接触可能促使它们说服本国政府改变或采用与外国类似的制度。例如，高科技行业的 EMNEs 在东道国经营时可能受益于有效的知识产权保护，并可能游说本国政府加强知识产权保护。在此过程中，它们作为演进的推动者，改善了国内制度环境。它们可能必须解决外国客户对合法性的担忧，比如母国的劳工标准和企业社会责任标准。这反过来又促使它们游说政府通过符合外国客户期望的立法，改善它们的形象，或在国际竞争中克服原产国劣势（Meyer、Peng，2016）。此外，EMNEs 还可能从其子公司或东道国特有的当地网络引进最佳实践模式或新的组织形式。这种变化可能会扩散到整个行业或地区，并在母国实现制度化（Carney 等，2016）。

4.4.2 新兴经济体企业与东道国的制度变化

EMNEs 可以在东道国经营时塑造政治及法律制度，并通过向东道国传播母国政策和管理方法来影响东道国制度的发展（Child 等，2012）。EMNEs 可以通过两种主要机制在东道国推动制度演进。第一个机制是发达经济体 MNEs 经常采用的传统方法，即与东道国政府谈判。这可能导致东道国政府改变管理国际投资的规章制度，并在实施规章制度时提供优惠待遇，如免税期和政府财政支持。政府的支持政策可以扩展到东道国本土企业，从而改变东道国企业的制度环境。例如，Child 等（2012）对总部位于中国香港的“和记港口控股”在中国的合资企业进行的案例研究指出，它们游说政府放宽港口监管限制。Ciputra 集团的案例研究揭示了在越南的印度尼西亚跨国公司与越南政府的不同部门签订了关系合同，并且“小心地玩好一个游戏，即用其商业模式‘创建’新制度，而不是破坏旧制度”（Carney 等，2016）。

第二种机制是 EMNEs 的间接行为，即可以利用商业外交和母国制度向东道国政府施压，要求其改变制度。例如，公司可以利用其母国政府的权力来获得优惠待遇。企业积极参与到母国政府中，并寻求对控制其行为的东道国制度进行调整（Han 等，2018）。Kolk 和 Curran（2017）对中国在欧盟太阳能电池板行业的跨国公司的案例研究表明，EMNEs 通过发起制度演进并促进新制度产生来获得在东道国生存的合法性。为了应对原产国劣势和外来者劣势，中国跨国公司在总部和子公司层面都争取主动性，通过谈判和对话与母国政府、东道国的主要利益相关者进行接触，制定新的制度规范和规则，以追求自身利益。

4.5　整合的 5Cs 框架

考虑到现有的关于 EMNEs 国际化与制度之间的相互关系，为提供一个综合的视角，我们在系统梳理关于 EMNEs 国际化与制度的关系的相关文献后，提出了 5Cs 框架，如图 4.1 所示。

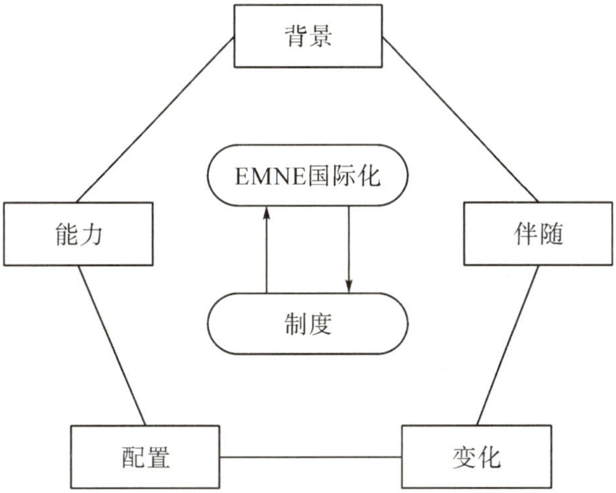

图 4.1　EMNE 国际化和制度的 5Cs 框架

背景（Context）维度涉及 EMNEs 的母国和东道国制度背景特征，这些特征直接影响 EMNEs 的能力、战略和绩效，并作为边界条件影响其他方面。能力（Capability）维度说明 EMNEs 的制度能力，使它们能够充当制度企业家/经纪人。变化（Change）维度是由 EMNEs 国际化所导致的制度结构变化支撑的。伴随（Concomitance）维度反映了制度与 EMNEs 为实现共同的战略目标而进行的合作或争议性的互动。配置（Configuration）维度反映了系统配置模式的演变。EMNEs 可能需要重新配置其资源和战略，以应对母国和东道国内部新的和不断变化的制度环境。鉴于 EMNEs 在母国和东道国情景中的多重嵌入性，以及 EMNEs 偏离母国和/或东道国的标准做法，制度可能也需要配置并转换其现有的框架和逻辑。因此，配置维度类似于一个通用系统，其中单个建设性元素和培养过程与系统活动协同工作，以提供集成配置模式。

以“EMNEs 国际化与制度关系”为主题的文献综述显示，现有的文献主要集中在前三个维度，即背景维度、能力维度和变化维度，特别是背景维度。为了推进当前围绕着 EMNEs 的学术辩论，*IBR*“新兴经济体企业国际化与制度演进”特刊作为一个平台，其目的不仅是为了提高我们理解新兴经济体跨国公司的特点和 EMNEs 国际化的协同演进，更是为这一领域未来的研究指明方向。在此过程中，特刊中收录的每一篇论文都强调了 5Cs 框架的要素，也阐明了 EMNEs 和制度变化的关联，这可以在学术界引发进一步的研究。

更具体地说，Funk 等（2021）、Chan 和 Pattnaik（2021）都探讨了母国制度和 EMNEs 国际化的协同演进，前者关注资源诅咒，后者关注制度支持。Funk 等（2021）提出了一个概念模型，以周期性的方式解释资源诅咒特征如何改变监管、规范和认知制度过程与 EMNEs 国际化之间的协同演进关系。Chan 和 Pattnaik（2021）认为 EMNEs 通过多向互动、重新配置和适应来积极影响不同的商业行为者，进而随着时间推进制度演进。总之，这两篇论文都强调了背景、变化和配置，Chan 和 Pattnaik（2021）还指出了 EMNEs 的能力如何影响制度的改变。

Mazé 和 Chailan（2021）、Fon 等（2021）关注的是东道国制度与 EMNEs 国际化之间的互动。更具体地说，Mazé 和 Chailan 通过探索中国跨国公司如何参与非洲国家的制度安排以赢得合同并将公司安全地嵌入东道国，从而确定了协同演进过程，进而导致东道国制度的开放并重新定义跨国公司规则。在这一过程中，中国跨国公司利用在国内获得的制度能力，同时利用中国政府—东道国政府—EMNEs 的网络联系，通过在东道国的三种影响机制：扩大价值与抵消战略的部署、网络创建和合同捆绑，中国跨国公司以长远的视角参与协同演进，以影响变化中的非洲的制度背景。Fon 等（2021）侧重于定量评估跨国公司活动对非洲制度发展的影响，提出母国制度质量是对外直接投资的决定因素，但东道国的制度质量也受到引进外资的影响。虽然这两篇论文都明确强调了 5Cs 框架的背景、能力和变化维度，但 Mazé 和 Chailan（2021）还涉及了伴随维度，因为东道国政府、政府制度和中国企业的网络成员作为合作伙伴为共同目标而努力。

IBR 特刊的最后两篇论文 Han（2021）和 Huang 等（2021）研究了制

度对企业绩效的影响。Han（2021）采用了政府创造优势的概念和合法性视角，提出母国风险保障机制独立且共同塑造了 EMNEs 的海外子公司绩效，与跨国公司在东道国政府和东道国商界的合法性相结合。Huang 等（2021）发现了 EMNEs 的加速国际化战略。这种战略是一把具有较大风险的“双刃剑”，但它也使 EMNEs 能够快速配置由多个东道国组成的特定投资组合。因此，EMNEs 绩效不仅取决于企业的内部资源及其国际化的广度，还取决于东道国制度适当配置的对外直接投资组合。两篇论文都分别强调了 5Cs 框架的背景和配置维度。

第2篇

制度理论与企业国际化：中国经验篇

5 中国企业国际化与绩效的关系①

关于国际化与企业绩效的最一般关系一直是战略管理与国际商务领域最具争议的问题。然而，在过去50多年时间里，学者们关于国际化与企业绩效关系的实证研究却得出了不同的观点与结论。资源观理论认为国际化活动为企业更有效地利用特有优势创造了条件，企业能够在国际化过程中利用母国与东道国资源和要素禀赋差异，获取发展所需的互补性资源、专业技术知识（Hitt 等，1997；Kafouros 等，2008）、管理经验知识和客户需求认知，通过价值链的全球布局实现企业绩效的最大化（Porter，1990）。同时，通过不同国家和市场间的资源协调与共享分散风险以创造更好的范围经济和更大的规模经济，并使企业产品结构和组织流程合理化。然而，与国际化活动相关的成本在一定程度上会抵消或者部分抵消国际化所带来的收益，进而对企业绩效产生负面影响。FDI 理论指出企业必须具有垄断的内部化优势以应对国际化过程中所面临的外来者劣势、新进入者劣势（Kostova、Zaheer，1999；Zaheer，1995）和其他形式的市场进入壁垒。交易成本理论认为，企业国际化活动的地域分散性、市场异质性、文化多样性及制度复杂性等，将带来大量的协调成本、信息加工处理成本和管理成本等交易成本。国际化战略的进一步深化也会增加企业的金融风险和政治风险，如汇率的波动、政府的规制、国际贸易法规以及东道国行业制度规范等带来的一系列经营风险和管理问题。

由于企业国际化是一个渐进演化的过程，既能为企业带来收益，也会产生额外的经营成本与风险，因此，Hitt 等（1997）以及 Gomes 和 Ramaswamy（1999）等学者认为，国际化与企业绩效之间并不总是单调的线性关系，而是呈倒 U 形关系（Garbe、Richter，2009；Chao、Kumar，2010），U 形关系（Capar、Kotabe，2003；Gaur、Kumar，2009）或 M 形关系（Lee，

① 本章部分内容来源于：杜健，丁飒飒. 国际多元化与企业绩效关系之元分析［J］. 国际贸易问题，2019（10）：146-162.

2010、2013）。针对不同研究所持有的不同观点，Contractor 等（2003）提出了更一般的国际化扩张三阶段模型，认为国际化与企业绩效呈水平 S 形关系（Berry、Kaul，2016；Xiao 等，2013）。然而，Hennart（2007）从交易成本理论视角完全否定了国际化与企业绩效之间的关系，认为这种关系的假设毫无理论依据。

虽然现有实证研究试图在国际化与企业绩效之间建立单一而普遍的关系，但是这种最一般的关系是否真实存在？如果存在，它的表现形式如何？潜在的调节变量是否对这种关系有影响？对于作为新兴经济体的中国的企业而言，其国际化与绩效的关系又是如何，更是不得而知。然而，目前国际化和企业绩效关系的实证研究呈现出的异质性结论并不具有代表性和阶段性，且无法显现国际化与企业绩效之间的本质关系。零散的单一实证研究结果并不具有统计学意义，且单一实证研究往往会通过精炼研究方法，设置更复杂的研究设计程序，或在研究实证模型中纳入不同的控制变量等措施折中这种异质性结果，而几乎无法捕捉调节变量的作用效果（Kirca 等，2012）。笔者认为，建立全面统一的情景框架可以帮助解决现有国际化与企业绩效关系看似混合而矛盾的研究结果，并有助于进一步推动国际化领域的理论文献和实证研究的发展。尽管已有国内学者使用定性研究的方法探究了国际化与企业绩效的关系（杨丽丽、赵进，2009；钟昌标、刘伟，2016），但是这种方法只停留在构念层面且缺乏系统有效的数据支撑。元分析方法正好可以弥补这一研究方法的空缺。元分析方法通常被用来检测变量间的普适关系，以及分析混合结果产生的内在动因。因此，本研究将采用元分析方法，以探究中国企业国际化与绩效的本质关系，同时检验潜在调节变量对这种关系的影响程度与方向，以期得到更普遍、更一般的研究结论。

5.1 国际化与企业绩效的潜在调节因素

众多研究结果相异的研究表明，国际化与企业绩效的关系具有很强的“情景依赖性”（context-dependent）（Kirca 等，2012）。为了更好地解释这种程度不同甚至方向相反的差异性结论，本研究在对各相异结果的来源进行分析后，归纳出如下八种潜在的影响因素——2008 年全球金融危机、行业情景、企业规模、*Association of Business Schools*（*ABS*）期刊排名、数据来源、国际化测度方法、绩效评估方法、研究设计方法，这些情景变量的设置与企业国际化文献是吻合的（Ramanujam、Varadarajan，1989）。

（1）2008年全球金融危机。UNCTAD（2009、2010）发布的统计数据表明，2008年全球金融危机期间，全球FDI总量仅为1.45万亿美元，较2007年的1.83万亿美元同比下降超过20%。2009年4月美联社发布的统计数据显示，自2008年4月金融危机爆发以来，美国申请破产保护的企业和个人近120万人次，破产率几乎是2006年的两倍。随着全球金融危机的扩散和蔓延，实体经济深受影响。那些主要以境外市场作为增长引擎的跨国公司，其作为母国实体经济的中坚力量所受冲击不容小觑，在全球金融危机的强势影响下，众多跨国公司均出现资产缩水、资金周转困难、利润下滑甚至巨额亏损等现象。例如，Boorman和Christensen（2010）、Fidrmuc和Korhonen（2010）、Arner和Schou-Zibell（2011）等学者发现全球金融危机对跨国公司的境外投资和跨国并购活动产生了巨大的负向影响作用，Reddy等（2014）使用事件研究法对26个国家跨国公司在2008年全球金融危机前后的境外投资活动的研究同样证实了这一观点。

（2）行业属性。Bowen（2007）认为遗漏行业特征而产生的异质性是有偏研究结果的潜在变异源。例如，Capar和Kotabe（2003）通过对81家德国服务业企业的实证研究发现，由于服务具有无形性，其生产和消费过程具有不可分割性，以及客户参与生产过程而导致的服务输出的异质性等特征，使得服务业国际化与企业绩效之间的关系相异于制造业（Kotabe等，2002）。此外，Contractor等（2003）针对分布在12个国家的103家服务业跨国公司的国际化与企业绩效关系研究发现，国际化与企业绩效的二次方程曲线和三次方程曲线显著不同。交易成本理论认为，制造业和服务业具有不同的境外市场进入模式（Anderson、Coughlan，1986）。制造业更倾向于以全资或独资的形式进入以降低知识溢出风险（Shrader等，2000），并尽可能多地获取规模经济与范围经济，而服务业倾向于以合资方式进入（Brouthers、Brouthers，2003），以减少国际化过程中的外来者劣势、不熟悉劣势和新进入者劣势等所带来的巨大交易成本和协调成本。Lu和Beamish（2004）通过对日本跨国公司的实证研究表明，制造业因具有高水平的研发投入而在国际化过程中享有更高的利润。

（3）企业规模。企业规模在国际化文献中被视为企业特有优势的标志。传统的FDI理论认为，跨国公司具有企业规模、技术独占性、品牌资产和跨越国界的协调能力等垄断竞争优势（Hymer，1976）。大企业在国际市场能够利用自身特有的先行者优势、关键核心战略资源和学习渠道，通过更优的投资组合模式来降低国际化过程中的成本与风险，并抑制后发企业进入东道国市场（Gaba 等，2002），进而获取更大的规模经济和更好的范围经济。然而，中小企业与大企业具有本质的差异性（Shuman、Seeger，1986）。中小企业除了自身的所有权结构、组织结构和管理信息系统有别于大企业外，用来克服国际化所带来的外来者劣势和新进入者劣势的关键资源，以及在国际市场使东道国政府让步的议价能力（Kirca 等，2012）更是异于大企业。Dhanaraj 和 Beamish（2003）认为企业规模作为管理和财务等关键资源的可用性指标，在企业国际化过程中扮演着决定性角色。Bloodgoo 等（1996）通过对 61 家美国风险投资新建企业的研究发现，企业规模作为企业特有优势资源与国际化程度有关，且对国际化与企业绩效关系具有影响。鉴于现有实证研究结果，本研究认为企业规模越大，可用于国际化战略的关键核心资源就越多，越有利于企业国际化战略的实施和国际市场超额绩效的实现。

（4）*ABS* 期刊排名。战略管理领域的学者认为，实施国际化战略不仅可以规避风险，而且可以获取竞争优势（Hitt 等，1994）。现有大量的关于国际化与企业绩效关系的研究（Hitt 等，2006），其中不乏研究成果刊登在国际权威期刊上，如 *Strategic Management Journal*、*Journal of International Business Studies*、*Academy of Management Journal* 等。期刊的影响因子不同，对研究工作的要求更是千差万别。期刊排名越高越权威的期刊，越倾向于出版原创性的、更具有代表性的、具有更强显著效应的大样本面板数据或横截面数据的研究成果，而忽视了非显著性结果的真实存在（Görg、Strobl，2001），进而导致相关实证研究缺乏稳健性。因此，Yang 和 Driffeld（2012）的研究将纳入元分析的文献依据 *Association of Business Schools*（*ABS*）2018 年对期刊从最低的一区到最高的四区排名，探究了 *ABS* 期刊排名对企业国际化与绩效关系的影响。

（5）数据来源。Prada-Ramallal 等（2017）认为无论是一手数据（例如深入访谈、问卷调查或田野调查等获得的数据）还是二手数据（例如目前国际商务领域广泛使用的 COMPUSTAT 数据库、ORBIS 数据库、Wind 数据库等获得的数据），都应被文章作者、审稿人和期刊编辑视为矛盾结果和结论的潜在异质性来源。二手数据相较于一手数据更加客观和真实，不容易被研究者主观操控。但是，二手数据不容易准确地聚焦于作者所要研究的具体问题和理论，而往往需要寻求代理变量。目前相当一部分有关国际化与企业绩效关系的研究完全依赖于二手数据（Jeong，2003），导致这些研究仅反映了国际化与企业的会计绩效指标，例如投资回报率、销售利润率、净资产收益率以及销售增长率之间的关系，从而产生了有偏误的研究结果和结论。

（6）国际化测量。Thomas 和 Eden（2004）、Kirca 等（2012）等学者认为对国际化不同维度的测量是造成国际化与企业绩效关系研究结论与结果不一致的因素之一。国际化深度反映了跨国公司境外业务所占的比重，而国际化广度回答了企业国际化经营的范围问题。依据 Hennart（2011）的研究，本研究将国际化的不同测量方式划分为两个维度，即国际化深度和国际化广度。相较于高强度高频率地投资于同一国家或地区，现有研究（Thomas、Eden，2004）认为跨国公司通过广泛地构筑国际化生态网络，不但降低了由东道国制度与经济波动所带来的风险与不确定性，而且迅速撬动了不同区域间范围经济与规模经济的实现。再者，更大范围的境外运作促使企业更高效地利用地域优势获取核心战略资源，以克服国际化过程中的协调成本、沟通成本、信息加工处理成本和管理成本（Goerzen、Beamish，2003），进而享有更高水平的经济绩效。

（7）绩效测量。Yang 和 Driffeld（2012）认为多样化的绩效测量指标对国际化与企业绩效关系的影响非常显著，而目前对于绩效测量指标的选择既困难又随意（Nguyen，2017）。国际商务和战略领域的学者们将企业绩效的测量指标依其性质分为会计指标、运营绩效指标、成本效益指标和市场指标，以探究不同的测量指标对国际化和企业绩效关系的影响。其中，会计指标包括销售利润率、总资产报酬率以及净资产收益率等。运营绩效指标包括销售增长率和市场占有率。成本效益指标有运营成本占总销售收入的比重。而市场指标包括托宾 q 值和风险调整后收益。会计指标反映了企业过去和现在的经济绩效表现状况，但并不一定会考虑企业未来的发展潜力，而且容易受到管理层的操控（Grant 等，1988）而颇受争议。因此，随意选择会计指标、运营绩效指标、成本效益指标或市场指标衡量企业绩效也是企业国际化与绩效关系存在异质性结果的原因之一。

（8）研究方法。已有的关于企业国际化与绩效关系的研究主要有回归方法和非回归方法，而不同的研究方法也可能对国际化与企业绩效的关系产生影响。现有部分实证研究使用 ANOVA 法或“T 检验法”（T-tests）探究国际化与企业绩效的关系，忽略了这种非回归分析法因未考虑变量间相关性而可能导致的结果偏误（Yang、Driffeld，2012），进而影响了国际化与企业绩效的真实关系。

5.2 研究设计

本研究将采用元分析方法对潜在的情景变量进行实证检验。Glass（1976）指出，元分析法是一种对现有实证研究结果进行综合分析评价的定量研究方法，已经被广泛应用到管理学研究领域（Geysken 等，2009），如组织创新（Damanpour，1991）、企业兼并（Datta 等，1992）、员工流动率（Hom 等，1992）、特许经营（Combs、Ketchen，2003）等。Glass（1976）与 Hunter 和 Schmidt（1990）认为，通过元分析不仅可以得到研究变量之间更一般的关系，而且可以通过控制研究对象的样本特征挖掘造成变量关系差异的潜在因素。同时，元分析可以克服小样本研究的局限性、研究设计的情景与理论依托以及研究者的主观见解等可能造成的研究偏差（Rosenthal、DiMatteo，2001），使研究结论更具有普遍性。因此，本研究遵循 Kirca 和 Roth 等（2012）以及 Yang 和 Driffield（2012）所使用的元分析方法来探究中国企业国际化与绩效之间的关系，以及影响这种关系的潜在调节变量作用，以期得到更普适、更具有代表性的研究结论。

为了建立元分析数据库，本研究使用“中国”“国际化”“出口”“国际化程度”“国际化”“地域多元化”“地域分布”“境（海）外运营范围”“国际化扩张”“全球多元化”“全球化”“多国性”“对外直接投资”“跨国公司”“境（海）外市场进入”以及“进入模式”等关键词在 Elsevier Science、EBSCO、Springer Link、Web of Science、JSTOR、Scopus 等网站上进行文献检索，检索时间跨度为 1997 年 1 月 1 日至 2016 年 12 月 31 日。然后，本研究对所检索到的文献进行初步筛选，以检验文献主题和摘要与本研究的吻合性。例如，本研究通过剔除书评、会议文献以及来源国非中国等不相关文献，非实证分析文献，因变量非经济绩效文献，*ABS*（2018 年排名）3 星和 4 星以外的文献，总共获得 21 篇备选文献的 30 个效应值。再然后，本研究对备选文献进行了编码处理，主要包括对研究变量和效应值的编码，例如，文献标题、作者、发表期刊、研究设计以及效应值等。由于被纳入本研究元分析的情景因素均为虚拟变量，本研究将采用亚组分析方法检验情景因素的调节效应。

5.3 调节效应的亚组分析

表 5.1 报告了影响中国企业国际化与绩效关系的潜在情景变量的调节效应研究结果。

（1）全球金融危机。本研究的 30 个效应量，有 23 个来自 2008 年全球金融危机爆发及以后年度。分析发现，2008 年全球金融危机对国际化与企业绩效关系具有显著的正向影响效应（$\bar{r}$ ≥2008 = 0.102，P ≥2008 = 0.000），且金融危机爆发及以后年度的影响作用显著强于金融危机爆发以前年度（$\bar{r}$ <2008 = 0.037，P <2008 = 0.000）。因为在金融危机期间，企业更倾向于寻求境外市场以降低母国投资和运营环境风险（Yang、Driffield，2012），并套取更高的投资收益。因此，金融危机对中国国际化与企业绩效关系具有显著的正向调节作用。

（2）行业属性。满足行业情景分析的效应量共有 18 个，其中 9 个来自服务业，9 个来自制造业。研究结果显示，行业属性对中国企业国际化与绩效关系具有显著的正向影响效应（$\bar{r}$ 总 = 0.091，P 总 = 0.000），其中，服务业的影响作用（$\bar{r}$ 服务 = 0.125，P 服务 = 0.002）显著优于制造业（$\bar{r}$ 制造 = 0.055，P 制造 = 0.049）。这是因为相对于制造业而言，服务业企业在国际扩张中需承担更大的投资支出与协调成本（Knight，1999），更依赖于人力资本与关系资本等无形资产（Hitt 等，2006），使得服务业对企业国际化战略更敏感，其绩效对战略的反馈更实时。因此，行业情景对中国企业国际化与绩效关系具有显著的正向影响作用，且服务业的作用效应强于制造业。

（3）企业规模。统计结果显示，与企业规模相关的效应量有 17 个，其中大企业有 11 个，中小企业有 6 个。可以发现，企业规模对中国国际化与企业绩效具有显著的正向影响作用（$\bar{r}$ 总 = 0.079，P 总 = 0.000），且中小企业的影响作用具有统计学意义（$\bar{r}$ 中小 = 00.136，P 中小 = 0.055）。这是因为中小企业的组织结构简单且尚未被标准化，可以灵活部署国际化战略以获得新进入者学习优势，而大企业庞大的组织结构和管理系统很难快速响应东道国环境的变化，抑制了中国企业国际化速度，进而影响了企业绩效。因此，企业规模对中国企业国际化与绩效关系具有显著的正向影响作用，且规模越大影响效果越不明显。

（4）*ABS* 期刊排名。表 5.1 亚组分析结果表明，*ABS* 期刊排名对中国企业国际化与绩效关系具有显著的正向影响效应，其中，三星期刊的影响效应显著强于四星期刊（$\bar{r}$3 区 = 0.085，P3 区 = 0.000；$\bar{r}$4 区 = 0.058，P4 区 = 0.133）。这可能与被纳入本元分析的四星期刊实证分析文献数量有限有关。

（5）数据来源。数据来源对国际化与企业绩效关系具有显著的正向影响作用，且调研数据的影响效应达到中等程度（$\bar{r}$ 调研 = 0.272，P 调研 = 0.000），显著优于二手数据（$\bar{r}$ 二手 = 0.057，P 二手 = 0.000）。因此，数据来源对中国企业国际化与企业绩效关系具有显著的正向影响作用，且调研数据的影响效应更强。

（6）国际化测量。表 5.1 亚组分析显示，不同国际化测量维度对中国企业国际化与绩效关系具有显著的正向影响效应，且国际化深度（$\bar{r}$ 深度 = 0.049，P 深度 = 0.011）的影响作用显著弱于国际化广度（$\bar{r}$ 广度 = 0.137，P 广度 = 0.000）。这表明中国企业在国际市场进行战略资产配置的过程中，通过不断的学习积累了相关的异质性知识与资源，促使自身实现了规模经济与范围经济，进而促进了企业经济效益的显著提升。

（7）绩效测量。本研究发现，绩效测量方法对中国企业国际化与绩效关系具有显著的正向影响作用，且市场指标的影响效应强于会计指标（$\bar{r}$ 市场 = 0.123；$\bar{r}$ 会计 = 0.060）。

（8）研究方法。研究方法对中国企业国际化与绩效关系具有显著的正向影响作用，且由于研究样本有限，使得非回归方法的影响力水平不显著。

表 5.1　亚组分析结果

变量		K	N	异质性		$\bar{r}$	95% CI		双尾检验	
				Q	P-value		Lower	Upper	Z-value	P-value
2008 年全球金融危机	总效应	30	1 032 190	2 848. 89	0. 000	0. 080	0. 050	0. 110	5. 25	0. 000
	<2008	7	628 763	27. 69	0. 000	0. 037	0. 007	0. 067	2. 43	0. 015
	≥2008	23	403 427	363. 56	0. 000	0. 102	0. 063	0. 141	5. 13	0. 000
行业属性	总效应	18	393 682	270. 50	0. 000	0. 091	0. 044	0. 138	3. 81	0. 000
	服务业	9	6 819	84. 65	0. 000	0. 125	0. 045	0. 205	3. 06	0. 002
	制造业	9	386 863	98. 26	0. 000	0. 055	0. 000	0. 109	1. 97	0. 049
企业规模	总效应	17	20 730	102. 47	0. 000	0. 079	0. 039	0. 119	3. 91	0. 000
	大型企业	11	18 779	62. 26	0. 000	0. 063	0. 024	0. 103	3. 14	0. 002
	中小型企业	6	1 951	38. 55	0. 000	0. 136	−0. 003	0. 274	1. 92	0. 055
ABS 期刊排名	总效应	30	1 032 190	2 848. 89	0. 000	0. 080	0. 050	0. 110	5. 25	0. 000
	3 区	25	1 023 193	2 806. 36	0. 000	0. 085	0. 052	0. 119	5. 05	0. 000
	4 区	5	8 997	42. 02	0. 000	0. 058	−0. 018	0. 135	1. 50	0. 133
数据来源	总效应	30	1 032 190	2 848. 89	0. 000	0. 080	0. 050	0. 110	5. 25	0. 000
	调研数据	24	1 031 298	19. 13	0. 002	0. 272	0. 141	0. 403	3. 55	0. 000
	二手数据	6	892	2 791. 43	0. 000	0. 057	0. 026	0. 089	4. 07	0. 000

表5.1（续）

变量		K	N	异质性		$\bar{r}$	95% CI		双尾检验	
				Q	P-value		Lower	Upper	Z-value	P-value
国际化测量	总效应	30	1 032 190	2 848. 89	0. 000	0. 080	0. 050	0. 110	5. 25	0. 000
	深度	18	1 019 377	2 737. 42	0. 000	0. 049	0. 011	0. 086	2. 55	0. 011
	广度	12	12 813	58. 38	0. 000	0. 137	0. 088	0. 186	5. 49	0. 000
绩效测量	总效应	30	1 032 190	2 848. 89	0. 000	0. 080	0. 050	0. 110	5. 25	0. 000
	会计指标	18	403 814	299. 36	0. 000	0. 060	0. 022	0. 098	3. 06	0. 002
	市场指标	12	628 376	123. 36	0. 000	0. 123	0. 073	0. 174	4. 76	0. 000
研究方法	总效应	30	1 032 190	2 848. 89	0. 000	0. 080	0. 050	0. 110	5. 25	0. 000
	回归	29	653 692	202. 55	0. 000	0. 077	0. 054	0. 100	6. 58	0. 000
	非回归	1	378 498	0. 00	-	-0. 034	-0. 037	-0. 031	21. 25	0. 000

6　开发区设立、制度质量与跨国公司的市场进入战略[①]

中国是全球外商直接投资非常重要的东道国之一，从制度理论视角探索来华跨国公司的市场进入战略具有重要的研究意义。本章从开发区设立的视角出发，在制度理论的框架下解答了跨国公司进入中国的市场战略，聚焦于外商直接投资的区位选择，探讨了开发区在中国制度质量提升中的作用。本章利用中国工业企业数据库、中国对外直接投资名录等企业层面的数据，采用双重差分策略对开发区设立的外资进入效应进行了实证分析。通过理论与实证研究，我们发现：开发区的设立极大地提高了中国局部的制度质量，成为中国吸引外商直接投资进入的重要决定因素，对跨国公司进入中国的市场战略具有重要的影响。本章重点从制度质量提高的角度研究开发区的设立对外商直接投资的影响机制，通过考察开发区设立效应在开发区行政级别、不同地区市场化程度以及不同行业契约强度上的异质性，本章得出结论：开发区通过提高局部制度质量吸引了更多的外资企业进入，是一种有效的区域性开放政策。

自 21 世纪初以来，中国外商直接投资（FDI）迅速增长。2018 年，中国 FDI 流量比 2000 年增长了 4 倍，达到 2 550 亿美元，并首次超过了美国的 2 520 亿美元，成为全球最重要的外商直接投资目的地。因此，越来越多的学者开始探讨 FDI 流入中国等新兴经济体的相关问题。先前的研究主要从两个角度探讨 FDI 的相关问题，其中一部分文献探究了 FDI 对于经济增长（Gunby、Jin，2017）、就业（Jude、Silaghi，2016）、技术溢出（Salim 等，2017）和环境污染（Yang、Li，2019）的影响，另一部分文献将研究聚

① 本章来源于宋易珈、邓睿宸、刘若曦、彭倩 2020 年在国际可持续发展期刊 *Sustainability* 第 12 期上发表的英文论文“Effects of Special Economic Zones on FDI in Emerging Economies：Does Institutional Quality Matter?”，并在此基础上对文章内容进行了进一步的丰富与扩展，最终形成了本章的理论与实证分析。

焦在制度背景（Xu、Shenkar, 2002）、网络（Oehme、Bort, 2015）、企业的动态能力和资源等方面（Alexy 等，2018），探讨外商直接投资的动机和驱动力。

近年来，大量文献围绕外商直接投资动机提出了一系列重要的理论框架与研究假设。首先，企业通过外商直接投资寻求自然资源、生产要素、新市场、战略资产甚至国际优质品牌等。其次，在寻求资源的动机之外，制度环境也是一个重要的决定因素。一方面，母国政府可以通过给予对外投资企业补贴、税收优惠、原材料等一系列优惠政策对对外投资企业提供制度支持；另一方面，一部分对外投资企业为了摆脱母国的制度约束和寻求更优质的制度环境而进行对外直接投资。此外，还有一部分学者检验了东道国与母国的制度距离对外商直接投资的影响。这些研究通过理论与实证研究发现，由于企业在相似的制度环境下可以更好地管理，外资企业倾向于选择制度背景相似的国家或地区进行对外直接投资。

在传统的制度理论中，有学者认为，企业进行对外直接投资是为了逃避母国限制性立法或政府不完善的政策。在这种情况下，通过传统的制度理论来解释外商直接投资在中国等制度质量较差的新兴经济体蓬勃发展是一个重大挑战。事实上，尽管中国等新兴经济体制度质量总体上仍有缺陷，但是不同地区的制度质量各不相同。因此，本章的研究着重聚焦于新兴经济体内差异化的制度质量对于招商引资的影响。特别地，作为改革开放的前沿，开发区设立地区内的制度质量明显高于区外的制度质量，为有意向投资的外资企业提供了有力的制度红利。

更准确地说，开发区为外资企业提供了比中国其他地区更具有吸引力的一揽子优惠政策和更有利于营商的制度环境。一方面，由于开发区的等级高于一般地方政府，在确定其优惠政策方面具有相对的自主权，因此开发区可以为外资企业设计更合适的法律法规。这些优惠政策通常包括税收优惠、更便宜的地价以及更便捷的融资和投资渠道。另一方面，开发区的环境有利于试验和培养更优质的制度环境。开发区管理委员会不仅致力于维护市场秩序，保护产权和简化办事流程以改善营商环境，还致力于促进公用设施、通信、仓储和运输等基础设施的持续改进。总而言之，与其他地区相比，开发区的制度质量、特殊优惠政策和基础设施建设更为优越。

在以往的研究中，由于时空维度的不同，定义制度和检验制度的效应十分困难。但是开发区作为改善地区局部制度环境的典型案例，可以很好地用于检验制度质量提升带来的影响。本章研究重点是将区域政策嵌入制度理论中，探讨制度质量在不同地区的差异带来的影响。本章采用工业企业数据库和《中国开发区审核公告目录》的数据，整理得到 1998—2018 年 2 660 个开发区数据集，以及 1998—2013 年 37 251 个地区样本数据集。本章讨论了局部地区制度质量提升的政策效应，并使用双重差分法（DID）检验了开发区对外资进入的影响。相较于现有文献，本章从制度质量提高的角度研究了开发区对外商直接投资的影响机制。

6.1　制度背景

6.1.1　世界开发区的演进历程

6.1.1.1　第一阶段：开发区的起源和雏形

从世界开发区发展历史来看，最早要追溯到公元前。由于古代航海和造船技术的限制，地中海地区往来贸易的各国船只必须在迦太基（今为突尼斯）进行补给，其类似于现在的新加坡。这是最早的开发区。13～16 世纪，欧洲建立了最早以自由贸易联盟和自由贸易港口为表现形式的开发区，并且逐渐随欧洲的主要资本主义强国的扩张而扩散到世界各地，尤其是在国际贸易通道的海峡、出海口、入海口等重要关口处的港口或地区。其中，第一个建立自由贸易联盟的是汉萨同盟，以 1241 年吕贝克和汉堡率先建立同盟关系为标志。第一个正式命名的自由港是意大利的热那亚湾雷格亨自由港（1547 年）。从第一个开发区的出现到第二次世界大战前，全球约 26 个国家和地区建立了 75 个自由港和自由贸易区。这个阶段的开发区主要扮演了对外贸易和转口贸易载体的角色。

6.1.1.2　第二阶段：开发区的发展和升级

在第二次世界大战结束以后，第三次科技革命引起了社会生产力的大飞跃，以及跨国公司、超国家经济一体化组织的出现，使得国际分工更加专业化、精细化。由此，开发区的主要角色向出口加工区转变。出口加工区在自由港的基础上，由以商业贸易收益为主转变为以工业发展收益为主。其中，第一个出口加工区雏形在 1956 年成立于爱尔兰的香农国际机场，并于 1959 年被正式命名为“爱尔兰香农自由区”。1966 年，中国在台湾省高雄市建立第一个出口加工区，集自由贸易区和工业区为一体，也是亚洲的第一个出口加工区。到20世纪70年代末，全球共建立了240多个出口加工区。这个阶段开发区逐步开始发挥生产型经济区域的重要作用，对发展中国家的工业基础的提升尤为显著。在这一时期，我国大陆还未进行改革开放，没有设立任何出口加工区。

6.1.1.3　第三阶段：开发区的创新和改革

出口加工区功能单一的特点使得开发区具有规范统一和运行高效的优点，同时正因为如此，也逐渐显现出不能满足企业发展需求和时代发展需要的缺点。比如其只能从事出口加工制造，而在贸易、物流、库存等方面阻碍了整个园区所能提升的运行效率和经济效益。另外，法律体系保障不完善、管理机构职能不明确以及海关监管手段的繁琐，使得出口加工区的政策优势没能充分体现，资源不能实现最优配置，经济效益不能最大化。于是，寻求更加丰富、完善、高效的开发区发展目标成为一些企业的迫切需要。为此，在出口加工区的基础之上，许多国家开始探索创新型开发区的发展路径，其中综合型开发区和高新技术型开发区是主要的表现形式。综合型开发区是指兼具自由贸易区和出口加工区等功能的开发区，如我国的深圳等第一批兴建的四个经济特区。它们的辖区内同时支持工商业、日常生活等活动，是吸引人才落户、推动当地的各类经济发展、带动周边经济发展的抓手。国际上，如新加坡自由港、黎巴嫩贝鲁特自由港、韩国济州岛等也具备以上功能，属于综合型开发区。高新技术开发区指在开放环境下，依靠先进科技资源及管理手段，重点聚集知识密集和技术密集型产业和企业，最大限度实现产、学、研贯通，促进高新技术产业发展的开发区。这类开发区注重将最新的科技成果转化为产品，同时兼顾培养顶尖的专业技术人才。总览世界开发区演进历程可见，开发区在实践和改革的反复调校中，不断证明了开发区对推动当地及周边经济发展的重要作用。开发区功能的逐渐丰富和完善，对高新技术的更加注重，使得开发区更能适应当代经济发展要求和世界经济未来大趋势。

6.1.2　中国开发区的演进历程

通过上面的介绍，相信读者们有了对开发区概念的初步认识。下面从三个阶段来阐述我国大陆开发区的发展历程。

6.1.2.1　第一阶段：摸索阶段（1979—1991年）

1978年党的十一届三中全会召开后，党和国家的工作重心转移到经济建设上来并把改革开放定为基本国策。1979年3月，国务院批复同意将宝安县改为深圳市、珠海县改为珠海市，同年 4 月，时任中共中央副主席的邓小平首次提出要开办“出口特区”，同年 7 月，广东省的深圳、珠海、汕头三市和福建省的厦门市开始试办出口特区。1980 年 8 月，第五届全国人大常委会第 15 次会议决定，批准《广东省经济特区条例》，在广东省的深圳、珠海、汕头和福建省的厦门市分别划出一定区域，设置经济特区，由“出口特区”正式更名为“经济特区”，标志着中国开发区的诞生。最早的经济特区只是所属地级市的一片很小的区域，随着经济特区的建设经验不断积累，其范围逐步扩大。如 1985 年邓小平视察厦门经济特区后，决定将其范围扩大到厦门全岛和鼓浪屿全岛，由原先的 2.5 平方千米扩展到 131 平方千米。1988 年，第七届全国人大一次会议批准设立海南省，划定海南岛全岛为海南经济特区。2010 年，中央新疆工作会议正式批准设立喀什经济特区。沿海港口城市如大连、青岛等，虽然不是经济特区，但是可以尝试借鉴经济特区的某些政策。1984—1988 年，国务院先后批准设立大连经济技术开发区等 14 个经济技术开发区，分别分布于 1984 年设立的全国首批 14 个对外开放城市中的 12 个。

在改革开放的基本国策提出并执行的十年间，中国经济获得了迅猛的发展，但总体而言仍然属于依靠生产要素和廉价劳动力大量投入的粗放型经济增长模式。要保持国民经济平稳、健康、持续高速增长，还需要加大科技发展方面的投入。1988 年 6 月，邓小平在全国科学大会上明确提出科学技术是第一生产力。1988 年 8 月，全国第一次“火炬计划”工作会议宣布“火炬计划”正式开始实施。这标志着在侧重于提高区域经济总量的经济技术开发区建设经验的基础上，更加侧重于发展高技术、新技术的高新技术产业开发区的诞生。同年，在北京设立了第一个高新技术产业开发区——北京市新技术产业开发实验区，即北京中关村的前身。

1990 年 6 月，国务院批准设立全国第一个保税区，即上海外高桥保税区，集自由贸易、出口加工、物流仓储及保税商品展示交易等多种经济功能于一体，由此开启了海关特殊监管区域的发展历程。海关特殊监管区域目前共有七种形式，分别是保税区、出口加工区、保税物流园区、跨境工业区、保税港区、综合保税区、自由贸易试验区。这七大类园区和经济技术开发区、高新技术产业开发区同样属于国家级开发区。整个七大类园区的产生和升级路线如图 6.1 所示。2000 年设立 14 个出口加工区，2003 年设立港珠澳跨境工业区，2004 年设立上海外高桥保税物流园，2005 年设立上海洋山保税港区，2006 年设立苏州工业园综合保税区，2013 年设立中国（上海）自由贸易试验区（详见第三阶段）。

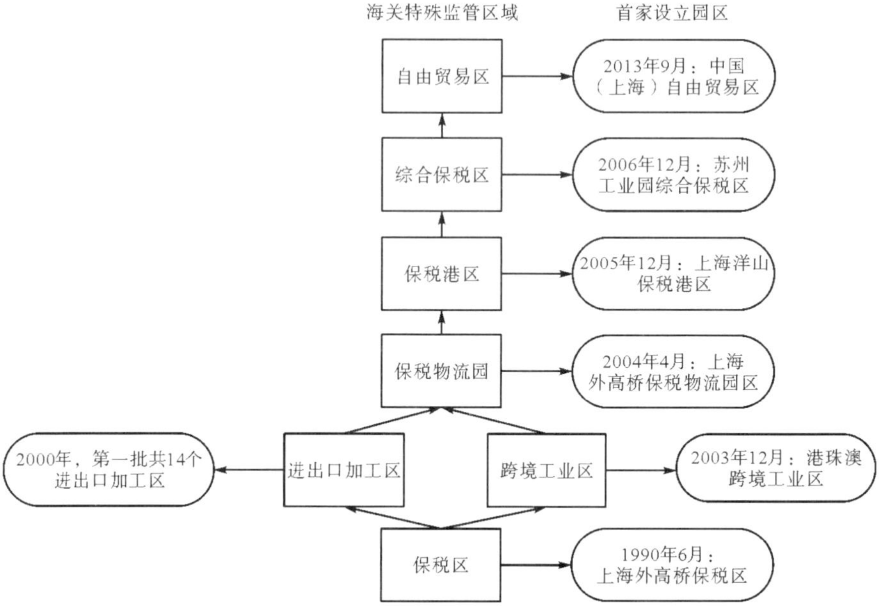

图 6.1　中国海关特殊监管区域升级路线

最早的开发区即四大经济特区首次试行灵活的经济管理体制、特殊的经济政策，坚持以外向型经济为发展目标，突破了计划经济的束缚，开始探索市场化发展的新经济模式。随后，第一批经济技术开发区集中于沿海城市，但总的来说经济总量较小，基础设施薄弱，外资和技术引进效果尚不明显。由于科技进步指导生产力提高的迫切需求，高新技术产业开发区应运而生。海关特殊监管区域的出现和迭代升级为逐步扩大开放的国际贸易往来需求提供了更有力的保障。这个阶段的发展战略的变化主要是：从 1984 年的“四个窗口”，即技术窗口、管理窗口、知识窗口、对外政策窗口逐渐向 1987 年提出的“三为主、一致力”转变，即以发展工业为主、利用外资为主、出口创汇为主，致力于发展高新技术产业。

6.1.2.2　第二阶段：扩大开放和整顿阶段（1992—2006 年）

全国首批设立的 14 个经济技术开发区在 10 多年的发展中取得了显著的成绩。因此，这种新的经济发展模式从东部地区扩散到中部、西部地区，全国各地争相复制和模仿，在 1992 年掀起了第一波开发区建设的热潮。

1992 年当年批准设立了 70 家国家级开发区和 144 家省级开发区。这个阶段的特点是：一旦找到成功的模式和有效的政策措施，就简单地复制到新设立的开发区。在政绩考核的激励下，大量不符合发展要求和盲目扩张的开发区如雨后春笋般遍地开花，在未经严格因地制宜的考察设计和规划背景下，造成了大量的重复建设和恶性竞争。因此，从 2003 年 7 月到 2006 年年末，国土资源部根据《关于清理整顿现有各类开发区的具体标准和政策界限的通知》对全国范围内的开发区进行了为期三年的清理整顿。经过重新规划审核，全国各类开发区由 6 866 个核减至 1 568 个，规划面积由 3. 86 万平方千米缩减至 9 949 平方千米。2006 年，在整改逐步完成的过程中，中国开发区建设迎来了第二个高峰，当年批准设立了 662 家省级开发区。

6. 1. 2. 3　第三阶段：规范优质发展阶段（2007—2021 年）

这一阶段代表了开发区建设的规范化与优质发展。2007 年，工业用地出台新规，很大程度上抑制了开发区通过便宜的土地招商引资的弊端。2008 年起施行的《中华人民共和国企业所得税法》，取消了中国大陆范围内企业所得税的差异，实行统一的税率，开发区的区域税收优惠政策不复存在。尽管政策光环不再，但各开发区苦练内功，仍然是中国经济高速增长的引擎。2005 年，仅全国 54 个国家级经济技术开发区和 53 个国家级高新技术开发区，就产生了全国 9. 49%的 GDP 与 16. 8%的工业增加值，以及 9. 18%的税收和 29. 58%的出口总额。仅 53 个国家级高新技术开发区的发明专利授权数就占全国总量的 24. 58%。2005 年，商务部提出开发区要从单一的制造业转向现代制造业和承接国际服务外包结合，明确了开发区的产业发展重点。

党的十九大提出中国特色社会主义进入了新时代，再一次明确对外开放要从外向型经济进入开放型经济。按照党中央、国务院的决策部署，2013 年 8 月在上海设立了首个代表对外开放最高水平的自由贸易试验区（简称“自贸试验区”），标志着我国的对外开放从外向型经济向开放型经济的转变。自由贸易试验区介于国家边界和海关监管界线之间，免除了海关监管，给外资以准入权。截至 2020 年 9 月底，已逐步在 21 个省份建立了 21 个自贸试验区，增设上海自贸试验区临港新片区，拓展浙江自贸试验区区域，形成了覆盖东、西、南、北、中的改革开放创新格局。自贸试验区在投资贸易便利化、金融开放创新、事中事后监管等方面被赋予了 3 000 多项试点任务，试验所得的经验和制度创新成果目前已向全国复制和推广了 260 项，响应了党的十八届三中全会做出的全面深化改革的决定，即让市场在资源配置中起决定性作用和走创新驱动的发展道路。2018 年 4 月，习近平总书记提出把海南全岛建设为自贸试验区，标志着我国继续扩大开放，积极推动经济全球化发展。自贸试验区外商投资准入负面清单从最初的 190 条减少到 2020 年版的 30 条。2019 年，18 个自贸试验区新设企业约 31.9 万家，其中外商投资企业 6 242 家；实际利用外资 1 435.5 亿元，进出口总额 4.6 万亿元，以不到全国 0.4%的国土面积，实现了占全国 15.2%的外商投资和 14.6%的进出口额。

2015 年 8 月，国务院发布《加快海关特殊监管区域整合优化方案》，逐步将出口加工区、保税物流园区、跨境工业区、保税港区及符合条件的保税区整合为综合保税区，成为其他五种区域的整合升级版。2018 年 1 月，国务院同意广东省撤销深圳经济特区管理线，深圳经济特区进一步优化城市功能布局，深圳经济特区开始探索更高水平的开发区建设。2020 年 11 月，北京大兴国际机场综合保税区获国务院批复，这是推动京冀协同发展和港区融合发展的重大项目，京冀将按照“统一规划、统一政策、统一标准、统一管控、统一考核”的要求，着力建设全国首创综合保税区跨界共商共建共享新模式的标杆，打造全球创新资源接驳地。这标志着全国唯一的跨省市综合保税区正式设立。这些改革也意味着经济技术开发区、高新技术产业开发区、海关特殊监管区域、经济特区都在随着时代的发展而不断调整和进步。

至此，狭义的开发区的发展脉络已经呈现清楚，但从宏观视角来看，近年来国家还有其他的创新举措。《2019 年新型城镇化建设重点任务》明确地将成渝城市群、京津冀城市群、长三角城市群和粤港澳城市群并列。虽然以上四个经济区域并不是传统意义上的开发区，但在经济发展和协同管理的意义上可以被看成是对脱离了行政区划束缚的、更加广义的开发区的探索。具体而言，2014 年 2 月提出的京津冀协同发展是面向未来打造新的首都经济圈，是推进区域发展体制机制创新的需要，是探索完善城市群布局和形态，为优化开发区域发展提供示范和样板的需要，是探索生态文明建设有效路径，促进人口、经济、资源、环境相协调的需要，是实现京津冀优势互补、促进环渤海经济区发展、带动北方腹地发展的需要的重大国家战略。2016 年 3 月提出的粤港澳大湾区建设是把广东省九个珠三角城市、香港、澳门联合起来建设充满活力的世界级城市群，建成具有全球影响力的国际科技创新中心，打造“一带一路”建设的重要支撑，打造内地与港澳深度合作示范区，构建宜居宜业宜游的优质生活圈的重大国家战略。2018 年 11 月提出的长江三角洲区域一体化发展战略是长三角在推动高质量发展、建设现代化经济体系、促进区域一体化发展、跨界区域、城市乡村等区域板块一体化发展达到较高水平，在科创产业、基础设施、生态环境、公共服务等领域基本实现一体化发展，全面建立一体化发展的体制机制。2020 年 1 月提出的建设成渝双城经济圈，在西部形成高质量发展的重要增长极，是打造内陆开放战略高地和参与国际竞争的新基地，探索按照生产要素流动规律来进行生产布局，在有条件地区开展统一政策、统一公共服务、统一道路建设的重大国家战略。

从对既有开发区的改造升级到最近的开发区创新成果，可以看出我国在两个一百年的世纪交汇点，在开发区建设上融入了新发展格局，逐步贯彻落实创新、协调、绿色、开放、共享五个理念。狭义的开发区正在深入贯彻党的十九届五中全会提出的高质量发展的要求，由做多产业种类转向做长产业链条，纵深发展；着力于构建产业生态和关联度更高的产业集群，形成一张企业抱团发展的有机网络，实现一个小区域内的循环和配套，从而提高产品的竞争力及园区的整体经济效益。广义的开发区作为重大国家战略，在更广的地理范围、更高的管理层面探索能让国家机器更高效运转和综合发展的有机组合。可以发现，古今中外的开发区建设史，就是一部探索更优经济发展模式的编年史。开发区本质上是一种经济发展模式的载体，是寻求突破和创新的试验田，是改革的参考和依据。当前的开发区建设并非终点，只要经济仍要发展和创新，开发区的发展历程就将延续下去。

6.1.3　中国开发区的制度设计

“中国开发区”是一个粗略的说法，按种类主要分为经济特区、经济技术开发区、高新技术产业开发区、海关特殊监管区域、国家综合配套改革试验区（新特区），按级别层次主要分为国家级和省级。其中国家级开发区包含经济技术开发区、高新技术开发区、海关特殊监管区域（如保税区、出口加工区等）、边境/跨境合作区、其他类型开发区；省级开发区包含经济开发区、高新技术产业开发区/高新技术工业园区、特色工业园区。我们还把开发区分为狭义开发区和广义开发区。狭义开发区包含新兴开发区和传统开发区，其中新兴开发区包含综合保税区、综合配套改革试验区、其他特色试验区（如金融试验区、沿边试验区、华侨试验区、海陆试验区）；

传统开发区包含经济技术开发区、高新技术产业开发区、保税区、出口加工区、其他类型开发区（如保税港区、跨境工业区、保税物流园、国家级旅游度假区、互市贸易区、台商投资区、工业园区）。广义开发区包含自由贸易区、国家级新区、四大经济区域（京津冀协同发展区域、长三角一体化区域、粤港澳大湾区和成渝双城经济圈）。我国对国家级与省级开发区的分类如图 6.2 与图 6.3 所示。

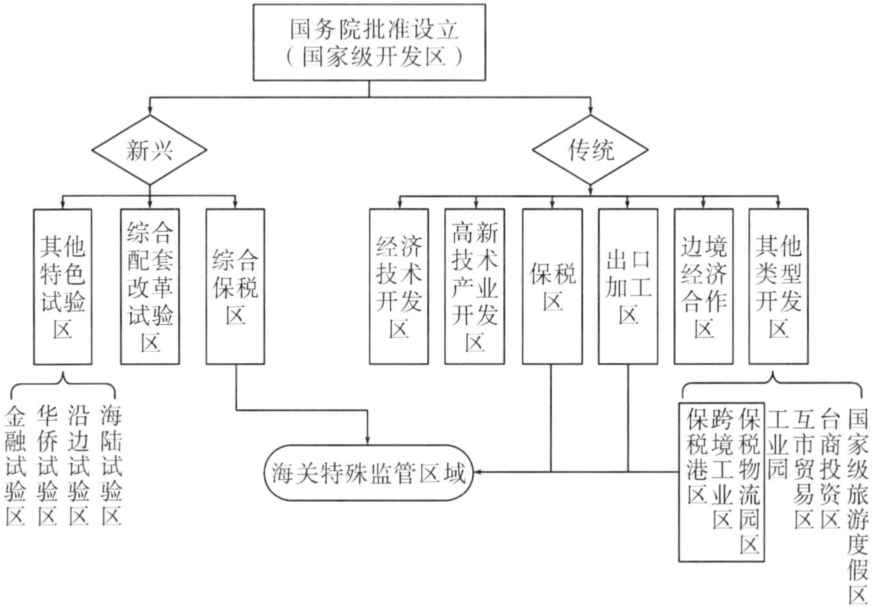

图 6.2 中国国家级开发区的分类

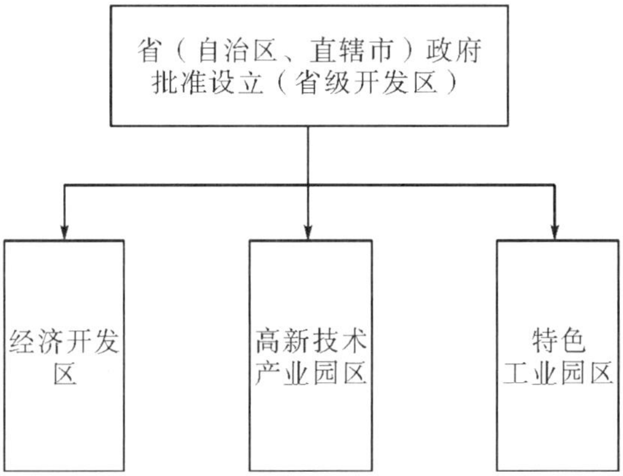

图 6.3 中国省级开发区的分类

经济特区主要指现有的六大经济特区，即深圳、珠海、汕头、厦门、海南、喀什，其特征是实行减免关税等特殊经济政策，构建特殊经济体制，创造良好的投资环境，鼓励外商投资，引进先进技术和科学管理方法的经济区域。经济技术开发区是发源于经济特区，最早在沿海开放城市设立，采用在经济特区实行的部分政策和措施，构建以知识密集型和技术密集型产业为特征，以增加区域经济总量为目标的经济区域。高新技术产业开发区，不同于经济技术开发区侧重于贸易，致力于提高区域经济总量的特点，更加侧重于高新技术的落地应用，致力于实现产学研一体化发展。在 2018 年版《中国开发区审核公告目录》中，国家级开发区共计 552 个，其中经济技术开发区 219 个，高新技术产业开发区 156 个，边境/跨境经济合作区 19 个，其他类型开发区 23 个。省级开发区共计 1 991 个。海关特殊监管区域是指由国务院批准，设立在中国境内，连接国内外市场，实施封闭监管的特定经济功能区域。截至 2021 年 1 月底，全国共有 162 个海关特殊监管区域，其中，保税港区 2 个，综合保税区 149 个，保税区 9 个，出口加工区 1 个，港珠澳跨境工业区（珠海园区）1 个。国家综合配套改革试验区，区别于 20 世纪 80 年代的老经济特区，以制度创新为主要动力，为实现全方位综合改革创新努力，是探索提升国家竞争力的综合发展新路径的试验区，被称为新经济特区。国家推动综合配套改革的第一个试点是 2005 年上海浦东综合配套改革试点，截至 2021 年底，共批复六类 12 个综合配套改革试验区。

从国际上来看，世界上的开发区主要有自由贸易区、自由港、过境贸易区、特殊功能区，其中自由贸易区是应用最广泛的类型。这些开发区普遍具备的功能是准许来自外国的原材料、中间品和制成品在免除关税的前提下进行再出口。在许多开发区，外国贸易商可以在东道国不对区域内的商品实施关税或进口管制的情况下，对货物进行仓储、制造、加工、贴标、包装、分拣，除非商品要进入东道国国内市场，才需要进行进口管制。

自由贸易区通过提供关税免除和执行进口管制的功能，有的完全免除所得税，有的只对出口加工和制造出口的产品提供税收优惠，外商带入这类开发区的货物通常不需要向东道国的海关申报，也不需要支付保证金，并且对货物的限制非常少，通常可以在开发区内停留任意时长。巴拿马的科隆自由贸易区和爱尔兰的香农自由贸易区是典型的成功案例，前者已成为西半球最大的自由贸易区，在全球也仅次于排名第一的中国香港自由港，着重发展了仓储功能；后者引领了世界开发区的发展，着重发展了出口加工功能。

自由港和自由贸易区很相似，但对自由范围的定义更广，其中包括投资自由，如离岸金融等；雇工自由，如经营人员自由出入境等；划定的区域通常不仅包括该港口，还覆盖了该港口的城市。过境贸易区主要提供仓储和集散中心的功能。边境合作区主要为国家内部服务，对食品、药品等会有关税降低的优惠，但通常不会免除关税。特殊功能区通常是执行特殊目的的开发区，如关税特惠区，通常并不是真正的自由贸易区，但同样具备关税减免和入关手续简化的特征，允许货物暂时性地进入开发区再出口或者进入当地市场，如智利的阿里卡开发区。

6.1.4 制度质量的比较：开发区 vs 非开发区

开发区是一种旨在为企业提供一揽子优惠政策，在特定地理区域内培育良好的营商环境并促进企业集聚的区域性政策。在近几十年的发展历程中，开发区已经成为改革开放以来推动经济发展的重要制度安排之一。同时，中国开发区的实践经验在新兴经济体中也发挥着重要作用。

开发区的政策效应部分可以归因于区域内部的特殊待遇。作为经济增长的引擎，开发区对于吸引外商直接投资十分重要。为了实现这一目标，开发区内实行了一系列的优惠政策，这些政策包括：①开发区内企业（尤其是外资企业）享受税收优惠。对于以生产为导向的外资企业，以 2002 年为例，企业所得税可以被免除或减免 7%~15%，同期开发区外的企业所得税税率为 30%。非限制性出口产品的出口关税也被免除。②开发区企业在土地价格上享受优惠待遇。在转让土地财产时，开发区规定的转让费低于开发区外。每亩（约 667 平方米）土地价格在 10 000 元至 60 000 元不等。③开发区内企业享有融资和投资优待。在申请贷款时，开发区内的企业可以用现金或固定资产申请抵押贷款，可以被优先考虑。对于外资企业，通过投资获得的利润可以用于再投资，且若再投资的企业存活 5 年以上，可以退还 40%以上的所得税。一揽子优惠政策对开发区内企业的发展起到了积极作用。

除了优惠政策外，开发区的政策效应还可以归因于制度质量的提升。中国作为制度质量较差和基础设施落后的典型，创新创业举步维艰。但作为改革开放的前沿阵地，开发区成了制度质量提升的试验田。在开发区内，这些制度完善的实践包括：①更完善的法律法规。通过对标发达国家，开发区管理委员会制定了更适合企业发展的法律法规，如私有产权保护法等。②高效的政府服务。随着开发区管理委员会和投资服务中心的成立，行政审批的程序得到了有效简化。③相对独立的行政地位。在中国的行政管理体制中，开发区的行政级别高于其他地区，以避免不必要的干扰。

在进一步分析中国的制度质量时，可以发现建立了开发区的地区的制度质量更有优势。在本章中，我们采用由世界银行发布的《政府治理·投资环境与和谐社会——中国120个城市竞争力提升》这一报告中的数据进行分析。这份报告涵盖了中国2005年120个城市营商环境基本情况的相关数据。为了全面评估这些城市的制度质量，我们引入了该报告中的三个变量来衡量：投资环境、政府效率和社会和谐程度，表6.1展示了分析的结果。首先，本章按照报告中城市拥有的开发区数量将这些城市分为两组：有5个以下开发区的城市和有5个以上开发区的城市。可以看出拥有更多开发区的城市在这三个指标上的表现都更为良好，且在5%的水平上显著。其次，我们比较了拥有国家级开发区和只有省级开发区的城市，发现拥有国家级开发区的城市制度环境更为完善。最后，我们将有开发区的城市分为东部、中部和西部城市。这些指标在拥有开发区的东部城市中最高，在西部城市中最低。由以上的分析可以看出，制度质量在开发区较多、开发区级别更高的城市更好。考虑地理因素时，有开发区的东部城市比中、西部城市有更高的制度质量。

表6.1 从制度质量视角比较开发区与非开发区

变量	开发区数量（≤5）	开发区数量（>5）	差异（t值）
投资环境	50.430	72.400	-3.618
政府效率	53.538	68.727	-2.432
社会和谐程度	-0.148	0.165	-3.883
变量	国家级开发区	省级开发区	差异（t值）
投资环境	71.443	46.229	4.147
政府效率	65.886	53.875	1.866
社会和谐程度	0.158	-0.229	4.853

表6.1(续)

变量	东部城市	中部城市	西部城市
投资环境	84.534	40.945	35.125
政府效率	83.224	41.028	37.250
社会和谐程度	0.227	-0.190	-0.239

6.2 文献综述

FDI 区位选择的决定因素是目前研究的热点话题之一。在传统的对外投资理论中，东道国充足的自然资源、先进的技术水平和有吸引力的市场都是吸引外资企业前往该国进行资源寻求型 FDI 的影响因素。从自然资源方面来看，尽管一国良好的资源禀赋会更好地吸引 FDI，但其效果因不同类型的资源而异（Lu 等，2019）。为提高相对落后的技术水平，外资企业会选择技术先进的国家，获取东道国前沿技术（Bjorvatn、Eckel，2006）。从东道国市场的角度看，已有研究表明东道国的市场规模（Contractor 等，2020）和市场化程度都会影响外资进入意愿。

基于新经济地理理论，一部分文献研究了产业集聚对于 FDI 的影响。对于新进入东道国的投资者而言，由于对投资环境信息了解不充分，他们会更倾向于选择同一产业较为发达或母国投资者聚集的地区。由于集聚促进技术溢出，并有助于企业交换有价值的信息、共享交通等便利设施，可以降低成本并提高生产效率，也可以使新进入的投资者更快地熟悉当地的制度环境、克服自身劣势（Lamin、Livanis，2013）。我国苏州工业园区著名的日本街就是母国投资者聚集的典型案例。

除了寻求资源的动机和集聚效应外，还有相当一部分文献聚焦于制度因素如何影响 FDI 的区位选择。制度构建了社会规范、价值和信仰体系，塑造了社会的政治、经济和社会活动（North，1991）。由于东道国具有独特的制度，新进入的外国投资者必须在不熟悉的制度环境下经营，承担了本地企业所没有的成本。Shukla 和 Cantwell（2018）指出，两国制度距离越近越有利于外资企业进入。此外，东道国更高的制度质量会更好地吸引外资进入，而制度质量的恶化往往会成为吸引 FDI 的一大阻力。在研究相关问题时，大量的研究综合分析了一个地区制度质量如何影响 FDI，还有少量文献从制度因素的一个视角，如税收改革等进行研究（Chaurey, 2017）。然而这些研究都很难解释为什么在中国等制度质量整体较差的新兴经济体，外商直接投资仍可以蓬勃发展。事实上，尽管中国的制度质量整体上较差，但如开发区等区域性政策可以局部地提高一个地区的制度质量。

与本章相关的另一部分文献是与开发区相关的一系列研究。开发区等区域性政策的相关研究主要关注其政策效应和作用机制。在开发区政策效应的相关研究中，学者们主要讨论了开发区的逐步建立对于企业、行业和地方经济的效应。开发区对于企业而言，最主要的好处是企业可以享受区内的优惠政策。Schminke 和 Van Biesebroeck（2013）发现在开发区内经营的企业有更多的生产要素，且产出和出口的表现更好。此外，由于开发区处于供应链的重要环节，技术可以沿着供应链进行转移与溢出，因此开发区的建立促进了当地的工业技术发展。对于地区而言，一些学者指出开发区对于当地及国际存在着大量的外部性和溢出效应，如更好地引进外资、促进 GDP 增长、促进就业、提升工人工资水平等（Wang, 2013）。Boyenge（2007）根据对中国开发区的实证研究发现，开发区内企业贡献了中国一半的出口，且开发区内就业人数占总数的 5.2%。

除了对开发区政策效应的探讨，还有一部分学者聚焦于开发区政策效应背后的作用机制。一方面，开发区提供了一系列优惠政策，如税收优惠、政府补贴、优惠的土地价格、便利的行政审批等。企业将更有动力在开发区内经营。Du 等（2008）指出开发区内更好的产权保护和合同执行效率是吸引更多外资企业进入的因素。另一方面，产业集聚也是开发区内企业可以快速发展的另一个重要机制。产业集聚是一个产业内生产供应商、服务供应商和其他相关机构的地理聚集。企业倾向于在一个区域内聚集，以获得知识和技术溢出、劳动力市场共享和中间产品投入共享（Porter, 1998），可以减少区内企业专业劳动力招聘、信息交流和与供给市场对接的成本，从而促进企业生产经营活动在地理上的集聚。

本章研究与以上文献的不同之处在于从制度质量的角度来探究开发区对 FDI 的作用机制，而先前的研究中缺乏经验证据。此外，与传统的制度理论相比，本章研究的侧重点在于制度质量在一个地区的变化会对外资进入有何影响，而非将制度作为一个整体来看待。

6.3 研究方法与数据说明

6.3.1 数据说明

首先，本章对中国工业企业数据库、EPS全球统计分析数据库、CEIC宏观经济数据库、CEI中国经济信息网-统计数据库、中国城市统计年鉴的数据进行了整合处理，得到了1998—2013年企业县级层面的开发区面板数据。在整理数据时，本章对开发区的数据进行了处理。由于县级行政区划代码在16年内有所改变，所以统一回溯到1997—2008年的行政代码，方便之后的匹配工作。其次，对开发区设立时间、撤销或合并时间进行人工核验，确保准确性。最后，开发区名称通过对照2006年和2018年的《中国开发区审核公告目录》进行了核验和规范，最终形成了本章所采用的实证数据。

6.3.2 计量模型构建

本小节采用双重差分法（DID）来检验开发区设立对外资进入产生的影响。此识别策略以开发区设立前后的年份为节点，将从未设立开发区的区县视为控制组，将存在开发区的区县视为实验组。其计量模型如下：

$$FDI_{ct} = \alpha + \beta_1 SEZ_c \times POST_{ct} + \gamma_1 X_{pt} + \lambda_t + \lambda_c + \varepsilon_{ct} \tag{6.1}$$

其中，FDI_{ct} 表示在 t 年进入 c 区县的外资企业。SEZ_c 是一个虚拟变量，1 表示开发区已经设立，0 表示开发区未设立。$POST_{ct}$ 是一个虚拟变量，1 表示当年该区县的第一个开发区设立。X_{pt} 是城市层面控制变量的矢量。此外，λ_t 和 λ_c 分别表示时间固定效应和区县固定效应，ε_{ct} 是随机误差项。

在此模型中，本章最关注的是双重差分项 $SEZ_c \times POST_{ct}$ 的系数 β_1，它衡量了开发区设立对外资进入的影响程度。若 β_1 估计结果为正且显著，则表明开发区的设立可以促进外资进入。

6.3.3 变量测算

为了更好地研究开发区设立对外资进入的效应，本小节引入了两个关键变量，即外商直接投资和开发区设立状态。

（1）因变量：外商直接投资。为了精确衡量每个区县的外商直接投资，本小节使用了工业企业数据库中企业层面的数据，在数据集中整理了具体的公司注册信息，以确定是否应将某公司归类为外国公司。公司可以按注册代码分为三类：国有企业、外资企业和民营企业。其中外资企业包括外资股份制企业、中外合资企业、外商独资企业和外资有限公司（代码：310、320、330、340、210、220、230、240，其中以“2”开头的属于港澳台资企业）。由此我们可以计算每年各区县外资企业数量，作为各区县外商直接投资的代理变量。最后，从1998年到2013年整理得到37 251个样本。另外，本章还根据企业的外资占股比例来识别外资企业（FIEs）作为稳健性检验因子。

（2）自变量：开发区设立状态。为了估计开发区的政策效应，需要确定一个区县是否设立了开发区。本章使用了相关研究中最常用的方法，即通过比较开发区和区县的地理边界，确定每个开发区所属的区县。如果一个区县至少有一个开发区，则该区县将被识别为已设立开发区的区县，并设定为实验组。相比之下，在样本年限内没有设立开发区的区县，本小节将其设定为控制组。最终的数据集显示2018年共有1 521个区县拥有开发区，而1 088个区县没有开发区。此外，由于开发区数量较多的区县通常会吸引更多的外资进入，因此在实验组和控制组中可能存在选择偏误。本章在稳健性检验中将进一步采用倾向性得分匹配（PSM）方法来消除选择偏误的影响。

（3）其他控制变量。本小节还控制了生产要素、市场、教育和基础设施建设相关的控制变量，避免方程（模型）中所存在的遗漏解释变量问题。控制变量主要包括：①劳均工资（*wage*）；②劳均资本（*Capital*）；③规模以上企业数量（*No. firm*）；④人口密度（*Density*）；⑤大学及以上受教育率，以衡量开发区内人才可获取程度；⑥人均道路面积（*Road*），以衡量开发区内基础设施建设水平。所有变量的定义与描述性统计见表6.2。

表6.2　描述性统计

变量	定义	样本数	均值	标准差	数据来源
FDI	外资企业数量	37 251	1.186	1.341	工业企业数据库
Wage	劳均工资	30 730	9.734	0.666	EPS数据库

表6.2(续)

变量	定义	样本数	均值	标准差	数据来源
Capital	劳均资本	30 730	11.105	1.205	EPS 数据库
No. firm	规模以上企业数量	30 696	6.346	1.095	工业企业数据库
Density	人口密度	30 713	5.696	0.891	EPS 数据库
Edu	大学及以上受教育率	29 750	4.087	1.266	CEIC 数据库
Road	人均道路面积	37 251	11.409	0.677	CEIC 数据库

6.4 实证结果分析

6.4.1 基准回归

本小节首先进行了基准回归，以考察开发区的设立对外资企业进入的影响，回归结果见表6.3。所有回归都控制了年份固定效应和县级固定效应，以消除时间趋势和县级层面不可观测的因素。模型（1）仅包含县级固定效应和年份固定效应，DID交乘项回归系数为正且在1%显著水平上显著，与假设一致，初步验证了开发区的设立对外资企业进入有促进作用。在模型（2）中，加入了两个影响外资企业进入的因素，即资本规模和人力成本，此处采用市级层面的劳均资本和劳均工资作为代理变量，结果保持显著为正，表明开发区内的资本规模提高和人力成本降低有利于促进外资企业进入。此外，考虑到城市的经济规模和市场潜力的差异，在模型（3）中加入了规模以上公司数量和人口密度两个变量，DID回归系数仍然显著为正。最后，为了控制市级层面人才和基础设施建设的质量对FDI区位选择的影响，在模型（4）中加入了接受过大学教育人口的教育率和人均道路面积，DID回归系数依然是显著的。基准回归加入的控制变量的估计结果也与相关文献的研究结论一致。因此，开发区的设立对实验组具有显著且积极的作用。

表6.3　开发区的设立与外资企业进入数量

变量	(1)	(2)	(3)	(4)
SEZ × Post	0.155***	0.126***	0.075***	0.066***

表6.3(续)

变量	(1)	(2)	(3)	(4)
Wage		−0.051*** (−2.75)	−0.054*** (−2.75)	−0.050** (−2.57)
Capital		0.064*** (8.04)	0.036*** (4.47)	0.030*** (3.67)
No. firm			0.335*** (30.62)	0.336*** (29.92)
Density			−0.205*** (−3.12)	−0.241*** (−3.63)
Edu				0.026*** (3.02)
Road				0.099*** (4.60)
区县固定效应	Yes	Yes	Yes	Yes
时间固定效应	Yes	Yes	Yes	Yes
adj. R^2	0.892	0.889	0.893	0.890
F	270.193	73.844	210.557	153.085
Obs.	37 180	30 671	30 608	29 630

注：括号内为标准误，*、** 和 *** 分别表示10%、5%和1%的显著性水平。

6.4.2　有效性检验：平行趋势检验

本小节考虑了可能存在选择偏误导致的潜在内生性问题。本章的假设是：如果没有设立开发区，控制组和实验组的趋势应该相似，但如果对开发区的设立有地区发展规划，则可能导致控制组和实验组的事前估计趋势不相似，存在选择偏误。所以，参考Goldberg等（2010）的方法，本章进行了多期DID平行趋势检验。具体操作为：在回归分析中加入了一系列年份虚拟变量，时间范围为开发区成立前三年到成立后两年。其计量模型如下：

$$FDI_{ct} = \alpha + \beta_1 SEZ_c \times L_{ct}^{-3} + \beta_2 SEZ_c \times L_{ct}^{-2} + \cdots + \beta_4 SEZ_c \times L_{ct}^{1} + \beta_5 SEZ_c \times L_{ct}^{2} + \gamma_1 X_{pt} + \lambda_t + \lambda_c + \varepsilon_{ct} \tag{6.2}$$

在这里，L_{ct}^{j} 是一系列“事件时间”的虚拟变量，是开发区设立前后年份虚拟变量，除了以下情况以外都为零：当 j 的取值在(−3，−2，−1，1，2) 范围内时，L_{ct}^{j} 为1。向量 X_{pt} 表示随时间变化的市级控制变量。$\beta_i(i=1, 2, 3, 4, 5)$ 估计系数反映了建立开发区之前和之后的影响。如图6.4所示，$SEZ_c \times L_{ct}^{-j}$ 的估计系数不显著，表明几乎没有开发区设立的选择性偏误。

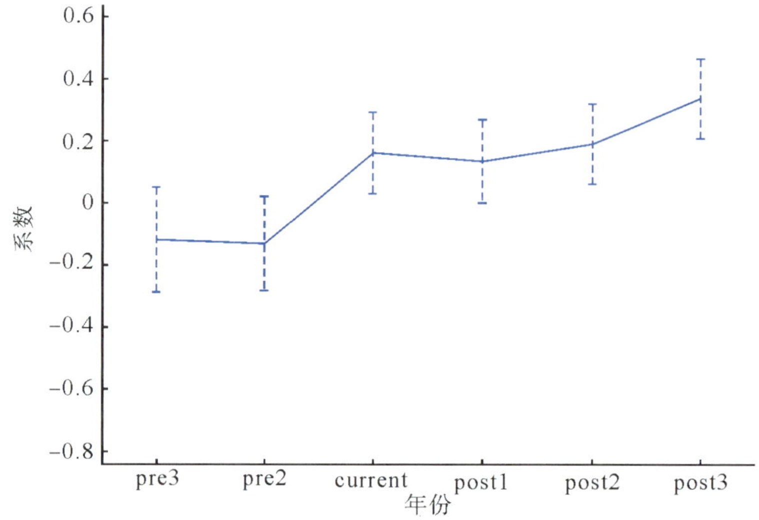

图6.4 时间趋势检验

6.4.3 有效性检验：安慰剂检验

当开发区迅速扩张时，中国经济也在迅速发展，这表明即使没有开发区政策，外商投资企业的数量也可能会增加。于是，必须确定是否有未观测到的因素同时影响着外商直接投资。本小节借鉴 Lu 等（2019）的方法，随机选择一个伪实验组和虚拟的开发区设立时间来进行安慰剂检验。随后，根据两个随机指标构造了一个反事实 DID 项，即 $SEZ_c^{false} \times POST_{ct}^{false}$。这两个变量的随机性可确保伪 DID 估计量理论上不影响外商直接投资，即估计的系数接近于0，否则表明存在遗漏变量。为了提高安慰剂检验的可信度，本小节进行了1 000次随机模拟，并绘制了估计系数的分布曲线，分布结果如图6.5所示，反事实 DID 项的系数集中在0附近。安慰剂检验表明，基准回归几乎不受未观察到的变量的影响。

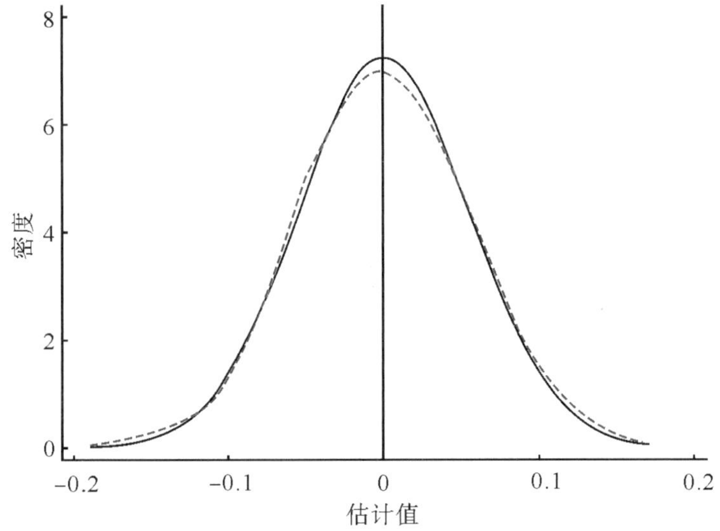

图 6.5　安慰剂检验

6.4.4　稳健性检验

为了进一步检查核心结论的可靠性，本小节通过以下几种方式对开发区的设立是否影响外资进入进行了稳健性检验。首先，使用了几种方法来重新测度外资企业数量并重新估计结果，包括考虑不同类型的外资企业、外资规模和是否新成立的外资公司。其次，本小节将开发区分类后重新回归分析，来测度开发区的数量和开发区类型不同对外资进入的影响。最后，本小节还使用了其他的识别方法，如标准 DID、Tobit 模型和倾向得分匹配，来检验基准回归结果是否稳健。

6.4.4.1　外商直接投资的稳健性检验

本小节使用了几种方法来重新测量 FDI 进行稳健性检验，结果见表 6.4。首先，外商投资企业包括港澳台资企业，而它们与大陆文化十分接近，因此本小节排除了注册公司类型为港澳台资的企业进行回归，结果见表 6.4 模型（1）。结果表明，DID 回归系数显著为正。与基准回归的系数相比，开发区设立对港澳台资企业进入的促进作用要大于外资企业。港澳台资企业更愿意进入开发区，因为它们在文化上更接近大陆，并且具有更强的文化认同感。

关于外资进入的定义，除了公司数量之外，外资规模也很重要。工业企业数据库中记录了每个公司的注册资本详细信息，本小节测度了每年各区县全资外资企业和外资企业的总外资规模作为因变量进行回归，见表6.4模型（2）和模型（3），结果仍然是稳健的。此外，上述回归结果仅探究了开发区的设立对外资企业存量的影响，而没有探究对新进入的外资企业的影响，因此，本小节评估了开发区对新设立外资企业的影响。本小节将每一年新成立的外资企业定义为新的外资企业作为因变量，结果也是稳健的，见表6.4模型（4）。因此，开发区的设立也对新设立的外资企业进入有促进作用。

表6.4 外商直接投资的替代度量检验

变量	外资企业（不含港澳台资企业）(1)	全资外资企业 (2)	资本规模 (3)	新成立外资企业 (4)
SEZ × Post	0.055*** (5.45)	0.024** (2.41)	0.282*** (3.64)	0.084*** (5.71)
Wage	-0.040** (-2.29)	-0.076*** (-3.68)	0.000 (0.00)	0.064*** (3.63)
Capital	0.035*** (4.49)	-0.018** (-2.25)	0.162*** (3.14)	0.077*** (7.62)
No. firm	0.266*** (25.62)	0.319*** (29.60)	0.130 (1.61)	0.350*** (23.19)
Density	-0.138** (-2.07)	-0.184*** (-3.72)	-1.529*** (-4.11)	-0.065 (-1.15)
Edu	0.033*** (4.01)	0.027*** (3.42)	0.120** (2.06)	0.046*** (4.53)
Road	0.102*** (5.01)	0.012 (0.58)	0.738*** (5.39)	0.217*** (7.82)
县级固定效应	Yes	Yes	Yes	Yes
年份固定效应	Yes	Yes	Yes	Yes
adj. R^2	0.868	0.868	0.688	0.390
F	117.779	130.365	20.948	111.781
样本量	29 630	29 630	27 692	29 630

注：括号内为标准误，*、** 和 *** 分别表示10%、5%和1%的显著性水平。

6.4.4.2　开发区的稳健性检验

为了进一步检查基准回归的稳健性，本小节考虑了开发区的不同定义，回归结果见表 6.5。首先，由于开发区的数量也将影响外商投资企业的区位选择，因此模型（1）中使用各区县的开发区的数量来构建 DID 交乘项，结果显著为正。此外，开发区包含不同类型，因此，根据开发区设立的目的和功能，本小节把开发区分为两种主要类型分别进行回归。一种是高新技术产业开发区，旨在促进高科技企业孵化，将科技成果转化为生产力；另一种是经济技术开发区，旨在提升地区经济增长，促进国际贸易。模型（2）和模型（3）分别以某区县是否设立高新技术产业开发区和构建 DID 项进行回归，结果均稳健，但是高新技术产业开发区吸引了更多的外资进入。所有模型都包含年份固定效应和区县固定效应，并且考虑了控制变量。

表 6.5　开发区的替代定义检验

变量	N. SEZ (1)	Type1 (2)	Type2 (3)
N. SEZ× Post	0.065*** (7.49)		
Type1. SEZ × Post		0.074*** (5.51)	
Type2. SEZ × Post			0.031** (2.27)
Wage	-0.050** (-2.56)	-0.052*** (-2.65)	-0.050** (-2.57)
Capital	0.030*** (3.71)	0.031*** (3.79)	0.032*** (3.85)
No. firm	0.335*** (30.03)	0.337*** (30.06)	0.346*** (31.23)
Density	-0.239*** (-3.61)	-0.227*** (-3.42)	-0.239*** (-3.60)
Edu	0.026*** (3.04)	0.027*** (3.13)	0.027*** (3.07)
Road	0.101*** (4.68)	0.101*** (4.69)	0.106*** (4.93)
县级固定效应	Yes	Yes	Yes

表6.5(续)

变量	N. SEZ (1)	Type1 (2)	Type2 (3)
年份固定效应	Yes	Yes	Yes
adj. R^2	0.890	0.890	0.890
F	155.006	151.634	147.313
样本量	29 630	29 630	29 630

注：括号内为标准误，*、** 和 *** 分别表示 10%、5%和 1%的显著性水平。

6.4.4.3　不同识别策略的稳健性检验

除了对关键变量进行再度量外，本小节还使用了不同的识别策略以检验基准回归结果是否稳健，回归结果见表 6.6。首先，2006 年建立了 600 多个开发区，是中国开发区发展的一个高峰，因此可以将这些开发区的设立看成准自然实验，在一定程度上排除时间趋势中不可观察的因素的影响。因此，在模型（1）中本小节仅保留 2006 年设立的开发区，并保留 2004—2008 年的观测值进行 DID 回归，结果显著为正。其次，在模型（2）中采用 Tobit 模型重新估计，所得结果也是稳健的。

表 6.6　特殊年份和倾向得分匹配检验

变量	SEZ in 2006	Tobit	Propensity Score Matching		
			Neighbour	Mahalanobis	Radius
	(1)	(2)	(3)	(4)	(5)
SEZ × Post	0.048*** (3.17)	0.091*** (3.64)	0.071*** (6.59)	0.056*** (5.16)	0.070*** (6.50)
Wage	−0.014 (−0.21)	−0.025 (−0.67)	−0.051** (−2.44)	−0.046** (−2.20)	−0.049** (−2.36)
Capital	0.049** (2.05)	0.022 (1.25)	0.034*** (4.13)	0.028*** (3.23)	0.034*** (4.10)
No. firm	0.215*** (8.91)	0.453*** (15.16)	0.337*** (29.83)	0.345*** (28.93)	0.335*** (29.74)
Density	−0.194 (−0.83)	0.345*** (7.96)	−0.234*** (−3.46)	−0.242*** (−3.47)	−0.240*** (−3.55)
Edu	0.022 (1.51)	0.028 (1.56)	0.031*** (3.50)	0.026*** (2.89)	0.027*** (3.08)

表6.6(续)

变量	SEZ in 2006	Tobit	Propensity Score Matching		
			Neighbour	Mahalanobis	Radius
	(1)	(2)	(3)	(4)	(5)
Road	0.033 (1.21)	0.013 (0.28)	0.105*** (4.79)	0.099*** (4.41)	0.103*** (4.70)
县级固定效应	Yes	Yes	Yes	Yes	Yes
年份固定效应	Yes	Yes	Yes	Yes	Yes
adj. R^2	0.953	—	0.890	0.889	0.890
F	14.091	—	154.062	139.024	152.390
样本量	9 686	29 687	29 036	27 296	29 127

注：括号内为标准误，*、** 和 *** 分别表示 10%、5%和 1%的显著性水平。

另外，由于有开发区的区县吸引更多外商直接投资可能并不是因为开发区的设立，而是由于其他因素，因此在实验组和控制组之间可能存在选择偏误。本小节采用了倾向得分匹配法来解决这个问题。倾向得分匹配的目的是确定一组与实验组特征相似但没有开发区的区县。在操作时，本小节借鉴 Rosenbaum 和 Rubin（1983）的方法进行了最近邻匹配。由于资本、财政支出、人口和出口等都会影响开发区的设立，因此本小节将它们视为执行最近邻匹配的匹配变量，获得了匹配样本。然后，通过 Logit 模型分别计算了实验组和控制组的倾向得分 Pi 和 Pj。在仅保留 Pi 和 Pj 之间距离最短的未处理区县作为控制组，进行平衡性检验后，确定了回归样本。由于面板数据会随时间推移而变化，因此每年都要进行匹配。模型（3）中给出了回归结果，DID 估计系数仍显著为正。此外，本小节还采用了 Radius 和 Mahalanobis 匹配方法，见模型（4）、模型（5），结果仍然稳健。

6.5 开发区的局部制度质量提升

作为区域性政策，开发区有效地提升了当地的制度质量。为了从制度质量提升的角度检验开发区设立的影响机制，本小节从以下三个角度进行研究：不同行政级别、不同地区市场化程度和不同行业契约强度的开发区。

6.5.1 国家级开发区和省级开发区影响机制的比较

由于国家级开发区和省级开发区分别由国务院和省政府批准设立，它们的优惠政策、政府效率和营商环境是不同的。通常，国家级开发区的制度质量要高于省级开发区。因此，本小节分别考察了国家级开发区和省级开发区的政策效应。此外，2006—2018 年，共有 243 个开发区从省级升级到了国家级，可以用开发区升级来检验地区制度质量提升对外资进入的影响。因此，本小节还排除了没有开发区的地区样本，将具有省级开发区的地区作为控制组，以评估开发区升级的政策效应，结果见表 6.7。

表 6.7 开发区行政级别和地区市场化程度影响机制分析

变量	Level of SEZs			Marketisation	
	National	Province	Upgrading	Low-level	High-level
	(1)	(2)	(3)	(4)	(5)
NEZ × Post	0.251*** (6.68)				
PEZ × Post		0.044*** (4.06)			
Upgrading SEZ × Post			0.024*** (3.22)		
SEZ × Post				0.094*** (7.07)	0.034** (1.97)
Wage	-0.050** (-2.54)	-0.051*** (-2.59)	-0.051*** (-2.59)	-0.017 (-0.95)	-0.323*** (-4.70)
Capital	0.032*** (3.93)	0.031*** (3.75)	0.032*** (3.95)	0.071*** (6.68)	-0.013 (-0.97)
No. firm	0.345*** (31.34)	0.340*** (30.24)	0.347*** (31.36)	0.258*** (19.92)	0.473*** (20.91)
Density	-0.227*** (-3.43)	-0.239*** (-3.61)	-0.232*** (-3.49)	-0.084 (-1.07)	-1.073*** (-8.58)
Edu	0.027*** (3.10)	0.026*** (3.05)	0.027*** (3.12)	0.002 (0.25)	0.060*** (3.16)
Road	0.105*** (4.87)	0.102*** (4.74)	0.107*** (4.98)	0.117*** (4.25)	0.087** (2.35)
县级固定效应	Yes	Yes	Yes	Yes	Yes

表6.7(续)

变量	Level of SEZs			Marketisation	
	National	Province	Upgrading	Low-level	High-level
	(1)	(2)	(3)	(4)	(5)
年份固定效应	Yes	Yes	Yes	Yes	Yes
adj. R^2	0.890	0.890	0.890	0.834	0.904
F	152.883	149.661	147.531	77.426	88.252
样本量	29 630	29 630	29 630	17 998	11 632

注：括号内为标准误，*、** 和 *** 分别表示 10%、5%和 1%的显著性水平。

在表 6.7 中，模型（1）和模型（2）分别估计了国家级和省级开发区的政策效应，DID 交乘项的系数均在 1%的水平上显著为正。此外，模型（1）中的系数大于模型（2）中的系数。因此，制度质量越高，吸引的外资越多。模型（3）估计了开发区升级的政策效应。DID 交乘项仍显著为正，表明随着开发区的升级，制度质量得到了提高，促进了外资进入。

6.5.2　地区市场化程度

本小节将考察开发区的制度质量提升效果如何随不同地区而变化。由于开发区内部制度环境更为良好，因此一个地区先前的制度质量与开发区内制度质量的差距越大，建立开发区后选择进入开发区的外资企业就越多。本小节采用通常量化地区制度质量的方法，使用地区市场化程度来反映该地区政府参与程度、非国有企业的发展状况、市场情况和法律制度环境。地区市场化程度的数据来自中国经济改革研究基金会国民经济研究所发布的《中国市场化指数——各地区市场化相对进程 2011 年报告》。自 1997 年以来，该报告每年都对各省（区、市）市场化程度进行全面评估。由于开发区的设立可能会影响地区市场化程度，根据 1998 年以来每个省（区、市）的市场化指数，按中位数将样本分为两部分，分别估计了开发区对外资企业进入的影响。这两组分别是：市场化水平较低的省（区、市）（山西、内蒙古、吉林、黑龙江、贵州、云南、山西、甘肃、青海、宁夏、新疆、辽宁、安徽、江西、湖北、广西）和市场化水平较高的省（区、市）（重庆、四川、河北、上海、江苏、浙江、福建、山东、河南、海南、湖南、北京、天津、广东），分组估计结果见表 6.7。

在表6.7中，模型（4）与模型（5）显示，DID项的估计系数均在1%的水平上显著为正，模型（4）中的系数大于模型（5）中的估计系数。表6.7中的结果表明，随着开发区的设立，原来市场化程度较低的地区将比市场化程度较高的地区吸引更多外商投资。对于高度市场化的地区而言，这些地区已经拥有了良好的营商环境，其设立开发区前后对外资企业吸引程度的变化不会特别大。因此，原来市场化程度就较高的地区无法从开发区的设立中显著受益。

6.5.3 行业契约强度

本小节从产业契约强度的角度考察开发区制度质量提升的效应。通常每个行业都有自己的运作模式，有的行业严重依赖契约，尤其是中间产品比例较大的行业。更好的契约制度在特定关系产业和投入密集型行业中具有比较优势。而在不完善的契约制度中，特定关系产业的卖方在事后进行欺诈的风险很大。因此，本小节测量了每个行业的行业契约强度，并估计了开发区的制度质量提高对不同契约强度行业的影响。

行业契约强度是不同行业对契约执行效率的敏感性。契约强度越高，敏感性就越高。Nunn（2007）提出了构成该指数的两个关键因素：工业中间产品的比例和行业关系专用资产的比例。当一个行业中间产品或关系专用资产的比例很大时，需要很多的契约约束，并且行业的发展严重取决于契约的执行效率。根据Nunn（2007）定义关系专用资产的两种方法，可以采用两种方法来衡量契约强度。本小节将两种契约强度分别按中位数分为两组，并分别估计开发区的设立对高契约强度组和低契约强度组外资进入的影响，结果见表6.8。表6.8中的所有模型DID估计系数均显著为正，而将不同契约强度组间结果相比，可以发现对制度质量更敏感、契约强度要求更高的行业从开发区的设立中受益更多。

表6.8 契约强度影响机制分析

变量	Contract intensity1		Contract intensity2	
	High	Low	High	Low
	(1)	(2)	(3)	(4)
SEZ × Post	0.066*** (6.08)	0.039*** (3.85)		

表6. 8(续)

变量	Contract intensity1		Contract intensity2	
	High	Low	High	Low
	(1)	(2)	(3)	(4)
SEZ × Post			0. 061*** (5. 90)	0. 050*** (5. 00)
Wage	−0. 017 (−0. 70)	−0. 042** (−2. 28)	−0. 038** (−2. 28)	−0. 024 (−1. 10)
Capital	0. 024*** (2. 82)	0. 022*** (2. 84)	0. 017** (2. 09)	0. 027*** (3. 54)
No. firm	0. 314*** (25. 88)	0. 255*** (23. 38)	0. 305*** (26. 71)	0. 261*** (24. 02)
Density	−0. 082 (−1. 20)	−0. 219*** (−3. 54)	−0. 141** (−2. 32)	−0. 130** (−2. 05)
Edu	0. 039*** (3. 87)	0. 027*** (3. 40)	0. 027*** (3. 49)	0. 032*** (3. 53)
Road	0. 122*** (5. 26)	0. 111*** (5. 45)	0. 139*** (6. 60)	0. 098*** (4. 75)
县级固定效应	Yes	Yes	Yes	Yes
年份固定效应	Yes	Yes	Yes	Yes
adj. R^2	0. 874	0. 860	0. 874	0. 860
F	114. 127	99. 287	120. 682	99. 618
样本量	25 907	29 335	28 300	29 024

注：括号内为标准误，*、** 和 *** 分别表示 10%、5%和 1%的显著性水平。

7　绿色制度演进与跨国企业战略重构：以中国环保转型为例

在东道国的制度演化过程中，绿色可持续发展的制度变迁正成为最重要的一种制度演进特征。随着全球气候问题日益严峻，以及全球可持续发展目标（SDG）的要求，各经济体都将其金融制度、法律制度、政府行为等正式规制向支持和促进企业的绿色转型发展演化，并且越来越多地应用包括碳交易、排污权交易等市场机制和监管相结合的方式，综合市场与规制两种力量来推动企业在内的各利益相关者最大化适应绿色发展要求。而对跨国公司而言，如何在这种转型和制度变迁中有效调整自身战略，全面运用其全球战略资源进行重构，也成为制度理论与企业国际化战略演进中非常重要的命题之一。

中国从20世纪90年代至今，在从科学发展观到“两山论”的指导下，都从多方面实施了规范化的绿色制度，形成了体系化、立体化的绿色制度体系。无论是以中国本土企业为代表的新兴跨国公司，还是全球性跨国公司在华的子公司，都在这一过程中感受到了明显的变化和制度压力，并纷纷积极设法应对。而在这一过程中，企业的行为模式更加多元和复杂，既有的波特假说和污染天堂假说，并不能全面解释现代全球产业链布局的新时代跨国公司的战略布局重构和创新行为。我们的理论和分析指出，在全球化产业链分工的时代背景下，跨国公司会更多地综合运用产业外包方式，将外包和绿色创新相结合的方式是跨国公司应对绿色制度演进的主要模式。本章将就中国绿色制度演进中企业的绿色外包和创新结合行为开展多制度实证分析以证明这一观点。

7.1　中国的绿色制度演进

中国绿色制度的演进起始于20世纪70年代，并在20世纪90年代至今的40多年间呈现出突飞猛进的发展态势。图7.1展示了中国绿色制度演进大事记。中国环境管理的发展主要可以分为三个阶段。第一个阶段是从1972年到1991年，这一阶段关注的重点是末端污染控制。第二个阶段是从1992年到2001年，这一阶段的目标主要是污染预防，突出的是以“两控区”为主的重大事件治理。第三个阶段则是从2002年至今，这一阶段主要朝着生态和经济问题的整合迈进（吕忠梅、吴一冉，2019）。这一阶段的绿色制度更加丰富具体，也是本章要讨论的重点。

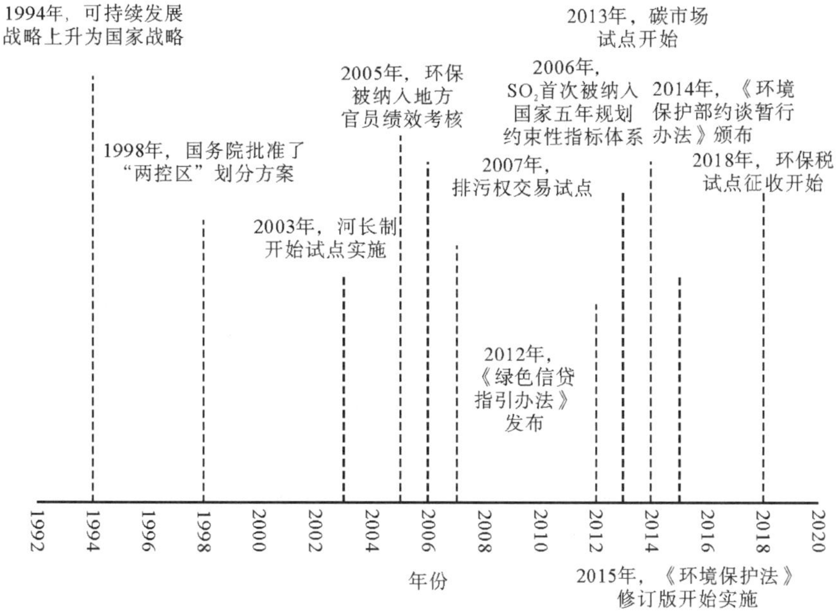

图 7.1　中国绿色制度演进大事记

在第一阶段（1972—1991年），经济发展优先于环境保护。在这个阶段，环境管理的重点是控制工业污染，即鼓励企业在污染控制和环境保护方面制定规范并采取主动措施。根据这一阶段现行的治理模式，环境机构选择了自上而下的管理方法，其他（非国家）利益相关者或地方当局很少或根本没有参与到环境保护中。研究表明，自1970年以来，中国政府制定并实施了一系列环境保护的方针、政策、法律、措施、规则和标准。在这一阶段，政府制定了八项环境管理方案，其中“三同步”（3Ss）、环境影响评估（环评）和排污费被认定为三大主要环境管理计划而被广泛实施。1996—2009年，总共766 368个项目中约有90%获得了3Ss许可证。同时项目环评执行率从1991年的61%提高到2009年的99.8%。其中，2005年更是将环保评价纳入地方官员的政绩考核。目前，几乎所有县市都实行了征收排污税制度，约有50万家工厂被征收排污税，但这些工厂在中国污染工厂总数中的比例仍然很小。尽管污染征税制度存在某些缺陷，但它仍然是发展中国家迄今为止最大的基于市场的监管工具的应用（夏光 等，2005）。除此之外，行政方法在中国的环境管理中也发挥了重要作用。例如从2006年开始，五年规划中就实施了省级的减排目标，并从省级进一步分解到地市落实，从而成为约束性的规制条件。然而这种方法的副作用很明显，如部分政府缺乏战略规划能力、政策制定和实施缺乏整合、成本高、政府很少关注弥散（非点源）污染、大量的实施和监督失败等（McElwee，2010）。

在第二阶段（1992—2001年），一些新的问题被加入环境议程中，中国政府也逐渐改变了政策和决策过程的风格。在此阶段，政府不仅着眼于过去污染的治理，同时，还要对潜在的污染进行预防。同时公众不再是旁观者，而是越来越关注并参与到环境的改善、污染的治理以及生物多样性的保护中。整体而言，在第二阶段，中国政府采用了更开放的环境管理方式来应对中国日益严重的污染问题。其中以追根溯源为导向的污染预防和排放总量控制刺激了新方法的引入，例如财政激励、环境责任和排放交易等（Florig、Spofford，1994）。而在中国加入WTO后，国际市场对绿色产品的需求也促使中国企业通过更高水平的ISO14000认证，并对清洁生产、生态标志体系（中国环境标志计划和中国节能标志）与产业生态倡议进行了革新。

在第三阶段（2002年至今），政府通过加强环境问题与国家优先事项的相关性，鼓励将环境和经济目标结合起来。2002年《清洁生产促进法》的颁布标志着中国环境管理从末端控制向污染预防的战略转变。2008年，原国家环保总局升格为环境保护部，标志着中国政府系统环境治理赋权取得了重大进展（Qiu、Li，2009）。在这期间，环境保护部的能力开始拓展，开始应用包括环保约谈在内的更多工具来实现制度目标。而同期，循环经济的概念被引入标志着中国污染治理模式的转变，即从末端治理向完善经济结构转变。在这一阶段，中国政府对于环境问题的治理从严格的环境污染控制扩大到促进地方和国家层面的可持续发展，使得环境管理的方式逐渐变得更加开放、更加灵活、更加分散、更加透明和更多的公众参与。由于参与环境治理的行为者种类繁多，政府开发了各种环境管理工具并应用于不同层次（Mol、Carter，2006）。此外，中国各级政府越来越多地尝试使用基于市场的工具来管理，向可持续发展过渡。2007 年以来，中国陆续出台了一系列环境经济政策。截至 2010 年底，已有 18 个省份试点实施了排放交易制度和生态补偿项目。其中生态补偿试点项目涉及矿产修复、城市可持续发展、水功能区划和流域环境保护、自然保护区等，各部门针对具体项目设立了专项资金。除此之外，中国政府采取的其他环境经济手段包括绿色信贷、绿色保险、绿色贸易和绿色税收等。这些经济激励措施均已实施并在“十二五”规划中进一步推广。然而随着环境经济政策的进一步应用，政府面临着一系列新问题，其中包括环境规制实施的法律依据、技术指南、利益相关者的共识、区域分散、监测和信息公开不足等（Tao、Mah，2009）。

为了更清楚地反映中国环境法制的发展历程，我们将中国环境法制发展过程中影响较为深远、具有重要意义的事件按照时间顺序进行回顾，见表 7.1。1973 年，国务院颁布了《关于保护和改善环境的若干规定（试行草案）》，并确立了环境保护的 32 字方针。1974 年，国家建设委员会环境保护办公室成立，专门负责环境保护相关政策与法律的制定。在该办公室的努力下，国家先后发布了《工业“三废”排放试行标准》《生产饮用水卫生标准（试行）》《渔业水质标准》《农田灌溉水质标准》等一系列环境法规。1978 年，第五届全国人大一次会议对宪法进行修订，首次在宪法中明确了国家的环境保护职责，为环境立法提供了宪法依据。1979 年，我国首部环境保护正式法规《中华人民共和国环境保护法（试行）》颁布，这表明我国的环境保护立法体系得到了初步建立（吕忠梅、吴一冉，2019）。1982 年，我国首次以宪法形式确认了“生态环境”的概念。1989 年，经过了 10 年的试行和探索，全国人大常委会正式审议通过《中华人民共和国环境保护法》，自此，试行法变为正式的法律。随后的 1989—2013 年，围绕《中华人民共和国环境保护法》（简称“环境法”），我国颁布了一系列的生态环境类行政法规、国家标准以及法律，形成了我国的环境立法体系。2014 年，国家对环境法进行了修订，生成了更为规范的新环境法。而在 2018 年，“生态文明”入宪，更是开启了我国环境法制发展历程的新篇章。

表 7.1　中国环境法制发展历程

1973 年	国务院发布《关于保护和改善环境的若干规定（试行草案）》
1974 年	国家建设委员会环境保护办公室成立

表7.1(续)

1974 年	《工业“三废”排放试行标准》发布
1976 年	《生产饮用水卫生标准（试行）》发布
1978 年	首次在宪法中确认了国家的环境保护职责，为环境立法提供宪法依据
1979 年	《渔业水质标准》和《农田灌溉水质标准》发布
1979 年	《中华人民共和国环境保护法（试行）》颁布
1982 年	首次以宪法形式确认了“生态环境”的概念
1979—1989 年	制定环境类单行法近 20 部
1988 年	国家环境保护局独立成为国务院副部级直属机构
1989 年	全国人大常委会审议通过《中华人民共和国环境保护法》
1998 年	国家环境保护局改名为“国家环境保护总局”，升为正部级
2008 年	国家环境保护总局升级为“环境保护部”，成为直接参与政府决策的组成部门
1989—2013 年	制定环境保护综合类法律 4 部，环境污染防治类法律 6 部，自然资源与自然（生态）保护和开发利用类法律 13 部，促进清洁生产与循环经济类法律 2 部，能源合理开发利用类法律 2 部。国务院制定了 60 余部环境行政法规，国务院主管部门制定了 600 余部环境行政规章，颁布国家环境标准 1 200 余部
2014 年	对 1989 年制定的《中华人民共和国环境保护法》进行了全面修订
2018 年	“生态文明”入宪

7.2 绿色制度视野下跨国公司的战略演进

以中国新兴跨国公司和外资企业在华子公司来说，其在华战略模式主要以生产经营为主，期望最大化利用中国的相关要素禀赋资源优势和制度合法性，从而保证其在华经营活动的持续和获利的持续。传统的国际商务战略主要考虑跨国公司的区位选择问题，将东道国制度作为企业跨国选择的主要模式，但在价值链视角下，绿色制度对跨国公司的战略选择影响更加丰富和细致，跨国公司可以通过更加细微的生产环境的调整与升级来应对相关制度压力。这一理论逻辑如表 7.2 所示。在传统的波特假说和污染天堂假说的条件下，企业直接总体进行改变，但在价值链视角下，企业在特定环节的升级和转移成为可能。

表 7.2　传统视角与价值链视角下的企业战略选择区别

主体	单一产品生产视角			内部细分的价值链视角		
	制度演进	波特假说	污染天堂假说	制度演进	波特假说	污染天堂假说
新兴跨国公司	绿色制度增强	加强创新	对外投资	绿色制度增强	加强特定环节的绿色	外包特定环节
	绿色制度弱化	—	扩大污染生产	绿色制度弱化	—	承接更多委托生产
外企在华子公司	绿色制度增强	加强创新或传递母公司知识	撤资	绿色制度增强	改变全球布局结构	改变生产环节（绿色阶梯上升）
	绿色制度弱化	—	增资	绿色制度弱化	—	改变生产环节（绿色阶梯下降）

表 7.2 的理论逻辑如下：近些年来，随着经济全球化的发展，大部分公司的国际活动呈现明显的增加趋势。为了与市场建立起更多的联系并使得一些活动内部化，对外交流、扩张与投资成为跨国企业在其他国家进行事业扩展的重要方式。然而企业在对外扩张与发展的过程中，不可避免地会受到周边制度环境的限制。其中以绿色制度为代表的环境制度对跨国公司的影响不容小觑。自 20 世纪 70 年代首个主要环境法规方案被提出以来，关于环境规制是否会对企业的潜在竞争力产生影响的问题引起了广泛的关注。目前关于环境制度对跨国公司的影响的假说主要有四种："污染天堂假说"（PHH）"污染光环假说"（Pollution Halo Hypothesis）"逐底竞争假说"（Race to the Bottom Hypothesis）以及"波特假说"（Porter Hypothesis）。尽管这些理论都只是部分地解释了企业的组织行为和战略选择，但是其假设前提是基于早期的企业只有生产、投资、撤资这几种企业行为条件下的理论推演。对应当前我国企业普遍展现出来的全球化生产和全球产业链的新发展环境，跨国公司不再仅仅根据自己总体的绿色模式和污染水平来决定投资的区位选择，而是在保持多个地区生产布局的条件下，按照具体的生产环节过程中的污染水平来决定在不同国家布局生产环节和外包特定的生产内容，并将波特效应转化为对特定生产环节的绿色升级目标。接下来，本章以三个典型模式来分析在华跨国公司子公司以绿色外包为主体应对中国绿色制度演进的特征。

7.3 绿色制度演进之一：环保约谈与在华跨国公司的绿色外包

7.3.1 环保约谈的制度特点

环保约谈是行政约谈在环保领域的应用。我国最早的行政约谈始于税务部门，随后被广泛应用于工商管理（市场监管）、食品安全、环境保护等部门（吴建南 等，2018）。2014 年，环境保护部出台《环境保护部约谈暂行办法》。该办法指出：环保约谈是指环境保护部约见未履行环保职责或履行职责不到位的地方政府及相关部门进行告诫谈话、指出问题并要求在指定期限内提出整改方案。2018 年，第十三届全国人大一次会议在北京人民大会堂举行第四次全体会议，决定组建生态环境部，不再保留环境保护部。2020 年，生态环境部对《环境保护部约谈暂行办法》进行了修订，形成《生态环境部约谈办法》。该办法第一章第二条明确规定，此约谈指生态环境部约见未依法依规履行生态环境保护职责或履行职责不到位的地方人民政府及其相关部门负责人，或未落实生态环境保护主体责任的相关企业负责人，指出相关问题、听取情况说明、开展提醒谈话、提出整改建议的一种行政措施。环保约谈要点见表 7.3。

表 7.3 环保约谈暂行办法要点

办法要点	实施细则
约谈对象	未履行环保职责或履行职责不到位的地方政府及相关部门负责人；生态环境问题突出并造成不良影响的相关企业，可以约谈其董事长或总经理，并同步约谈所在地方政府负责人
实施部门	生态环境督察办公室
约谈情形	（1）生态环境问题整改不力； （2）超过国家重点污染物排放总量控制指标，未完成环境状况改善、碳排放强度控制、土壤安全利用目标任务； （3）污染防治、生态保护、核与辐射安全工作推进不力； （4）行政区域内建设项目、固定污染源等环境违法问题突出； （5）发生重大生态环境突发事件； （6）生态环境质量监测数据弄虚作假、干预生态环境行政执法监管； （7）生态环境保护平时不作为、急时“一刀切”问题突出

表7.3(续)

办法要点	实施细则
约谈程序	(1) 督察办公室主持约谈，说明约谈事由，通报主要问题，提出整改建议； (2) 相关司局、派出机构等补充通报有关情况和问题，提出整改意见和建议； (3) 约谈对象说明情况，明确下一步拟采取的整改措施； (4) 签署约谈纪要
约谈方式	指出相关问题、听取情况说明、开展提醒谈话、提出整改建议、督促整改到位

7.3.2　环保约谈的实施现状

本节统计了 2014—2018 年被约谈城市的名单、时间及约谈事由，具体内容见表 7.4。自 2014 年《环境保护部约谈暂行办法》出台以来，截至 2018 年底，生态环境部（原环境保护部）公开约谈了 79 个地方政府，其中吕梁市、哈尔滨市、邯郸市、阳泉市、临汾市、石家庄赵县、保定市和安阳市均被约谈了 2 次。

表 7.4　2014—2018 年被约谈城市名单

编号	城市	约谈时间	约谈事由
1	湖南省衡阳市、贵州省六盘水市、河南省安阳市、黑龙江省哈尔滨市、辽宁省沈阳市、云南省昆明市	2014 年	污水处理厂建设进展滞后；城镇污水处理厂及配套管网建设进展缓慢、企业主要污染物超标排放；大气污染；企业违反建设项目环境保护管理规定、危险废物管理不规范、超标排放；滇池流域水污染问题
2	吉林省长春市、河北省沧州市、山东省临沂市、河北省承德市、河南省驻马店市、河北省保定市、山西省吕梁市、江苏省无锡市、四川省资阳市、安徽省马鞍山市、河南省郑州市、河北省邢台市隆尧县、河北省邢台市任县、河南省南阳市、广西壮族自治区百色市、甘肃省张掖市、青海省海西蒙古族藏族自治州、山东省德州市	2015 年	污水处理能力不足，污水厂建设缓慢；污水处理问题、大气污染、企业环评违规情况突出；高耗能、高污染、资源型企业多，企业环境违法行为普遍，空气质量差，区域环境污染严重；部分企业违法排污情况严重；大气污染、面源污染；未取缔不符合产业政策的皮革生产企业，环境管理缺位；白洋淀环境污染、工业污水及生活垃圾污染；部分区域面源污染严重；工业企业污染严重；水污染和大气污染问题，部分建设项目未批先建、批建不符；畜禽养殖污染和饮用水水源保护问题整改不力；秸秆禁烧工作不力，导致大气污染严重；祁连山国家级自然保护区生态环境问题

表7.4(续)

编号	城市	约谈时间	约谈事由
3	山西省长治市、安徽省安庆市、山东省济宁市、河南省商丘市、陕西省咸阳市、山西省阳泉市、陕西省渭南市、山西省吕梁市	2016年	大气污染、企业违法排放、面源污染、水污染等
4	山西省临汾市、北京市大兴区、天津市北辰区、河北省石家庄市赵县、河北省唐山市开平区、河北省邯郸市永年区、河北省衡水市深州市、山西省运城市河津市、吉林省四平市、吉林省公主岭市、江西省景德镇市、河北省衡水市、河南省荥阳市、山东省淄博市、天津市东丽区、河北省邯郸市、河北省保定市清苑区、河南省新乡市牧野区、黑龙江省哈尔滨市、黑龙江省佳木斯市、黑龙江省双鸭山市、黑龙江省鹤岗市	2017年	大气污染；生活污水、生活垃圾、工业污水、工业废物污染；整改工作缓慢，个别企业长期违法生产，拒绝环境执法检查；企业环保设施运转不正常，大量问题未完成整改销号，部分企业拒绝环境执法检查；企业未安装或不正常运行治污设施，问题整改工作不到位；企业未安装或不正常运行治污设施，问题整改工作严重滞后；秸秆大面积焚烧、企业超标排放等
5	山西省晋城市、河北省邯郸市、山西省阳泉市、广东省广州市、广东省江门市、广东省东莞市、江苏省连云港市、江苏省盐城市、内蒙古自治区包头市、浙江省温岭市、重庆市石柱县、广西壮族自治区玉林市、江西省宜春市、山西省临汾市、北京市通州区、河北省保定市曲阳县、河北省石家庄市赵县、山西省晋城市城区、河南省新乡市辉县、辽宁省锦州市、吉林省延边市朝鲜族自治州、江苏省镇江市、安徽省宣城市、重庆市沙坪坝区、重庆市北碚区、云南省丽江市、云南省西双版纳傣族自治州	2018年	大气污染，未完成空气质量提高目标；非法转移倾倒危险废物；自然保护区生态环境破坏；自然生态环境破坏，企业污染问题整改不力；整改工作流于形式，企业环境违法严重；环境空气自动监测数据造假

根据被环保约谈的城市清单，生态环境部（原环境保护部）在2014年约谈了6个城市，2015年约谈了18个城市，2016年约谈了8个城市，2017年约谈了22个城市，2018年约谈了27个城市。从城市分布的地域上看，被环保约谈城市覆盖19个省、3个直辖市和2个自治区，共24个省级行政区，其中被约谈次数最多的省份为河北省、河南省、山西省、黑龙江省、吉林省、江苏省和山东省。从被约谈的原因看，城市被环保约谈的主要事由包括大气污染、水污染、污染物超标排放、整改进度缓慢、生态环境破坏、面源污染、畜禽养殖污染、秸秆焚烧、建设项目违规、企业环保设施不正常运转等。2014—2018年的81次约谈中，有49次涉及大气污染（空气质量）问题，占比56%，可见空气污染是引起环保约谈的重要原因。从城市的行政级别来看，2014—2018年的81次约谈中，被约谈城市为市级行

政区的为75次，占比86.2%。被约谈城市为县级行政区的为12次，占比13.8%。根据被约谈城市在约谈前后12个月的平均空气质量数据统计分析，我们得出了城市被约谈后空气质量的变化比例。总体来说，被约谈的28个城市中，21个城市的空气质量指数（AQI）呈下降趋势，整体空气质量得到提高。具体到不同污染物浓度，25个城市的PM2.5呈下降趋势，26个城市的PM10呈下降趋势，24个城市的SO_2呈下降趋势，26个城市的CO呈下降趋势，21个城市的NO_2呈下降趋势，仅10个城市的O_3呈下降趋势。整体而言，被约谈事由包含空气污染的城市，在约谈后的整体空气质量状况和主要污染物浓度状况均有改善，这说明这一制度被真实落实且有效。

7.3.3 数据内容与分析结论

为了验证环保约谈的实施作为制度压力，能否使外资企业显著增加从低环境规制国家进口的污染密集型产品，形成制度压力下推动的绿色外包的国际战略，本节引入双重差分方法（DID）研究环保约谈对外资企业进口的影响。双重差分的定义分别为城市层面（是否为被环保约谈的城市）和行业层面（是否为重污染行业），整合2012—2016年的外资企业数据和中国海关进口数据开展了定量分析，数据来源于商务部和海关总署。回归模型设定如下：

$$\ln import_{idt} = \alpha_i + \alpha_t + \beta_1 post\_\ talk_{dt} +$$

$$\beta_2 post\_\ talk_{dt} * SO_2 Intersity_k + \Gamma\ \overrightarrow{ControlVariables_{it}} + \varepsilon_{it}$$

式中，*import* 表示外资企业的进口额，$\ln\_\ import_{idt}$ 为被解释变量，代表被约谈过的城市 d 的 i 企业在 t 年的进口额。$post\_\ talk_{dt}$ 表示企业是否位于被约谈城市 d，t 为被约谈之后的第 t 年。$SO_2\ intensity_k$ 表示企业 i 所在的行业 k（二分位行业代码）的 SO_2 排放水平，排放水平越高污染越重，ε_{it} 表示随机扰动项，$\overline{\text{ControlVariables}_{it}}$ 表示其他控制变量，包括企业成立时长、企业资产对数、企业研发投入对数、企业无形资产比重、企业绿色专利对数、企业资产负债比、企业出口额对数、企业资产回报及外商直接投资占比。

为了验证环保约谈的实施是否使外资企业显著增加从低环境规制国家进口的污染密集型产品，因此需要对不同国家进行环境规制水平的分类。借鉴Cai等（2016）的方法，根据不同国家（地区）加入联合国气候变化框架公约（UNFCCC 2007）的时间与中国同年或晚于中国进行分类。中国于 2007 年加入联合国气候变化框架公约，与中国同时加入的为高环境规制国家（地区）。加入时间晚于中国的为低环境规制国家（地区）。在表 7.5 中，模型（1）代表环保约谈后外资企业从低环境规制国家进口的变化，模型（2）代表环保约谈后外资企业从高环境规制国家进口的变化。模型（1）的结果表明，所在城市被环保约谈后，外资企业从低环境规制国家的总进口没有显著变化，但污染密集型产品的进口量显著增加。模型（2）的结果表明，环保约谈后外资企业从高环境规制国家的总进口及污染密集型产品进口量均没有显著变化。因此，环保约谈的实施使外资企业显著增加了从低环境规制国家进口污染密集型产品。

表 7.5　分析回归结果

变量	(1)	(2)	(3)	(4)
	污染外包方向		制度强度	
	从低环境规制国家的进口	从高环境规制国家的进口	明确与企业排污有关	未明确与企业排污相关
post_ talk * so2intensity	0.000 3*** (0.000 1)	0.000 1 (0.000 1)	0.000 4*** (0.000 2)	0.000 1 (0.000 1)
N	346 855	346 855	17 040	2 174
Adjusted R^2	0.815 2	0.854 5	0.797 3	0.802 5

此外，不同城市被环保约谈的原因有所不同，其中部分城市的被约谈事由与企业排污或企业环境违规有关，这使得环保约谈制度会对企业战略产生更强烈的影响。这类城市被约谈后，相关部门出台的应对措施会传导至相关企业。因此，为了验证由于企业排污或环境违规问题被约谈的城市在环保约谈实施后是否更倾向于从低环境规制国家进口污染密集型产品，我们进一步按照城市被约谈主要事由，对被约谈城市样本进行分类，结果如表 7.5 后两列所示。模型（3）代表城市被约谈原因与企业排污或环境违规问题有关，当地企业在环保约谈后，显著增加了从低环境规制国家进口的污染密集型产品。模型（4）代表城市被约谈原因与企业排污或环境违规问题无关，当地企业在环保约谈后，并没有显著增加从低环境规制国家进口的污染密集型产品。可以看出，由于企业排污或环境违规问题被约谈的城市在环保约谈实施后更倾向于从低环境规制国家进口污染密集型产品。

从上述分析和结论来看，中国的环保约谈制度显著提升了在华外企从低环境规制国家进口的污染密集型产品，即促进了在华外企的污染外包。这在制度压力和全球价值链的理论结合视角上，提供了制度压力对跨国公司子公司应对制度压力的重要参考。

7.4　绿色制度演进之二：五年规划中的减排目标与制造业企业的绿色外包

7.4.1　五年规划与总量减排目标的制度背景

中国的五年计划是一系列全国范围的社会和经济发展计划，包含了经济和社会发展的详细指导方针。中央政府在“九五”计划（1996—2000年）中制定了主要污染物排放总量控制的计划，自此，污染物总量控制模式正式登台。紧接着“十五”计划（2001—2005年）首次将化学需氧量、二氧化硫等主要污染物排放总量减少10%作为环境规制政策纳入计划中。然而该规定并没有给每个省设定单独的减排目标，并且地方官员的政绩和晋升多取决于当地的经济发展，而不是地方的可持续发展水平，导致地方政府对中央政府设定的减排目标重视程度不够，进而放宽了对工业企业污染排放的限制以追求更高的财政收入、就业机会等。“十五”环境保护计划指标没有全部实现，二氧化硫排放量比2000年增加了27.8%，化学需氧量仅减少2.1%，未完成削减10%的控制目标。“三河三湖”等重点流域和区域的治理任务也仅完成计划目标的60%左右，环境治理形势依然相当严峻。

2006年3月14日，十届人大四次会议审议批准了“十一五”规划（2006—2010年），首次将经济社会发展的主要指标区分为预期性指标与约束性指标，GDP增长为预期性指标，而环境、资源、人口相关指标则成为约束性指标。以“十一五”规划为分界线，我国的污染物总量控制模式由“有总量无控制”走向了“有总量有控制”的阶段。“十一五”规划提出在2006—2010年对二氧化硫、化学需氧量这两种主要污染排放物进行总量控制，要求到2010年这两种污染物的排放总量较2005年均减少10%，其中，二氧化硫由2 549万吨减少到2 294万吨，化学需氧量由1 414万吨减少到1 273万吨。与“十五”计划不同的是，“十一五”规划实施了更具约束性的减排政策，将二氧化硫和化学需氧量这两大主要污染物的减排目标层层分解到了各省或直辖市（如图7.2所示），即在对不同地区环境质量以及经济发展水平等因素进行充分考虑之后，根据中部、东部、西部地区各自的实际情况来分配具体的排放指标。为了保证地方政府对于减排政策的重视和执行程度，“十一五”规划还将当地减排目标的完成情况纳入地方领导绩效考核和晋升考核体系中，增加了“问责制”和“一票否决制”的处罚制度，实现了从纯粹的经济效益指标考核向兼顾环保的经济效益指标考核的转变，环境保护由此成为地方领导干部政绩考核的重要内容和选拔任用、奖惩的主要依据，并以此推动地方各级政府将减排压力传导至重污染企业，增加环保投资，推动污染减排和环境治理进程。在“十一五”规划环境规制政策的实施效果上，2010 年全国化学需氧量和二氧化硫排放量与 2005 年相比分别减少了 12.5%和 14.4%，均超额完成了减排目标。

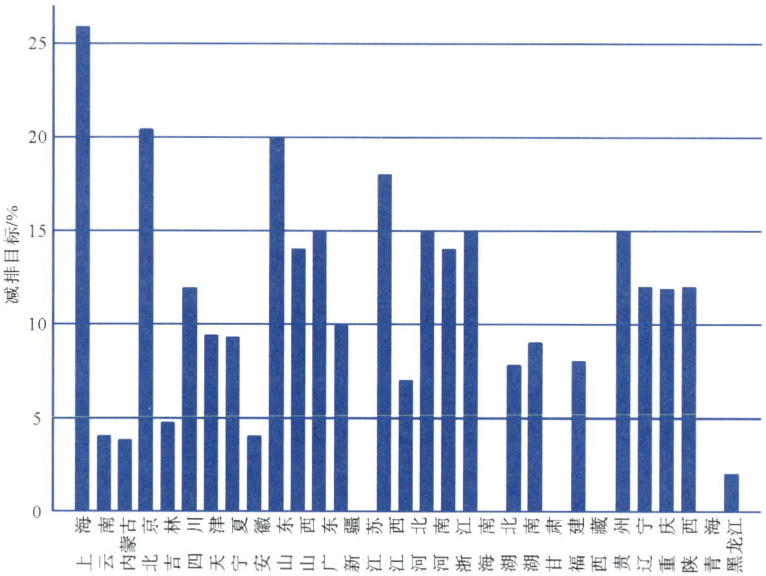

图 7.2 各省（区、市）二氧化硫减排目标

污染物总量控制是我国环境保护的重要治理模式，指的是以控制一定时期内某一区域污染物排放总量为核心的环境管理方法体系，指标由国务院下达，各省、自治区、直辖市人民政府分解落实。我国污染物总量控制的思想最早在 1988 年第三次全国环境保护会议上被提出，1996 年经全国人大常委会通过，将污染物排放总量控制正式定为我国环境保护的一项重要举措。污染物总量控制计划是中国首次约束性污染控制，实现了中国环境政策由浓度到总量控制、环境规制从“软约束”到“硬约束”的转变。

7.4.2　数据与研究设计

我们利用“十一五”减排政策，研究了国内严格的环境规制政策对于中国企业进口行为的影响（见表 7.6），同时考虑时间差异、省际差异以及行业差异，构造了三重差分模型。数据样本来自 2000—2013 年的海关数据库和中国工业企业数据库。p 代表行业所在省份的减排强度，SO_{2i}代表 i 行业的二氧化硫排放强度（以 1995 年为基准），主要考虑受到影响较大的行业会增加外包的可能性，构建以下模型：

$$Y_{ipt}=\beta * \text{lntarget}_p * \text{post}_t * \ln(\text{so2}_i) + \text{control}_{ipt}+\mu_t+\gamma_p+\sigma_i+\epsilon_{ipt}$$

表 7.6　五年规划减排目标和企业的外包行为

变量	(1) lnimp_ amount	(2) lnimp_ quantity	
lntarget_ hyso2_ post	0.016** (0.006)	0.026** (0.012)	
N	5 988	5 985	
R^2	0.317	0.418	
Industry FE	YES	YES	
Year FE	YES	YES	
Province FE	YES	YES	
所有权异质性			
	国有控股	外商控股	私有控股
	lnimp_ amount	lnimp_ amount	lnimp_ amount
lntarget_ lnhyso2_ post	-0.001 (0.011)	0.093** (0.040)	0.143*** (0.054)
N	3 710	3 049	2 364
R^2	0.292	0.360	0.328
Industry FE	YES	YES	YES
Year FE	YES	YES	YES
Province FE	YES	YES	YES

* $p < 0.1$，** $p < 0.05$，*** $p < 0.01$。

与我们的前述讨论一致，“十一五”减排政策显著增加了强环境规制省份高污染行业企业的中间品进口金额和进口量，对国有企业影响很小，而对外资和民营企业的影响都比较显著。这说明绿色制度演进背景下，民营跨国企业和在华外企的国际战略重构力度更大，制度压力更大。这说明中国的制度演进并非对所有企业都是一致的，绿色制度演进更多地通过市场化机制发挥作用。

7.5 绿色制度演进之三：中国的碳市场建设与企业的碳产品外包

7.5.1 中国碳市场的制度演进

联合国协同各国为应对当前所面临的气候变化，减缓全球变暖做出了巨大的努力，因此碳排放权交易机制的问世绝非偶然。各国试图设计一种新的环境权交易机制，该交易机制既能考虑到各国历史排放状况，也不忽视各国发展现状；既能实现节能减排，又能保证发展高效；既能实现南北协调，又能保证其可持续性。由于世界各国利益和需求错综复杂，碳排放权交易机制的落地经历了漫长的过程，如图 7.3 所示。

1997 年，《京都议定书》（Kyoto Protocol）首次将市场机制作为全新的治理路径纳入气候变化问题治理框架体系之中。由此，市场机制与强制性的规制措施和自愿性环境协议一同构成解决气候变化问题的政策框架。与后两种政策框架不同，市场机制的引入基于其背后的运作机制。具体而言，通过引入市场机制，市场中的利益相关者可以明确环境权益，并实现环境权益的资产化。而在资产化的前提下，环境权益就具备了进行市场交易的功能。譬如，该协议以净排放量作为各国碳排放量的依据，并在此基础上提出了三大机制：国际排放交易机制（International Emission Trade，IET）、联合履约机制（Joint Implementation，JI）、清洁发展机制（Clean Development Fund，CDF）。相关机制的提出，为扩大减排主体提供了新的思路。

世界各国相继而生的碳排放权交易市场，总体上是在《京都协议书》确立的框架下进行的。其中，2005 年启动的欧盟碳排放交易体系（EU-ETS）将排放权作为全球范围内可交易的商品，赋予其商品属性。此后，英国、澳大利亚以及美国等相继开市，全球有效运行的碳市场已覆盖全球碳排放量的 8%①。然而，随着全球经济低迷和复苏无力，碳价持续走低。即

① 数据来自《全球碳市场进展 2019》。参见：https：//icapcarbonaction. com/images/ICAP_ StatusReport_ 2019/InfographicsChinese/Sector_ Coverage_ Infographic_ Chinese. jpg.

使市场规模不断扩大，减排成效甚微，减排指标远远不到《巴黎协定》所定目标。但不可否认，碳排放权市场的落地带来了诸多积极成效。

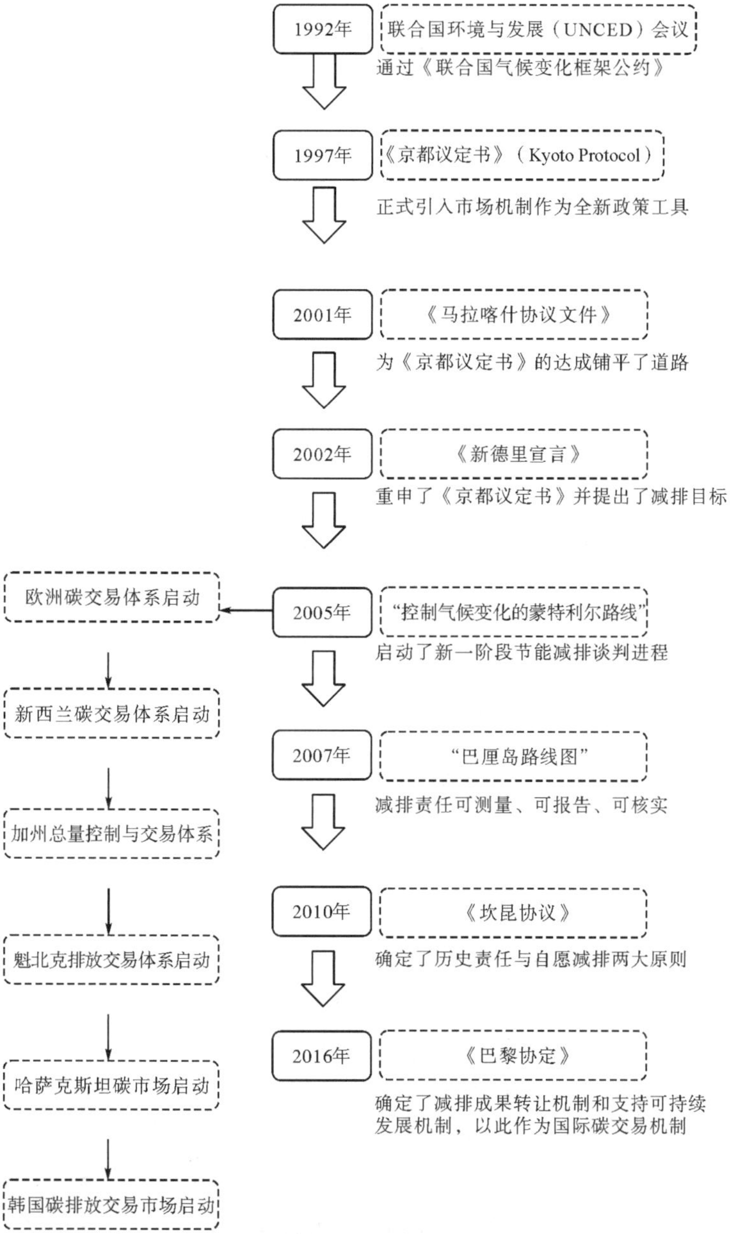

图 7.3　世界碳排放权交易机制确立历程（1992 年至今）

为应对环境问题和基于节能减排的迫切需求，中国始终积极探索和建设具有中国特色的碳排放权交易市场。2011 年，国家发展和改革委员会在“十二五”规划纲要中提出“逐步建立碳排放权交易市场”的要求。2013 年下半年在深圳启动全国第一家碳排放权交易市场。截至 2014 年上半年，试点范围推广至北京、天津、上海、重庆、湖北、广东等省市，并将碳排放量较大的企业重点监测范围纳入碳交易体系。试点省市碳排放权交易市场运行数年，各试点省市均取得了不错的预期成果，碳市场机制在节能减排上发挥了应有的作用。《中国应对气候变化的政策与行动 2019 年度报告》指出，2018 年单位国内生产总值二氧化碳排放量比 2005 年累计下降 45%，提前完成 2020 年碳减排国际承诺。

国家发展和改革委员会于 2015 年“十三五”规划纲要中明确提出“逐步建立全国性碳交易市场”。目前，全国性碳排放权交易市场的建设正在稳步推进。2017 年 12 月，国家发展和改革委员会印发《全国碳排放权交易市场建设方案（发电行业）》，正式宣布将建立国家排放交易体系（China ETS)，并公布该减排目标与机制路线图。2019 年 4 月，生态环境部印发《碳排放权交易管理暂行条例（征求意见稿）》，作为我国碳排放权交易市场的基础性文件，全国性的碳排放权交易市场建设速度加快。

7.5.2 对碳市场的经验研究

根据前面的讨论，当企业面临自上而下的碳市场代表的环境规制时，企业要么淘汰相关产能来减少排放量，要么进行绿色创新、更新设备、优化工序，尽可能减少排放量，或者通过购买排放权来进行“有偿”排放。不管哪一种路径，企业都面临着环境成本的增加和盈利空间的缩小。出于利润最大化的本能，企业势必会通过更为经济的渠道来控制成本。而随着经济全球化的推进和世界分工体系的深化，贸易壁垒不断被突破或削弱，企业面临的交通运输成本和信息获取成本日趋下降。按照前述分析，我们认为可能存在的情况是：与非试点地区相比，碳市场试点政策的实施，使得试点地区上市公司倾向于进口更多碳密集度更高商品。与此同时，企业的绿色、可持续发展能力成为企业在环境规制下提升市场竞争能力的重点。因此，具有强大的绿色创新能力的企业更能够借助自身创新优势进行生产优化和结果调整，而非通过贸易等方式寻求资源外置。因此，还可能存在第二种机制，即碳交易试点对企业进口的影响程度通过企业绿色创新能力而得到不同程度的调节。

为了解答这一问题，我们使用中国上市公司与中国海关数据库 2000—2016 年的合并数据开展三重差分研究，讨论试点地区（Treat）和试点行业（Ntreat）在试点之后的进口碳强度变化，研究中国企业在碳市场这一绿色制度下是否存在外包行为，结果如表 7.7 所示。

表 7.7　碳市场与企业的进口碳强度

变量	*ImCarbon_ int*					
	(1)	(2)	(3)	(4)	(5)	(6)
Treat * Post * Ntreat	0.131*** (0.045)	0.131*** (0.045)	0.131*** (0.045)	0.120** (0.051)	0.120** (0.051)	0.120** (0.051)
控制变量				是	是	是
年份效应	是	是	是	是	是	是
个体效应	是	是	是	是	是	是
省份特征		是			是	
行业特征			是			是
_ cons	4.272*** (0.003)	4.272*** (0.003)	4.272*** (0.003)	3.751*** (0.291)	3.751*** (0.291)	3.751*** (0.291)
N	12 669	12 669	12 669	10 738	10 738	10 738
R^2	0.579	0.579	0.579	0.585	0.585	0.585
	申请专利数		申请发明型专利数		申请应用型专利数	
	(1)	(2)	(3)	(4)	(5)	(6)
Treat * Post * Ntreat	0.130*** (0.046)	0.170*** (0.042)	0.130*** (0.046)	0.158*** (0.046)	0.130*** (0.046)	0.151*** (0.039)
Treat * Post * Ntreat * Lnpat		−0.124*** (0.045)				
Treat * Post * Ntreat * Lninn				−0.138*** (0.052)		
Treat * Post * Ntreat * Lnapp						−0.148* (0.088)
控制变量	是	是	是	是	是	是
年份效应	是	是	是	是	是	是
个体效应	是	是	是	是	是	是

表7.7(续)

变量	ImCarbon_ int					
	(1)	(2)	(3)	(4)	(5)	(6)
_ cons	3.841***	3.847***	3.841***	3.843***	3.841***	3.848***
	(0.285)	(0.294)	(0.285)	(0.292)	(0.285)	(0.291)
N	10 567	10 567	10 567	10 567	10 567	10 567
R^2	0.585	0.586	0.585	0.586	0.585	0.585

注：*、**、*** 分别代表10%、5%、1%的显著性水平；小括号内为行业层面进行聚类调整的标准误；该表所对应的模型中控制了公司年龄、公司规模、Tobin's Q、总资产净利润率等企业经济特征变量；其余三次、二次交互项均已控制，因篇幅有限，不做汇报。

由上述回归结果可知，碳排放权交易试点政策促使企业进口更多碳密集度更高的产品，然而引入企业创新能力之后，显著抑制了企业此类进口活动。更进一步讲，企业虽然在短期内可以通过环境制度套利来规避区域性的环境规制，但并非长久之计，尤其是随着环保和可持续发展理念在世界各国的深入，制度套利空间将会缩小；同时，通过外部市场来应对企业成本上升问题，面临诸多不确定性。相比之下，企业通过提升绿色创新能力，不仅可以改进生产技术，减少排放，应对环境规制，而且可以在市场上出售更多的排放权来获得额外的收益（齐绍洲 等，2018）。因此，相比于环境制度套利，通过绿色创新来应对环境规制是企业的较优途径。这也体现出绿色制度对企业的影响，会与企业自身的知识能力相关，企业通过提升自身的绿色知识能力，可以更加自如地选择全面布局，也能继续更好地利用当地的其他优势，避免外包过程中损失过多。

8　“一带一路”倡议与中国境外并购企业社会责任①

本章运用制度理论，提出国际化企业履行社会责任的驱动力不仅源于企业利益相关者和东道国所带来的制度压力，母国的制度压力也是驱动跨国公司履行社会责任的重要动因，并基于此提出中国“一带一路”倡议中督促企业履行社会责任的制度规则作为重要的母国制度之一，可以有效地促进中国跨国公司改善其社会责任履行情况。本章以 2008—2016 年中国跨国并购企业为样本，采用双重差分法，就“一带一路”倡议对中国跨国并购企业社会责任的影响进行研究。研究结论表明，“一带一路”倡议确实可以改善在“一带一路”沿线国家进行并购企业的社会责任履行情况，印证了基于制度理论的分析。具体而言，企业在“多样性”“雇员关系”以及“社会活动”这三个社会责任维度方面的改善最为显著。从企业异质性角度看，所有制不同以及并购后持股比例不同的跨国并购企业，其在总体社会责任及各个维度社会责任方面的表现均不相同。进一步的机制分析发现，东道国居民对社会责任的认知情况以及东道国整体社会责任认知情况均会对“一带一路”倡议与跨国并购企业社会责任之间的关系起到显著的调节作用。本章的结论从企业的社会责任视角为中国“一带一路”倡议的推进提供了理论支撑。同时，企业在社会责任各个维度履责不均衡、社会责任问题方面改进不显著的结论，也为政府与企业推进“一带一路”倡议、促进企业社会责任履行提供了未来改进与努力的方向。

“一带一路”倡议自 2013 年提出以来，从最初的愿景逐渐转化为实践行动，已经取得了初步成果：2013—2021 年，我国与“一带一路”倡议沿

① 本章基于杨娜、王珏、刘夏明、黄凌云 2020 年在 *Asia Pacific Journal of Management* 第 39 期发表的论文“Home-Country Institutions and Corporate Social Responsibility of Emerging Economy Multinational Enterprises: The Belt and Road Initiative as an Example”，并在此基础上进行了数据、理论以及研究对象等方面的拓展与丰富。

线国家年度贸易额从 1.04 万亿美元扩大到 1.8 万亿美元，增长了 73%；对沿线国家直接投资累计 1 613 亿美元，沿线国家在华投资设立企业 3.2 万家，实际累计投资 712 亿美元。截至 2021 年底，我国已与 147 个国家、32 个国际组织签署了 200 多份共建"一带一路"合作文件。商务部数据显示，即使在疫情影响下，我国 2021 年与沿线国家的货物贸易额依然创新高，达到 11.6 万亿元，同比增长 23.6%，实现了与沿线国家共同发展、互利共赢。然而，随着中国企业不断深入参与"一带一路"相关建设，各种问题与困难也开始逐渐显现，其中文化冲突、环境与生态保护问题等逐渐成为阻碍中国企业境外投资进一步发展的主要原因①。

为了应对我国企业在"一带一路"倡议实践过程中遇到的问题，中国政府密集地出台了一系列政策和举措，引导中国企业在响应"一带一路"倡议的过程中贯彻"共商、共建、共享"原则，实现企业与东道国的合作共赢。例如，2015 年，由国家发展和改革委员会、外交部和商务部联合发布的"一带一路"官方文件《推动共建丝绸之路经济带和 21 世纪海上丝绸之路的愿景和行动》中明确提出，"一带一路"倡议应督促企业"积极帮助当地发展经济、增加就业、改善民生，主动承担社会责任，严格保护生物多样性和生态环境"。2017 年，为了进一步推动"一带一路"倡议的绿色发展，中国多个政府部门联合发布了《关于推进绿色"一带一路"建设的指导意见》，强调在"一带一路"建设中应突出生态文明理念，推动绿色发展，加强生态环境保护，共建绿色丝绸之路。同年，为了进一步落实以上政策，中国环境保护部编制了《"一带一路"生态环境保护合作规划》，以指导相关部门与企业的具体实践活动。这些政策性文件的出台和实施充分说明中国政府在促进"一带一路"倡议实施的过程中，对企业社会责任特别是在生态环境保护方面的重视充分践行了中国政府在"一带一路"倡议中所提出的促进共同发展、实现共同繁荣和合作共赢的承诺。

然而，在政策落地和实践的过程中，中国跨国公司在多大程度上响应了"一带一路"倡议中关于履行社会责任的要求，并真正地将企业社会责任纳入企业自身建设之中却仍然未知。目前在"一带一路"倡议的督促下，已有部分企业意识到履行社会责任的重要性，例如中国交通建设集团公司于 2018 年发布了中国首份企业层面的"一带一路"专题社会责任报告

① 王辉耀，苗绿. 中国企业全球化报告（2018）［M］. 北京：社会科学文献出版社，2018.

《“一带一路”社会责任报告》，这在一定程度上证明了中国企业在参与“一带一路”倡议过程中对履行社会责任的重视。但总体而言，“一带一路”倡议对在沿线国家进行投资的中国企业的社会责任影响程度依然并不明确。

目前，有关“一带一路”倡议的研究多集中关注企业参与“一带一路”倡议的投资策略（郭毅 等，2018；蒋冠宏，2017）、企业财务绩效和贸易往来（陈虹、杨成玉，2015；孙楚仁 等，2017）等方面的影响，而尚未看到“一带一路”倡议对企业社会责任影响的研究，其相关理论机制也并不明确。同时，企业社会责任方面的研究则更多地关注企业在国内经营时社会责任履行的影响因素（曾建光 等，2016；刘计含、王建琼，2016；靳小翠，2017）及其效应（张思雪、林汉川，2017；权小锋 等，2015），却忽视了对国际化企业社会责任履行的关注。事实上，对社会责任的履行对国际化企业有着重要的意义：对社会责任的履行不仅能够帮助企业在国际化的过程中获得更高、更稳定的收益，同时也有利于企业在境外市场上树立良好的企业形象，保证企业后续经营和国际化战略的继续深入。同时，对母国而言，通过企业良好的社会责任履行行为，可以从整体上改善母国在世界范围内的形象，树立负责任大国的形象，为母国今后进一步的招商引资与对外开放奠定基础。在企业和母国重视履行社会责任的情况下，东道国在政治、经济、环境、民生等方面也必然会得到改善。因此，跨国公司社会责任的履行是一个企业、母国与东道国三方受益的行为，对企业、母国与东道国的持续发展均有着重要意义。但是，目前仍鲜有研究关注中国企业国际化或者“一带一路”倡议的提出对中国跨国公司社会责任履行的影响作用。此外，“企业社会责任”是一种包含了社会、公司治理、法律、经济和道德等多维度的企业实践活动（Schwartz、Carroll，2003；Kang，2013），但目前社会责任的相关研究中鲜有文献对企业社会责任中截然不同的内容维度进行区分并展开具体分析。

针对以上理论与实践中所存在的研究空白，本章将对“一带一路”倡议是否能够促进中国跨国公司社会责任的履行进行深入探究。具体来讲，本章将对以下问题进行重点回答：“一带一路”倡议在促进中国企业国际化蓬勃发展的同时，是否能够有效地促进中国跨国公司将其社会责任建设纳入企业自身建设的体系之中，并积极地改善其社会责任履行情况？在“一带一路”倡议下，企业社会责任发生变动的影响因素和机制是什么？同时，企业更倾向于履行哪些方面的社会责任，而又有哪些方面的社会责任依然缺失？对以上问题的探究与回答，将为中国政府及相关部门在“一带一路”倡议的基础上进一步指导与督促企业履行社会责任，打造真正的互利共赢、优势互补的国际合作平台奠定基础；也为中国企业抓住“一带一路”倡议契机，积极在境外树立负责任企业的形象，实现未来与东道国社会共赢和可持续发展合作提供借鉴意义。

8.1 文献综述与理论基础

8.1.1 文献综述

目前有关“一带一路”倡议的研究多集中关注企业参与“一带一路”建设的投资策略及其财务绩效方面的问题。例如，在“一带一路”倡议下企业跨国投资的区位选择（朱婕、任荣明，2018；郭毅 等，2018）、市场进入策略（蒋冠宏，2017），以及“一带一路”倡议对东道国的经济增长的作用（陈虹、杨成玉，2015）、进出口贸易（孙楚仁 等，2017）、贸易便利化（孔庆峰、董虹蔚，2015）以及对世界经贸格局（李丹、崔日明，2015）等方面的影响。然而，目前尚未发现有关注“一带一路”倡议对企业社会责任的影响的相关研究。进一步来讲，鲜有研究关注中国企业国际化（例如跨国并购、对外直接投资和进出口贸易）对企业社会责任的影响。

然而，履行企业社会责任对于跨国公司而言有着非常重要的意义。目前，社会责任方面的研究多集中于以下两个方面：①一部分研究关注企业社会责任履行的动因或影响因素。例如有部分研究关注企业所有制（高勇强 等，2012）、高管特征和背景（曾建光 等，2016；文雯、宋建波，2017）、企业社会网络（刘计含、王建琼，2016）、企业文化（靳小翠，2017）和外资参股（王海妹 等，2014）等因素对企业社会责任履行情况或动因的影响。②另一部分研究则更为关注企业社会责任所带来的相关效应，例如考察履行企业社会责任对企业境外形象或声誉（张思雪、林汉川，2017；齐丽云 等，2017）、企业绩效或股价（权小锋 等，2015；宋献中 等，2017）、投资效率（刘岚、王倩，2016）等方面的影响。

通过对上述文献的分析，我们发现，目前鲜有研究关注企业国际化过程中社会责任的变化情况，特别是在“一带一路”倡议提出后企业社会责任的变动情况，同时也缺乏相关理论机制分析。此外，目前多数研究将企业的社会责任行为作为一个整体指标进行概括性分析，缺少对各维度的社会责任进行细分的研究。企业所面对的利益相关者需求或者制度压力的不同，会使企业在某一维度上的社会责任表现出色，而在其他维度上有所欠缺。例如，当政府政策更重视环境保护方面的责任履行时，企业可能会加强在保护环境方面的努力，却导致对诸如员工福利、员工培训、社区志愿活动等其他方面的社会责任的履行有所缺失。然而，目前较少有文献对中国跨国公司以及"一带一路"倡议在企业各个维度社会责任的履行情况进行细分研究，这也使得目前的研究无法为国家或者企业进一步提升企业社会责任履行努力的方向提供建议。针对以上目前理论与实践中所存在的问题，本章将通过理论机制分析与实证检验的方法，就"一带一路"倡议对中国跨国并购企业履行社会责任的影响进行研究。

8.1.2　理论基础

根据组织社会学派下的制度理论，本章认为母国制度也是促进跨国并购企业积极履行社会责任的重要因素。例如，中国提出的"一带一路"倡议及倡议中所包含的有关督促企业履行社会责任的规则与法规是母国制度的典型代表。以往多数研究认为，跨国并购企业社会责任的履行或者来自企业内部自身的动力（Kitzmueller、Shimshack，2012），或者来自东道国制度的压力（Newman 等，2018），而结合中国的"一带一路"倡议，本章认为母国制度压力也是企业在境外积极履行社会责任的重要来源之一。从母国角度而言，企业国际化经营行为在一定程度上代表了国家形象，对国家后续推进招商引资政策以及进一步的对外开放均会产生影响。因此，不仅东道国以及企业内外部相关利益者会关注跨国并购企业的社会责任履行情况，母国政府也会对企业的跨国并购提出合规合法的要求。自 2013 年以来，中国政府在"一带一路"倡议及其相关政策文件和法规中曾多次提及并要求中国参与"一带一路"倡议的企业应认真履行其在境外的社会责任，树立负责任的企业形象，从整体上改变中国在境外的国际形象。同时，对于中国跨国并购企业而言，要保证其跨国并购的顺利推进，离不开母国政府与市场的支持。例如贝恩咨询公司在其《中国企业海外并购报告》中曾指出，中国的境外并购目前处于"赢在国内，输出境外"的发展阶段，国内市场依然是中国跨国并购企业主要的资源获取地。为了继续获得其在母国经营的合法性，从而获得母国在资源与政策方面的支持，企业会积极回应来自母国政府的制度压力，即响应中国“一带一路”倡议中关于企业履行社会责任的要求，以此获取在母国市场经营的合法性。因此，“一带一路”倡议作为来自母国的制度压力，成为跨国并购企业进一步履行其社会责任的契机，可以有效地促进跨国并购企业积极改善其社会责任履行情况。

此外，从制度理论的角度出发，本章认为企业履行社会责任的驱动力来自三种不同的制度压力：企业利益相关者、东道国以及母国的制度压力。根据前面的分析，本章认为在“一带一路”倡议中相关政策的制度压力下，中国跨国并购企业会对母国制度进行积极响应，改善企业社会责任的履行情况，但是其改善程度则受到其他两种制度压力的影响。

从企业内外部的利益相关者角度来看，企业的控股或持股股东对企业社会责任的履行会产生较大影响。结合中国的实际情况来看，相对于国有企业而言，民营企业所承受的来自“一带一路”倡议这一母国制度的压力更大，因此其社会责任改善程度将会更高。而国有企业由于其与政府具有密切的关系（李诗 等，2017），承受的制度压力相对较小，且总体而言，由于其国有性质，国有企业一直非常重视对社会责任的履行，因此在“一带一路”倡议提出前后其社会责任的履行程度变化情况将小于民营企业。此外，从持股比例和控股情况来看，中国企业在进行跨国并购后持股比例越高，其对企业的控制力以及企业的股权集中度就越高，其他利益相关者的复杂度则会大大减弱，其诉求也会相应减少或减弱。同时，企业持股比例的增加，也意味着外资持股比例的减少，因此对企业社会责任履行的监管和诉求可能也会减弱。

从东道国制度压力来看，东道国的制度环境对“一带一路”倡议的社会责任效应也会产生影响。从制度理论角度来看，当企业在东道国展开经营时，为了获取在当地经营的合法性，企业会选择遵从同构性压力，即尝试模仿当地企业，使企业在组织结构以及行为方式上与当地企业趋于相同或相似。因此东道国居民对社会责任的认知程度以及东道国的整体社会责任认知情况会对中国跨国并购企业社会责任的履行产生影响。当东道国社会责任整体认知情况较差，或者东道国居民对社会责任认知程度较低的情况下，当地企业的社会责任履行情况较差，此时，中国跨国并购企业会跟随当地企业的行为，其所承受的来自东道国关于履行社会责任的制度压力显然较小。此时，即使来自母国的制度例如“一带一路”倡议督促其改善社会责任履行情况，企业对母国政策的响应程度和动力也非常有限。而如果东道国整体社会责任认知程度较好，或当地居民对社会责任有着较强的意识，当地企业的社会责任履行程度必然也相对较高，此时跨国并购企业承受的制度压力增加，会通过同构性即模仿当地企业履行社会责任的行为，以获得在东道国经营的正当性。此时，“一带一路”倡议的提出对跨国并购企业社会责任的改善程度必然会得到加强和提升。

8.2　研究设计

8.2.1　数据来源

本章基于 2009—2016 年中国跨国并购企业数据进行实证研究，数据主要来源于中国研究数据服务平台（CNRDS）中的“中国公司境（海）外并购”数据库。该数据库包括 1988 年以来中国公司（包括上市公司和非上市公司）进行境外并购的事件数据，主要包括并购事件、并购方、企业股票代码、首次宣告日、所属行业、转让股权比例等本章研究所需的数据。根据研究设计，为了将中国企业跨国并购数据与社会责任数据进行匹配，因此仅保留在沪、深两市上市的跨国并购企业数据。同时，为了在考察“一带一路”倡议的社会责任效应时，剔除企业跨国并购对社会责任所带来的影响，并结合研究设计中“一带一路”倡议政策冲击的观察期（2013—2014 年），样本企业仅保留在 2009—2011 年之间首次宣告跨国并购的企业。据此，本章采用的企业样本为 2009—2016 年跨国并购企业数据，其中跨国并购企业则是指在 2009—2011 年首次宣告进行跨国并购的上市公司。

将上述筛选后的跨国并购数据根据企业股票代码，与 CNRDS 中的“企业社会责任数据库”中的企业指标进行匹配，最终形成了包含 861 家跨国并购企业的 2009—2016 年的中国跨国并购企业社会责任样本，其中包含了上市企业的基本信息、财务情况、跨国并购情况以及社会责任等相关信息和内容。本章企业层面的核心变量及控制变量等数据均来源于中国研究数据服务平台（CNRDS），东道国层面的控制变量（东道国的法律法规以及政治稳定度）的数据主要来源于全球国家风险报告（ICRG）。

同时，为了考察“一带一路”倡议的社会责任效应，这里将根据是否为“一带一路”沿线国家来对跨国并购企业社会责任数据库进行分类。“一带一路”沿线国家范围的设定主要参考陈虹和杨成玉（2015）以及 CNRDS 中的“一带一路”研究数据库。本章共设定 65 个“一带一路”沿线国家，其中包括东南亚 11 个国家、东亚 1 个国家、独联体 7 个国家、南亚 8 个国家、西亚 17 个国家、中东欧 16 个国家以及中亚 5 个国家。

8.2.2 研究设计

本章意在探究“一带一路”倡议的提出是否能显著促进企业积极地改善其社会责任履行情况。但是“一带一路”倡议无法对仅在中国国内进行经营、没有任何国际化业务的企业产生影响，因此本章将研究样本限定为中国的跨国并购企业，考察“一带一路”倡议的提出对中国跨国并购履行企业社会责任的影响。

本章采用在政策效应评估中常用的双重差分方法，参考王永进和冯笑（2018）、袁航和朱承亮（2018）、周玉龙等（2018）、周茂等（2018）以及陈林（2018）等人的研究，构建双重差分模型。具体而言，首先确定时间差分变量。中国“一带一路”倡议首次于 2013 年 9-10 月份左右提出，同时在 2014 年 3 月正式出现在中国政府工作报告中，在真正意义上上升为国家层面政策（孙焱林、覃飞，2018）。考虑到“一带一路”倡议的提出处于 2013—2014 年交替的时间段中，且可能存在预期效应，因此借鉴余明贵等（2013）和陈林（2018）的做法，将 2013—2014 年这两年作为实验的“观察期”，即“一带一路”倡议的“政策冲击”阶段，并据此设定时间差分变量（*Time*）；当样本时间属于“企业首次宣告并购”的年份直至 2012 年时，则该时间差分变量取值为 0，当样本时间属于 2015—2016 年时，则该时间差分变量取值为 1。

而后，本章进一步考虑分组变量的设定。因为每个跨国并购企业的并购时间不同，且跨国并购与企业社会责任之间也存在着一定的因果关系。为了剔除跨国并购这一国际化行为本身可能对企业社会责任所产生的影响，本章仅保留在 2008—2011 年期间首次宣告进行跨国并购的企业样本，将在 2012 年及其之后首次宣告跨国并购的企业样本全部删除，以此确保“一带一路”倡议的政策冲击效果不受企业跨国并购这一行为的影响。同时，本章将根据企业跨国并购的东道国是否为“一带一路”沿线国家对跨国企业进行分组。虽然中国强调“一带一路”倡议并不是一个地理概念，在未来希望并欢迎全球所有国家都参与进来，但是在“一带一路”倡议提出的初始阶段，受其影响最大的仍然是“一带一路”沿线国家及重点建设区域。因此，根据以上分析，本章设置实验分组差分变量（*Treat*），将在“一带一路”沿线国家进行跨国并购的企业作为实验组并赋值为1，将在非“一带一路”沿线国家进行跨国并购的企业作为对照组，赋值为0。

根据以上分析，借鉴周玉龙等（2018）和陈林（2018）等人的研究，设计双重差分计量模型如下：

$$CSR_{it} = \alpha_0 + \beta_1 DD_{it} + \lambda X_{it} + \gamma_i + \gamma_t + \gamma_{ind} + \varepsilon_{it} \quad (8.1)$$

其中，CSR_{it}代表第i年t企业的社会责任得分，X_{it}为控制变量，主要包括企业层面与东道国层面的影响因素，其中企业层面的控制变量包括企业年龄（*Age*）、企业规模（*Size*）、国有资本比例（*SOE share*）、企业绩效（*ROA*）、财务杠杆（*Leverage*）；东道国层面的控制变量包括东道国的法规法律（*Law*）以及东道国政治稳定度（*GovStability*）。我们参照Chen（2017）、陈林（2018）以及汪德华（2016）的研究引入三个固定效应，其中γ_i为不可观测的个体固定效应，γ_t为年份固定效应（年份虚拟变量），γ_{ind}为行业固定效应（行业虚拟变量），控制不同行业之间的不可观测因素，ε_{it}为随机扰动项，DD_{it}为差分变量，其计算公式如下：

$$DD_{it} = Treat_{it} \times Time_{it} \quad (8.2)$$

8.2.3　核心变量

本章的被解释变量为企业社会责任（corporate social responsibility，CSR）得分。在国内外文献中，对企业社会责任的衡量主要包括以下方法和数据来源：①对企业社会责任履行情况进行评级或评分。这一类衡量指标大多来自第三方评级机构，目前研究中常见的评级及评分指标包括和讯网上市企业社会责任评级报告（例如，王清刚、徐欣宇，2016；文雯、宋建波，2017）以及润灵环球社会责任评级（RKS）提供的上市公司CSR报告评级及评分数据（例如，权小锋 等，2015）。在国外文献中常见的是KLD Stats社会责任数据库（例如，Attig et al.，2016）。②采用具体定量指标对社会责任进行衡量。部分研究采用与社会责任密切相关的数据对社会责任进行替代，例如企业社会慈善捐赠（例如，李增福 等，2016；高勇强 等，2012）；另一部分研究则采用企业财务数据对企业社会责任进行度量，如上市公司的“每股社会贡献值”（李文茜、刘益，2017；刘岚、王倩，2016）。以上研究指标均能够在一定程度上反映出企业社会责任的履行情况，但也有其不足之处。企业的社会责任要求企业“必须超越把利润作为唯一目标的传统理念，强调在生产过程中对人价值的关注，强调对环境、消费者、员工和社会的贡献”（李增福 等，2016），因此企业的社会责任不能停留在企业在慈善捐赠或是环境保护等方面的努力，因此仅用一到两个替代性指标无法全面衡量企业社会责任的履行情况；同时，概括性的社会责任评分或等级虽然可以较为全面地呈现企业社会责任的履行情况，但无法呈现企业在每一个社会责任维度的努力程度。因此，采用一个替代性指标或者仅采用评分（评级）的方式对企业社会责任进行衡量无法较为全面准确地描述企业的社会责任履行情况。

目前已有研究意识到单一的社会责任评价指标存在的问题，因此尝试对企业社会责任报告进行内容分析，例如靳小翠（2017）通过对企业的年度财务报告及社会责任报告等公开披露的信息进行分析，设置了企业社会责任战略、员工、顾客和客户、供应商、社会和环境6个一级指标以及13个二级指标对企业社会责任履行情况进行衡量。虽然相对于采用单一社会责任指标而言，对上市公司社会责任报告进行内容分析的方法更为准确和全面，但跟第三方测评机构或者专业数据库企业相比，其权威性和全面性仍然存疑。而在专业机构所提供的数据中，只有和讯网上市公司社会责任报告专业评测体系提供了多维度的企业社会责任履行情况，该数据体系包括股东责任、员工责任、供应商、客户和消费者权益责任、环境责任和社会责任5项一级指标及13个二级指标的社会责任。相对于其他衡量指标而言，该数据体系更为全面和权威，但其细分指标依然较大程度上依赖上市公司的财务数据，例如侧重于企业的收益率、各种财务比率、偿债能力等财务指标的测算，而对诸如企业支持教育、带动当地就业、国际援助、CSR培训、CSR机构的完善性、员工培训、雇佣关系、女性就业、绿色办公、售后服务、反腐败措施等与企业社会责任更为相关的企业行为和内容没有加以覆盖和衡量。

因此，经过比较，本章将采用由中国研究数据服务平台（CNRDS）所提供的企业社会责任数据库（CCSR）中的指标对企业社会责任进行衡量。该数据库包括了2006年至今沪、深两市所有披露过企业社会责任报告的上市公司的社会责任指标，该数据库的设计主要以目前世界权威社会责任数据库KLD Stats的数据为模板，并根据中国企业社会责任实践的实际情况，从“慈善、志愿者活动以及社会争议”“公司治理”“多样化”“雇员关系”

“环境”“产品”六个维度，共58个二级指标对企业社会责任进行衡量。同时，在每一个维度均从“优势”和“问题”的角度进行设计。同时，由于企业更倾向于披露企业社会责任“优势”方面的内容，该数据库则采用大数据方法搜索所有信息来源对“问题”这一指标进行构建，在一定程度上克服了其他社会责任数据库只能依赖企业披露的社会责任报告来构建指标的缺陷。总体来看，该数据库的数据覆盖全面，数据来源和分析过程权威可信，构建过程科学可靠，与国外权威社会责任数据库设计思路一致，因此本章将基于该数据库进行企业社会责任履行状况分析。

本章共构建三个层次的社会责任指标：①企业总体社会责任（*CSR*）得分。该指标旨在全面衡量企业社会责任履行情况。具体而言，借鉴Newman et al.（2018）和Attig et al.（2016）的做法，将数据库中六个维度的社会责任“优势”和社会责任“问题”分别加总，再将社会责任总体“优势”得分减去社会责任的总体“问题”得分，从而得到企业社会责任履行情况的总分。②企业社会责任“优势”（*CSR_ STR*）和企业社会责任“问题”（*CSR_ CON*）得分。我们借鉴Attig et al.（2016）的做法，将数据库中六个维度社会责任“优势”加总，得到企业总体社会责任“优势”得分；将六个维度社会责任的“问题”加总，得到企业总体社会责任“问题”得分。③企业具体六个维度的社会责任内容，分别为“慈善、志愿者活动以及社会争议”（后文简称“社会活动”，*CSR_ COM*）、“公司治理”（*CSR_ GOV*）、“多样化”（*CSR_ DIV*）、“雇员关系”（*CSR_ EMP*）、“环境”（*CSR_ ENV*）、“产品”（*CSR_ PRO*）。具体计算方法为将各个维度下的“优势”得分减去“问题”得分从而得到企业各个维度的社会责任履行情况。

本章参照Attig et al.（2016）的研究及中国的具体实践选取控制变量。其中，企业层面的控制变量包括：①企业年龄（*Age*），采用企业当年年份减去企业建立年份而得；②企业规模（*Size*），采用企业固定资产的对数进行衡量；③企业国有资本比例（*SOE share*），根据企业国有资本与总资本比例计算而得；④企业财务杠杆（*Leverage*），采用总负债与总资产的比值进行衡量；⑤企业绩效（*ROA*），采用企业的资产回报率进行衡量。东道国层面的控制变量包括：①东道国的政治稳定度（*Govstability*），采用《全球国家风险指南》（*The International Country Risk Guide*，*ICRG*）中政治风险的指标之政治稳定度（*Government Stability*）进行衡量；②东道国法律法规

(*Law*)，采用 ICRG 中的法律法规指标进行衡量。

8.3 “一带一路”倡议与中国跨国企业社会责任

根据前文设定的估计策略，本章采用双重差分法就“一带一路”倡议对我国跨国并购企业社会责任履行的变动情况进行分析，具体结果如表 8.1 所示。在表 8.1 中，第 (1) 列控制了个体固定效应、时间效应以及行业效应，但没有对控制变量进行控制，得到差分变量的系数显著为正；第 (2) 列对企业和东道国层面的其他重要影响因素进行了控制，差分变量的系数依然为正，且系数数值有所增加，为 2.513 6。上述基准回归结果表明，在“一带一路”倡议这一政策冲击出现后，相对于以非“一带一路”沿线国家为东道国的企业而言（对照组），以“一带一路”沿线国家为东道国的跨国并购企业（实验组）的社会责任履行情况有显著的改善。因此，可以认为“一带一路”倡议显著地改善了以“一带一路”沿线国家为东道国的中国跨国企业并购的社会责任履行情况。

同时，为了就“一带一路”倡议对实验组内跨国并购企业社会责任的促进机制进行分析，本章进一步将跨国企业社会责任评分拆分为社会责任履行过程中的“优势”和“问题”两部分。从表 8.1 中的第 (3) 列和第 (4) 列的回归结果可以看出，社会责任“优势”部分的系数显著为正 (2.420 5)，但“问题”部分的系数并不显著。这说明“一带一路”倡议对跨国并购企业社会责任履行的改善，主要源于促进跨国并购企业履行更多的“正面”社会责任，例如保护环境、保护员工权益、增加捐赠额等，但对企业在“一带一路”倡议提出前已经存在的一些社会责任“负面”问题，例如企业的会计违规、环境处罚、产品纠纷、雇员安全纠纷等问题，却没有显著改善。国外相关研究也得到过类似的结论。这表明，虽然社会责任的“优势”方面需要花费企业更多的精力与财力去实施，但企业仍然更喜欢选择履行“优势”方面的社会责任，而避免去改善社会责任中所存在的“问题”(Attig 等, 2016)。

表 8.1　“一带一路”倡议对中国跨国企业社会责任履行的影响

变量	社会责任	社会责任	社会责任	
			优势	问题
	(1)	(2)	(3)	(4)
DD	2.071 2*** (0.646 6)	2.513 6*** (0.769 9)	2.420 5*** (0.756 2)	0.093 2 (0.134 4)
Age		6.106 1 (5.091 7)	5.188 2 (4.537 3)	0.917 9 (1.626 8)
Size		1.842 5 (1.633 6)	1.598 4 (1.627 7)	0.244 1 (0.325 8)
ROA		3.107 5 (5.911 4)	1.513 2 (6.026 2)	1.594 3 (1.508 5)
Leverage		4.123 6 (3.656 8)	2.897 2 (3.831 4)	1.226 4*** (0.434 1)
SOE share		-0.129 5 (1.302 2)	-0.573 2 (1.271 1)	0.443 8** (0.172 9)
GovStability		-0.154 6 (0.132 9)	-0.203 8* (0.119 4)	0.049 2* (0.025 0)
Law		-0.789 4 (2.798 5)	-0.152 0 (2.636 5)	-0.637 4* (0.367 6)
Constant	18.795 6*** (0.695 2)	-6.274 7 (25.193 9)	-4.267 1 (23.700 4)	-2.007 6 (4.039 5)
个体固定效应	是	是	是	是
时间固定效应	是	是	是	是
行业固定效应	是	是	是	是
观察值	861	715	715	715
R^2	0.816 3	0.846 2	0.848 6	0.664 1

注：括号内为标准误；*、**、*** 分别表示在 10%、5%和 1%显著水平下显著。
资料来源：笔者根据相关资料计算。

进一步地，本章对“一带一路”倡议对不同维度社会责任的影响进行了回归分析：分别以社会责任中的社会活动、公司治理、多样性、雇员关系、环境保护和企业产品这六个维度的得分作为被解释变量，采用双重查分法，考察“一带一路”倡议对实验组内跨国并购企业社会责任各个维度的影响。从表 8.2 的结果可以看出，第（3）列和第（4）列差分变量的系数在1%的水平下显著为正，这说明“一带一路”倡议对实验组内跨国并购企业社会责任的影响更多地体现在改善企业的“多样性”以及“雇员关系”两个层面，也就是说在“一带一路”倡议提出后，在沿线国家的跨国并购企业会在增加企业女性高管和董事席位、员工福利、员工参股、安全生产培训和职业培训、员工沟通等方面对企业管理进行显著的优化。而表8.2中第（1）列的系数在10%水平下显著，即“一带一路”倡议对实验组内跨国并购企业在社会志愿和慈善活动方面的社会责任，例如支持教育、国际援助、支持慈善等方面，有一定程度的改善。综合来看，“一带一路”倡议对在沿线国家的跨国并购企业而言，更多的是促进了其在“雇员关系”方面社会责任的改善，系数为0.594 2；其次为改善企业的“多样性”，其差分变量系数为0.476 8，而对企业“社会志愿和慈善活动”方面的改善相对较小。而“一带一路”倡议对跨国并购企业其他三个方面的社会责任，包括“公司治理”“环境保护”和“产品”，其影响并不显著。这也为今后我国政府在社会责任政策方面的引导以及企业今后社会责任的履行提供了改进的方向和建议。

表8.2 区分社会责任维度：“一带一路”倡议的社会责任效应

变量	社会活动	公司治理	多样性	雇员关系	环境保护	产品
	(1)	(2)	(3)	(4)	(5)	(6)
DD	0.392 5* (0.200 8)	0.224 2 (0.138 3)	0.476 8*** (0.172 9)	0.594 2*** (0.204 5)	0.274 0 (0.217 0)	0.552 0 (0.419 6)
Constant	-7.460 7 (7.847 7)	6.085 1 (6.254 2)	4.343 2 (6.209 6)	5.023 4 (7.522 5)	-9.736 2 (7.942 0)	-4.529 4 (9.860 0)
控制变量	是	是	是	是	是	是
个体固定效应	是	是	是	是	是	是
时间固定效应	是	是	是	是	是	是
行业固定效应	是	是	是	是	是	是
观察值	715	715	715	715	715	715
R^2	0.770 0	0.887 0	0.675 1	0.605 4	0.680 6	0.688 6

注：括号内为标准误；*、**、***分别表示在10%、5%和1%显著水平下显著。

资料来源：笔者根据相关资料计算。

8.4 企业异质性分析

8.4.1 国有跨国并购企业和民营跨国并购企业

不同所有制类型的企业改善社会责任履行情况的意愿与能力并不相同，其对“一带一路”倡议的相关制度压力的响应程度也不尽相同。因此，本章将企业样本按照企业所有制形式区分为国有跨国并购企业和民营跨国并购企业两种类型，分别考察“一带一路”倡议提出后这两种所有制形式的跨国并购企业社会责任履行情况的变动。国有企业和民营企业的回归结果显示在表 8.3 和表 8.4 中。从表 8.3 和表 8.4 的第（1）列回归结果可以看出，差分变量的系数均显著为正，其中民营跨国并购企业差分变量的系数（5.158 2）大于国有跨国并购企业差分变量的系数（2.158 2），这说明“一带一路”倡议的提出对这两类跨国并购企业社会责任的履行均有显著的改善，但相比之下，民营跨国并购企业社会责任评分提升的程度高于国有跨国并购企业。

表 8.3　国有跨国并购企业：“一带一路”倡议的社会责任效应

国有跨国并购企业	总体	社会活动	公司治理	多样化	雇员关系	环境	产品
变量	(1)	(2)	(3)	(4)	(5)	(6)	(7)
DD	2.205 4*** (0.667 0)	0.388 3* (0.221 0)	0.172 4 (0.143 2)	0.409 0*** (0.132 7)	0.648 7** (0.235 2)	0.192 7 (0.237 2)	0.394 2 (0.410 7)
常数项	3.400 5 (30.867 0)	-8.623 6 (8.489 3)	7.402 8 (9.049 0)	4.687 0 (8.294 5)	12.324 4 (11.282 0)	-3.766 3 (11.069 5)	-8.623 7 (10.124 9)
控制变量	是	是	是	是	是	是	是
个体固定效应	是	是	是	是	是	是	是
时间固定效应	是	是	是	是	是	是	是
行业固定效应	是	是	是	是	是	是	是
观测值	569	569	569	569	569	569	569

表8.3(续)

国有跨国并购企业	总体	社会活动	公司治理	多样化	雇员关系	环境	产品
变量	(1)	(2)	(3)	(4)	(5)	(6)	(7)
R^2	0.842 6	0.773 7	0.885 7	0.696 0	0.579 1	0.656 4	0.705 6

注：括号内为标准误；*、**、*** 分别表示在 10%、5%和 1%显著水平下显著。

资料来源：笔者根据相关资料计算。

从区分社会责任的具体内容维度来看，表 8.3 中第（2）（4）（5）列差分变量的系数显著为正，这说明对于国有跨国并购企业而言，其社会责任履行情况的改善主要集中在企业的“多样化”“雇员关系”以及“社会活动”这三方面，也就意味着“一带一路”倡议提出后实验组内的国有跨国并购企业在增加企业内部女性高管、维护雇员关系、增加职工培训、促进当地经济发展就业或社会慈善等方面的社会责任履行情况有了较大改善。而在表 8.4 中则是第（10）列和第（14）列的差分变量系数显著为正，表明民营跨国并购企业在“一带一路”倡议提出后，更多的是在企业“公司治理”以及“产品”这两方面改善了其社会责任履行情况。也就是说，在“一带一路”倡议提出后民营跨国并购企业更多的是在诸如企业社会责任报告、社会责任培训、产品质量体系、售后服务、客户满意、反腐败等方面做出了改善。

表 8.4　民营跨国并购企业：“一带一路”倡议的社会责任效应

民营跨国并购企业	总体	社会活动	公司治理	多样化	雇员关系	环境	产品
变量	(1)	(2)	(3)	(4)	(5)	(6)	(7)
DD	5.158 2*** (1.250 1)	0.132 7 (0.366 8)	0.823 2** (0.316 4)	1.098 3 (0.953 6)	0.601 2 (0.511 4)	1.113 7 (0.717 2)	1.389 1** (0.488 2)
常数项	-67.609 8 (55.238 0)	14.582 1 (13.982 6)	-29.576 4* (15.124 6)	-12.952 8 (22.438 7)	-12.072 3 (15.570 7)	-28.230 0 (20.831 9)	0.639 7 (22.038 2)
控制变量	是	是	是	是	是	是	是
个体固定效应	是	是	是	是	是	是	是
时间固定效应	是	是	是	是	是	是	是

表8.4(续)

民营跨国并购企业	总体	社会活动	公司治理	多样化	雇员关系	环境	产品
变量	(1)	(2)	(3)	(4)	(5)	(6)	(7)
行业固定效应	是	是	是	是	是	是	是
观测值	146	146	146	146	146	146	146
R^2	0. 890 0	0. 802 6	0. 864 8	0. 667 9	0. 763 9	0. 791 4	0. 658 7

注：括号内为标准误；*、**、*** 分别表示在 10%、5%和 1%显著水平下显著。

资料来源：笔者根据相关资料计算。

综合上述分析可以看出，国有与民营跨国并购企业的社会责任履行情况在“一带一路”倡议提出后有显著改善，且民营跨国并购企业的改善程度更高。同时，两类跨国并购企业在具体社会责任内容方面有着不同的侧重点，其社会责任履行情况改善的具体维度和内容有较大的差异。综合来看，国有跨国企业更均衡地履行了企业内外部的社会责任，而民营企业更关注企业内部公司治理和产品等方面的社会责任的履行。

8. 4. 2　跨国并购后中方企业持股比例

根据本章理论机制的分析可知，跨国并购后企业的持股比例也可能会对“一带一路”倡议的社会责任效应产生影响。按照中国跨国并购企业并购后持股比例从低到高的顺序，表 8. 5、表 8. 6 和表 8. 7 分别计算了中国企业跨国并购后中方企业不控股（<50%）、控股但持股比例较低（50%~75%）和控股且持股比例较高（>75%）三种类型的跨国并购企业，在“一带一路”倡议提出后其社会责任的变动情况。“跨国企业并购后持股比例”这一数据依然来源于中国研究数据服务平台（CNRDS）中的中国公司境外并购数据库。对比表 8. 5、表 8. 6 和表 8. 7 中的结果可以看出，随着跨国并购后持股比例的上升，“一带一路”倡议对实验组内跨国并购企业社会责任履行情况改善的影响在不断减弱。同时，不同持股比例会导致企业有着不同的社会责任履行的侧重点，其各个维度的社会责任履行改善情况不尽相同。

具体来看，表 8. 5 第（1）列的回归结果表明当企业跨国并购后其持股比例小于 50%时，差分变量系数在 5%的水平下显著为正（2. 814 3），表明对于跨国并购后不控股的中国企业而言，“一带一路”倡议的提出可以显著改善实验组内该类企业的社会责任履行情况。区分内容来看，实验组内该类型企业在“一带一路”倡议提出后，其在“社会活动”“雇员关系”以及“产品”三个方面的社会责任履行情况有显著的改善。

表 8.5　跨国并购后中方企业持股比例：中方不控股（<50%）

不控股（<50%）	总体	社会活动	公司治理	多样化	雇员关系	环境	产品
变量	(1)	(2)	(3)	(4)	(5)	(6)	(7)
DD	2.814 3** (1.081 5)	1.038 3* (0.555 8)	-0.143 8 (0.244 6)	0.707 5 (0.406 8)	0.755 4* (0.392 3)	-0.572 4 (0.390 2)	1.029 2** (0.336 7)
常数项	187.494 2 (126.163 5)	63.547 7 (45.019 0)	35.068 6 (26.789 2)	-43.106 9 (39.852 3)	105.652 1 (68.809 3)	-4.896 1 (22.281 1)	31.228 9 (20.437 2)
控制变量							
个体固定效应	是	是	是	是	是	是	是
时间固定效应	是	是	是	是	是	是	是
行业固定效应	是	是	是	是	是	是	是
观测值	105	105	105	105	105	105	105
R^2	0.881 8	0.755 8	0.886 2	0.796 1	0.726 3	0.677 1	0.801 9

注：括号内为标准误；*、**、*** 分别表示在 10%、5%和 1%显著水平下显著。

资料来源：笔者根据相关资料计算。

表 8.6 第（1）列中差分变量在 10%的水平下显著为正（3.235 0），比表 8.7 中的回归结果虽然系数有所增加，但显著性下降。这一结果也表明，对于跨国并购后控股但持股比例较低的企业而言，“一带一路”倡议的提出依然可以较为显著地改善实验组内该类企业的社会责任履行情况。从区分社会责任的具体维度来看，与表 8.7 中呈现的结果不同的是，实验组内的该类跨国并购企业在“多样化”“公司治理”“社会活动”和“产品”四个方面的社会责任履行情况有了显著的改善，其中以“多样化”这一社会责任维度的变动最为显著。

而当企业在跨国并购后成为控股方且持股比例较高（>75%）时，“一带一路”倡议的提出对实验组内该类企业的社会责任履行情况的影响则并不显著。从表 8.7 中的第（1）列可以看出，差分变量的系数并不显著，同时从区分社会责任的具体维度来看，各个维度下的差分变量系数也不显著。这说明“一带一路”倡议对实验组内该类企业社会责任的履行情况影响有限。

表 8.6　跨国并购后股份：中方控股（50%~75%）

控股（50%~75%）	总体	社会活动	公司治理	多样化	雇员关系	环境	产品
变量	(1)	(2)	(3)	(4)	(5)	(6)	(7)
DD	3.235 0* (1.499 2)	0.841 5** (0.223 3)	0.403 8* (0.191 0)	0.336 8*** (0.072 5)	0.577 9 (0.380 6)	0.283 7 (0.709 5)	0.791 3* (0.321 9)
常数项	-120.664 4 (175.193 3)	35.714 3 (34.364 4)	62.221 5 (43.116 7)	-54.446 1** (18.130 4)	-166.941 4*** (37.549 1)	63.771 5 (71.170 3)	-60.984 3 (62.642 2)
控制变量	是	是	是	是	是	是	是
个体固定效应	是	是	是	是	是	是	是
时间固定效应	是	是	是	是	是	是	是
行业固定效应	是	是	是	是	是	是	是
观测值	68	68	68	68	68	68	68
R^2	0.851 4	0.789 6	0.870 6	0.762 2	0.733 9	0.675 6	0.675 7

注：括号内为标准误；*、**、*** 分别表示在 10%、5%和 1%显著水平下显著。

资料来源：笔者根据相关资料计算。

表 8.7　跨国并购后股份：中方控股（>75%）

控股（>75%）	总体	社会活动	公司治理	多样化	雇员关系	环境	产品
变量	(1)	(2)	(3)	(4)	(5)	(6)	(7)
DD	2.589 8 (1.887 5)	1.378 3 (0.891 9)	0.163 4 (0.305 3)	0.378 4 (0.247 5)	-0.005 7 (0.276 7)	-0.103 6 (0.321 1)	0.779 0 (0.738 1)
常数项	-124.632 4** (38.395 6)	23.239 2 (23.858 1)	-27.729 8 (18.780 3)	5.000 2 (6.126 8)	-40.338 3** (15.083 7)	-54.492 9** (16.929 9)	-30.310 8 (17.231 7)
控制变量	是	是	是	是	是	是	是

表8.7(续)

控股(>75%)	总体	社会活动	公司治理	多样化	雇员关系	环境	产品
变量	(1)	(2)	(3)	(4)	(5)	(6)	(7)
个体固定效应	是	是	是	是	是	是	是
时间固定效应	是	是	是	是	是	是	是
行业固定效应	是	是	是	是	是	是	是
观测值	107	107	107	107	107	107	107
R^2	0.926 3	0.859 9	0.961 9	0.778 6	0.736 6	0.739 3	0.732 4

注：括号内为标准误；*、**、*** 分别表示在10%、5%和1%显著水平下显著。

资料来源：笔者根据相关资料计算。

综上所述，总体来看，随着企业跨国并购后持股比例的不断增加，特别是当中方企业控股且持股比例较高时，“一带一路”倡议对实验组内跨国并购企业社会责任履行情况带来的影响非常有限，只有当企业跨国并购后所持有股份较低时，“一带一路”倡议对实验组内企业社会责任履行情况的影响才比较显著。当企业并购后持股比例较低时，此时企业面临的来自企业利益相关者的制度压力相对较大，可能更需考虑国内外利益相关者例如境外员工、境外股东等在社会责任方面的诉求以及在东道国市场和社会中的形象与声誉，以保证并购的顺利进行与合作的展开，因此较为重视对社会责任履行情况的关注，同时在“一带一路”倡议的冲击下，企业更加有意识积极主动地对社会责任履行情况进行改善。而对于跨国并购后已经控股且持股比例较高的企业而言，其受到“一带一路”倡议政策冲击的影响较小，这可能是由两方面原因造成的：一方面是为了保证高持股比例跨国并购的成功进行，企业可能在跨国并购的过程中已经在较大程度上进行了社会责任履行方面的改善，其目前社会责任履行情况较好，因此在“一带一路”倡议提出前后并没有发生显著的变化；另一方面则可能是因为其已经控股且持股比例较高，因此对企业内外部其他利益相关者社会责任方面的诉求关注度减弱，甚至相关诉求减少，从而造成“一带一路”政策冲击对其社会责任履行情况的影响减弱。

第3篇

制度理论与中国企业国际化：案例探讨篇

9　多层次制度交互作用下中国跨国公司人力资源管理启示①

近年来，人们对中国在新兴经济体和欠发达地区的跨国公司的研究兴趣激增。虽然其中国有企业在这些区域的投资动机、进入战略引起了相当多的关注，但对这些国有企业的战略选择与相应的人力资源管理匹配和影响的研究仍相对较少。本章通过深入的案例实证来研究四家国有矿产企业的国际化动机、扩张战略以及对其人力资源管理实践的影响，探讨多层次制度交互作用下的跨国公司人力资源管理实践。基于制度理论，我们通过对母国政府官员、企业管理人员等39人次访谈的数据，研究了不同的机构参与者为什么以及如何在战略和运营层面上相互作用，探索了中国跨国公司在非洲投资的战略决策、商业机会选择、东道国制度限制及其人力资源管理实践。结果表明中国跨国公司在与东道国的各种机构建立联系方面采取了灵活和务实的方法，并主要通过合资企业和从国际市场获取人力资源来发展组织能力。

近年来，中国跨国公司在非洲的经营管理活动逐渐成为国际商务领域的又一研究热点。然而，大多数研究集中在通过二手数据分析中国跨国公司在非洲投资的动机、进入模式（Deng，2013），很少有研究调查中国跨国公司的企业战略和人力资源管理实践的匹配和影响（Haglund，2009）。同样，关于中国资源寻求型跨国公司特别是国有背景的跨国公司为何在国际上扩张（即获取自然资源以维持中国经济发展）以及这一战略举措可能给全球经济秩序带来的潜在风险，已经引发了许多争论（Haglund，2008；Jiang，2009；Lee，2014）。相比之下，中国资源寻求型跨国公司进行国际扩张的原

① 本章来源于 Fang Lee Cooke，Jue Wang，Xing Yao，Li Xiong，Jiaying Zhang，Alice Shuaishuai Li 于2015年在 *The International Journal of Human Resource Management* 期刊第26卷第21期上发表的论文“Mining With A High-End Strategy：A Study of Chinese Mining Firms in Africa and Human Resources Implications”。

因和对人力资源的影响尚未在文献中得到充分阐述。虽然现有的研究有一些涉及跨国公司人力资源问题，例如矿产类跨国公司外籍人员的管理（Lee，2014），但它们主要是作为更广泛研究的一部分，而不是从国际人力资源管理的角度进行的研究。

本章集中深入研究四家中国国有矿产企业的国际扩张动机、促进这种扩张所采取的企业战略以及对其人力资源管理的影响。选择矿产企业进行研究，是因为这是中国政府战略上支持的一个维持国家经济发展的核心支柱行业。出于政治、经济、环境和文化等方面的原因，对于矿产企业引进外资在东道国和其他国家也引起了很大的争议和抵制，尤其是在非洲。中国矿产公司在非洲的形象尤其负面，这在很大程度上是因为民营矿产公司采用的不良劳工做法（BBC News，2008、2010、2011；Haglund，2008、2009；Lee，2014）。但是，对于国有企业的经营方式以及它们在经营层面的国际化过程中所经历的不同制度支持和限制，学界的探讨有限。

中国国有企业与民营企业在规模、资源水平、政策支持、管理方式等方面存在很大差异。虽然国有企业通常规模更大，享受更多的国家支持，但与民营企业相比，由于国家的控制，它们也有更多的运营限制（Huang，2008；Redding、Witt，2010）。更具体地说，本研究重点关注国有和国有关联（通过合作和合资）的矿产公司，主要有两个原因。

第一个原因是采矿包括两个主要方面：勘探和挖掘。勘探需要积累大量的经验、设备、专业知识和资金。中国的民营矿产企业一般都较年轻，规模相对较小，矿山勘探能力较弱。即使在国有部门，在当时中国自然资源相对丰富的时候，矿山勘探也主要由国有计划经济初期（1949—1978年）建立的少数专业部门进行。国有矿产公司由中央或地方政府建立和控制，它能够根据专业职能组织资源，通常通过分布在全国各个地区的分公司在技术、人才、资金、商业机会等方面相互予以支持。相比之下，民营矿产公司则不具备这样的能力。同时，它们也往往被排除在某些政府政策支持机制之外，从而进一步削弱了其竞争力。例如，国土资源部规定，仅国有企业（国有控股企业）可以获得境外勘探项目的“离岸矿产勘探专项基金”。

第二个原因是，本研究将从制度的角度，考察中国矿产企业如何通过建立与各种机构的联系，从而将自己成功地嵌入东道国环境，进而更好地获得在东道国活动的合法性。专注于国有企业，能够深入了解关键的机构如何在业务过程中相互合作和约束。

由于采矿涉及自然资源，对国家发展层面具有重要战略意义，母国和东道国政府的作用对于在战略层面上塑造中国境外矿产企业的商业机会至关重要。在业务层面上，地方机构对于确保业务的顺利运作至关重要。本章主要讨论以下问题：

（1）中国国有矿产公司在非洲经营的过程中，正式和非正式的机构参与者以及在不同层面上都扮演了什么角色；

（2）中国国有矿产公司采取了哪些战略和实践措施来利用支持和获取资源以管理其非洲业务；

（3）对寻求国际化的中国企业而言，其行为对人力资源管理的影响是什么。

9.1　制度背景和跨国公司战略

现有的关于跨国公司的研究经常利用制度理论来解释跨国公司的战略和管理实践（Brewster 等，2008；Kostova 等，2008；Morgan、Kristensen，2006）。跨国公司同时面临着来自母国和东道国的激励和压力，要求它们遵守本国的制度规范和标准。正如 Morgan 与 Kistensen（2006）所言，企业要被认为是合法的，必须符合相关的制度期望。学者们还观察到同一跨国公司往往在全球多个制度背景下活动，在这些活动中，跨国公司除了被动遵循所活动的制度环境以外，还能积极参与、改变和形成新制度背景。跨国公司在塑造东道国机构制度环境方面的力量已经得到了充分的论证（例如，Child、Tsai，2005；Ferner 等，2012）。跨国公司的这种制度能力可能取决于许多因素，包括它们在其所在价值链中的地位以及组织资源和管理能力的水平（Cooke，2014）。

与此相关，很多研究已经将政治利益作为制度框架中的一个重要方面，这些研究集中在两个具体的维度上。其中一个维度涉及跨国公司内部组织成员的政治利益，包括来自母公司和子公司的政治利益（Ferner 等，2005）。这一维度与跨国公司内部人力资源管理实践转移和涉及的内部政治关联尤其关系密切（Ferner 等，2005；Ferner 等，2012；Morgan、Kristensen，2006）。另一个维度是关注跨国公司内外各级机构行为者的政治利益（Cooke，2014；Tihanyi、Hegarty，2007）。在宏观层面，对这一领域的关注，部分是由于中国和俄罗斯等新兴和转型经济体的大型国有企业国际化，特别是很多中国国有企业国际化通常会将双边外交积累的政治资本变成企业资源。例如，政府及其机构参与中国矿产企业的国际化被认为导致了某种特定的企业行为（例如，Buckley 等，2007）。国家干预是新兴经济体跨国公司活动中的一个显著特征，以中国的矿产类跨国公司为例，国家不仅影响企业投资的区位选择、进入模式和股权结构，同时还深深地影响着这些企业的人力资源管理实践。

新制度主义倾向于在塑造跨国公司的战略和做法方面，重点关注母国和东道国的正式制度。制度结构相对散乱和治理制度不足的东道国往往被认为是一个可能对来自发达国家的跨国公司造成不利影响的问题。然而，一个相反的观点是东道国的制度流动性实际上可能正是一种竞争优势，特别是对来自具有类似制度流动性的国家的跨国公司来说（Redding，2014）。制度流动性使不同层次的行动者能够利用互惠利益，从而创造一种协商环境，在这种环境下，可以正式地绕过或修改制度规则（Morgan、Hauptmeier，2014；Oliver，1991）。正如 Tihanyi 和 Hegarty（2007）所指出的，在制度正在形成和发展的环境中，组织和政府参与者因不同政治利益之间的互动在过渡经济中可能更为频繁（Child、Tsai，2005）。

跨国公司、东道国和母国政府及其相关机构一直是跨国公司投资战略和实践的主要机构行为者。然而，在非洲特殊的情景下，部落首领和当地社区可能是相对更为强大的机构行为者，例如在为中国矿产公司颁发“经营许可证”时。但是，对于这些行动者如何调动各自的力量，相互利用资源来获取自身的利益，我们知之甚少。就目前而言，跨国公司投资战略和实践的许多理论和概念基本都是基于对发达经济体跨国公司并在发达经济体开展的研究。尽管人们对中国跨国公司对外直接投资的兴趣日益浓厚，但对在非洲投资的中国跨国公司的详细研究仍然有限。Wood 和 Frynas（2006）认为，非洲的制度覆盖范围往往是流动的和不均衡的，次优国家能力意味着对国内参与者执行监管可能很困难。相对于潜在的境外投资者而言，许多非洲国家的谈判地位更弱。因此，基于西方制度背景和跨国公司实践的理论，在理解新兴经济体跨国公司的企业战略和管理实践方面可能只具有有限的解释力。因此，在非洲国家投资的中国跨国公司可能不受发达国家那样的正式制度和道德压力的限制（Tan、Wang，2011）。然而，它们很可能受到非正式规则、当地文化规范和东道国政府的非制度要求的限制，满足这些要求的能力可能对其业务运营而言至关重要。

本章基于资源和制度的相关理论，采用多层次分析法来研究来自中国的跨国公司在非洲的经营管理活动。具体来说，主要探究这些中国跨国公司如何通过与其他组织行为者，特别是那些在东道国的机构行为者的互动，协商其制度环境并获得组织资源。正如 Kostova 等（2008）所说的那样，跨国公司通过其他合法化机制参与行动者的操纵和谈判，以获得这些行动者的合法性和批准。此外，跨国公司有可能开展地方制度背景并不要求但会被视为可取的社会活动。通过参与这种可自由支配的社会活动并好好地宣传它们，组织可以获得额外的地方支持。

9.2 研究方法

本章采用定性研究（案例研究）的方法，对中国西南地区由四川省政府和重庆市政府控制的四家主要国有矿产企业跨国公司进行调查，其中一家挖掘公司设在重庆，另外三家设在四川省。定性研究的方法适用于本研究，主要有两个原因：第一，本研究的目的是探讨中国矿产企业在非洲的经营策略和管理实践，旨在深入探索这些企业在非洲与各组织行为者的正式和/或非正式联系，以揭示发挥制度作用的权力和利益的来源。这就需要对复杂的内外部情况进行深入的分析。定性研究方法可以从不同来源（如政府、跨国公司总部和子公司），并运用多层次分析方法（如访谈、文档数据和现场观察）搜集详细信息以促进研究目的的达成（Yin，2003）。Quintanilla 和 Ferner（2003）指出，研究跨国公司与其母国和东道国之间的相互作用一直是国际人力资源管理领域的重要热点，这就需要审查宏观环境以作为从微观层面上理解组织战略和实践的背景。第二，鉴于对在非洲的中国矿产公司的学术研究有限，本研究旨在提供实证数据和初步解释以便为今后更系统的、更大规模的定量研究提供潜在的研究支撑。这里需要注意的是，本研究并没有把这四家公司作为深入的比较案例研究，而是试图从这些公司的经理人、员工及其政府当局的角度来探索这些公司的实践和经验。Lee（2014）对赞比亚铜矿的研究也采用了类似的方法，以中国的管理人员、地方当局和工会为主要研究目标。基于政治敏锐性和保密要求，本研究将避免披露每家公司的详细信息以及受访人员的个人信息。

选择重庆和四川作为研究地点，主要有三个原因：第一，四川是中国的经济大省之一，也是中国西南地区的重点省份。第二，重庆和四川的经济历来都严重依赖于制造业和重工业部门。四川作为一个工业大省，已经积累了强大的采矿专业资源，自21世纪初以来，注重西南地区的发展一直是政府的首要任务之一，以缩小西部和东部较发达地区之间的经济差距。然而，经过50多年的挖掘，该地区的自然资源已基本枯竭。因此，将工业挖掘扩张到自然资源丰富的国家，特别是在非洲，是克服资源不足的重要渠道之一。第三，四川是中国人口第二大省，人口超过8 000万，传统上出口大量劳动力可以有效缓解失业压力。由于大型的矿产公司通常为国家或省/市政府所有，政府指导和鼓励它们获取境外自然资源和通过输出中国工人创造境外就业来帮助解决国内当地的就业问题。

此次案例研究对39名受访者进行了深入的半结构化访谈。其中，8名为来自四川省商务厅和重庆市商务局的公职人员，17名为来自四家矿产公司的高级管理者，11名为四家矿产公司的技术/专业员工，且他们都曾被外派到非洲工作。此外，还采访了来自两家职业介绍所的3名高级经理，这些机构负责为其中两家国有矿产公司招募工程师、经理和高技能员工。其中，一位受访者通过电话接受了两次采访，其余受访者均采用面对面访谈方式进行。对公职人员和高级管理人员的面谈持续一至两小时，对技术和专业雇员的面谈持续30分钟左右。同时，对其中3名公职人员和4名管理人员进行了后续访谈，以进一步获得详细的访谈信息。

9.3 调查结果分析

这四家中国矿产公司在赞比亚、津巴布韦、刚果（金）、肯尼亚、莫桑比克和塞拉利昂都有业务。本研究对这些数据的分析揭示了它们在非洲进行国际扩张的各种动机，同时也深入了解了其采取的战略决策和管理实践。这些决策旨在提高公司在国际化过程中的能力、声誉和竞争地位，包括获得高层政治支持、与强大的地方和国际公司合作、整合企业资源、在资源密集型企业的人力资源管理实践、获得国际标准认证和参与履行企业社会责任活动等。本章将在下面讨论这些实践，重点讨论其战略决策和行动实践。值得注意的是，这些战略行动是动态的和务实的，同时也是一种逐步学习的管理过程。

9.3.1 中国矿产公司“走出去”的动机

中国矿产公司被许多力量“推动”和“拉动”着“走出去”。政府鼓励这些企业走向境外，并提供财政和政策支持，例如投资基金、减税/免税和条件有利的贷款，作为其“走出去”的奖励。中国政府在全球金融危机后通过了“421政策”，以支持和鼓励矿产、工程建设等行业的企业走向全球（通过拨款421亿元资助境外投资项目）。这些支持和鼓励背后的一个突出的动机是，政府希望通过这些企业的境外扩张带动机器、设备和境外人力资源输出。从这个意义上说，重庆市和四川省更受益于政府政策，是因为它们拥有相对较成熟的工程/机械工业，同时需要就业的人口众多。

“走出去”的另一个动机来源于自然资源寻求。重庆市和四川省的矿产公司（与国内其他地区的矿产公司类似）长期开采国内矿产资源，国内的业务拓展机会已经非常有限。据受访者讲述，他们需要建立新的采矿基地，以维持其业务。许多非洲国家拥有丰富和高质量的矿产资源，但尚未被发现和挖掘，而且非洲的矿产挖掘成本远低于中国或其他发达国家。此外，对一些非洲国家来说，采矿业是其国家经济发展的关键行业，也可以说是核心命脉。非洲各国政府通过有利的政策鼓励外国直接投资其矿产行业以促进其经济增长。中国政府通过外交活动、政治资助、财政援助、技术支持、文化交流和基础设施建设等，与这些政府建立了友好的伙伴关系。这种“政治+经济+外交”网络为中国矿产企业进入这些市场奠定了良好的基础。据接受采访的高级管理人员说，他们的公司能够依靠由中央、省（市）政府赞助的非洲国家的援助和合作项目进入市场。

9.3.2 企业战略、机遇和挑战

9.3.2.1 母国和东道国高层的政治支持

根据接受采访的公职人员和高级管理人员的说法，中国政府与东道国政府之间建立和保持良好的政治关系对其进入东道国市场而言至关重要。事实证明，与东道国的高级政府官员保持良好的关系非常重要。例如，重庆市政府会不定期邀请非洲东道国的政府官员、合作项目高级管理人员和东道国核心技术人员访问重庆，访问时间从一个月到三个月不等。重庆市政府和相关机构会为他们提供量身定制的培训方案。培训内容包括介绍中国政治经济文化概况、中国企业经营管理模式等，其目的是帮助这些对于

中国企业境外投资起着关键作用的人士加深对中国的了解，帮助他们建立与中国企业、中国企业家合作的信心，并避免因制度和文化差异而导致的企业管理和项目合作中的冲突。其中，很多曾经到访过重庆的人士现在已经在东道国担任了关键职位，并正在为在这些国家的重庆企业提供支持。为了支持这样的非洲访问行程，重庆市政府还专门设立了专项基金。接受采访的公职人员表示，这些培训和访问在帮助重庆在东道国发展业务方面非常成功。学员们回国后都非常愿意推广重庆。邀请东道国官员到中国进行培训和访问本身并不是一种新的做法，然而，这一发现的重要之处在于，这种培训是中国地方政府促进其国有企业出国投资战略的一个组成部分，这充分体现了母国政府作为地方一级的机构行为者在促进其企业走出国门中的积极作用。

然而，虽然东道国地方政府愿意接受来自中国的投资，但是，有的经理人也透露，由于非洲长期被西方殖民统治的历史原因，非洲的本地雇工更习惯于被西方跨国公司雇佣和管理。他们缺乏对中国企业和中国人的了解，往往抵制中国人的管理风格。据接受采访的经理说，这是一种暂时的紧张局面（即政府欢迎而工人抵制），随着互动的发展以及当地工人和公民对中国和中国人的了解进一步加深，这种抵制随着中国企业在当地的长期活动而慢慢得到解决。一位接受采访的高级经理说：“赞比亚长期以来一直是英国的殖民地。许多当地人认为，白人或欧洲的跨国公司是优秀的和先进的，他们更愿意由他们来管理。当地人对中国企业知之甚少。我们认为，中国人在当地人民中没有很高的社会地位，而中国人的管理者对当地员工几乎没有掌控力。但与三年前相比，情况正在改善。我认为这是正常的，因为中国在世界上的地位在近几年才刚刚有所提升。当地人接受我们需要时间。”

9.3.2.2　与强大的伙伴建立合作关系

与强大的合作伙伴即在东道国拥有强大网络和资源的本地企业或西方跨国公司建立合作关系，是中国矿产公司寻求成功进入非洲市场的重要渠道。这种战略合作伙伴关系使中国企业能够利用其合作伙伴的网络和其他组织资源和能力。例如，我们访谈的一家矿产公司近年来一直在与英、美矿产公司的南非子公司合作。这帮助该公司提高了其企业管理能力，包括企业财务体系、技术、专有技术和人力资源管理能力等。这家中国公司还与津巴布韦当地一家矿产公司合伙成立公司，该公司拥有丰富的企业资源，包括矿产权、强大的资本以及与政府和其他当地利益相关者的良好联系，并熟悉当地情况。这些公司的资源有效整合了中国公司所拥有的资源（矿山勘探和挖掘技能、设备和优质的技术人员），使其公司能够迅速融入市场，并大大降低了其在津巴布韦的投资风险。

接受采访的经理们透露，在非洲的矿产行业，采用合资企业而不是独资企业是相对比较合理的所有权模式。正如一名高级经理所说："有一个好的当地合作伙伴意味着与当地政府和其他机构的所有交易都将由我们的当地合作伙伴来顺利处理，这给我们省去了很多麻烦。"

9.3.2.3　为高端境外市场拓展整合企业资源

中国矿产公司在国际扩张中采取的另一个战略行动是通过合并子公司整合企业资源，形成一个新的子公司，并根据需要整合各子公司的核心竞争力。以四川省为例，于2010年底设立了一个由省矿产勘查局单独资助的新子公司。该子公司是该局下属的10多家地质公司进行国际扩张的平台。这一战略背后的理由是"更大更强"，利用该局下属的所有公司共享资源，而不是作为一个个被激烈竞争席卷的小实体出国。通过整合资源，它们可以更容易地进入优质矿产品市场。接受采访的该局人员和企业经理一致认为，寻求境外扩张的中国矿产公司应该选择高端产品，即质量、品质优良的大型矿山。正如受访者中一位曾是矿产采掘工程师的经理所说："中国企业不能像20世纪50年代的'大跃进'那样盲目地走出去冒险。我们应该进军高端产品市场。我们应该关注质量而不是数量。简而言之，我们不能盲目地到处扩张。相反，我们应该更加注重提高效率和质量。"

9.3.3　资源密集型人力资源管理战略

矿山勘探是一项高度专业化和需要极强体力的艰巨任务。如前所述，中国的矿产公司在20世纪80年代前主要是国有企业，并以半军事化的方式管理。自律、为集体利益而自我牺牲、吃苦耐劳是行业所要求的职业道德的一部分。中国经济的市场化给劳动力带来了更多的就业自由和职业选择，但年轻一代的劳动力比年长的劳动力更不愿意忍受痛苦。这种态度的变化给中国籍外派勘探员工在非洲的工作和生活带来了额外的挑战。在非洲的工作和生活条件比中国更艰苦，为了应对这一挑战，中国矿产公司选择了资源密集型的人力资源管理战略。例如，在津巴布韦合资企业中，中方要求津巴布韦合作伙伴为中国籍员工（经理、工程师和专业人员）提供相对良好的工作和生活条件。正如一位高级经理所指出的那样："我们不能采用传统的管理模式，即忍受生活和工作条件差的艰苦创业。我们需要为他们提供良好的工作和生活条件。我们认为，这是国际采矿作业中的一项重要原则。我们不能继续强调艰苦和节俭。当然，我们需要艰苦忍耐精神，但我们不希望我们的外派员工看起来像一群难民。这是一个既实用又有形象意义的问题，所以我们已经做了很多工作来改善员工在非洲的工作和生活条件。"

据该经理说，公司为五位外派员工在津巴布韦首都租了两套高级公寓，购买了一辆汽车并聘用了当地司机。他们从中国请来了一位高级厨师为他们做饭，厨师每周会与他们商量并准备好可口的家乡菜肴。同样，访谈中的重庆矿产公司也为其外派员工提供了良好的住宿条件。这些做法与Lee (2014) 对赞比亚采矿和建筑公司的研究中发现的做法相似。虽然这一人文关怀为中国籍外派员工创造了更好的工作和生活环境，但也造成了中国籍外派员工和当地雇员之间的分歧。接受采访的管理人员认为，这种分歧不仅在管理当地雇员方面造成了困难，而且由于外派员工和当地工人之间生活水平的巨大差异，也导致了当地工人的怨恨和嫉妒。此外，接受采访的中国籍外派员工承认，非洲"中国居民小区"的创建降低了中国籍员工融入当地社会的意愿。虽然中国籍员工也意识到了差异造成的不和谐，但他们认为，这种安排目前很重要，不仅为他们在境外安心工作提供了必要的后勤保障，更重要的是，也保证了他们的人身安全。外派员工的安全是至关重要的，特别是在矿山的勘探阶段。一位高级经理说："我们确实认为，外派员工和当地工人之间的整合和协调很重要。但我们在这个阶段的首要任务是我们中方外派人员的人身安全。如果我们的外派人员发生了任何严重的安全事故，那么中国政府和国际媒体将会对此进行猛烈批评。这将对我们的境外业务产生非常糟糕的影响。"

尽管在改善中国籍外派员工的工作和生活条件方面投入的投资相对较大，但一个重大挑战仍然存在，即如何让外派员工承诺并安心在境外工作。采矿是一项需要较强体力的工作，大多数外派员工是相对年轻和单身的人。据接受采访的经理称，至少有三分之一的外派员工经常会焦躁不安，不愿意长期留在境外。在国外工作意味着他们很难找到配偶，很难维持一个年轻家庭的良好关系。职业发展是年轻的外派员工所关心的另一个问题。国有矿产公司实行由固定雇员和合同雇员组成的双重雇佣制度。前者主要是为公司工作多年的员工，他们比后者享有更好的福利和保障。国有企业对于长期就业机会的要求严格，固定期限合同雇员必须有良好的业绩记录，并通过严格的考试（包括能力考试和学术论文），才能获得永久职位。由于很大一部分年轻的外派员工是固定期限合同（有些通过职业介绍所招聘），在境外工作意味着他们的良好表现可能无法在中国总部得到认可。例如，以受访的一家重庆矿产公司为例，外派员工中的 12 名是根据固定期限合同雇佣的。据接受采访的经理称，这些年轻员工工作非常努力，但还没有获得永久职位。经理们多次恳求总部让这些员工进入固定岗位以提高他们的士气，奖励他们的辛勤工作。但是，由于相关制度的限制，该申请尚未得到批准。

提高技术和专业技能以符合国际标准是各公司采用的另一项策略。以访谈中的四川省矿产公司为例，聘请了两名加拿大采矿专家长期为四川-津巴布韦子公司的国际（西部）采矿标准提供建议。接受采访的管理人员认为，从纯技术的角度来看，中国的矿山勘探和挖掘能力并不一定低于西方国家。然而，中国的技术标准和规章制度与非洲普遍采用的西方国家技术标准和规章制度有很大的不同。例如，在中国，“矿产储备”的认证由中国地质主管局的技术人员根据中国的评估制度提供。相比之下，在西方国家，它是由一名拥有国际专业认证的矿物保护区地质学家进行评估和授权的，矿物储量的范围由一名经认证的地质学家确定。目前，加拿大国家标准“43101”在国际采矿部门被普遍采用，由加拿大地质学家根据“43101”标准提供的证书将被该行业接受。中国还没有获得国际认可的地质学家，中国提供的认证也不被国际上接受。一位高级经理总结了聘请国际专家的动机：“我们的境外采矿业务必须遵守国际规则。作为一个整体，我们的技术系统是不科学的。我们的制度与国际制度之间有很大的差距。聘请第三国专家是我们能够获得业务批准的必要条件。更重要的是，它帮助我们通过这些专家快速获得关于国际技术系统和规则的知识。”

除聘请国际技术专家外，四川省的一家矿产公司还计划从在东道国运营的国际咨询公司聘请具有当地专业知识的知名律师和国际特许会计师，以帮助指导其境外业务。

9. 3. 4　企业社会责任

企业社会责任履行，或者更准确地说，对企业社会责任活动的履行是中国矿产公司为在非洲获取经营合法性而采取的另一项战略。访谈中的中国企业在非洲主要参与履行以下企业社会责任活动：环境保护、为东道国创造就业机会、定期向当地学校和社会福利机构捐款等。其中，最重要的是支持当地教育基础设施建设。受访者认为，履行这些企业社会责任活动分为自愿活动和东道国要求两类。例如，当地政府要求四川—津巴布韦的子公司资助建设一所新的小学。中国总部认为，这样的资助将提高公司在当地的声誉，并有助于与当地社区建立良好的关系。向当地工人提供培训以提高其技能水平是受访者提到的另一项企业社会责任活动。他们认为，企业履行社会责任的活动，无论是自愿的还是东道国要求的，都会在业务的其他方面产生回报，如税收减免。一位经理披露说："在津巴布韦，税收制度具有弹性，企业与税务机关之间有谈判的余地。如果我们提前做出企业社会责任贡献，那么我们以后就会得到良好的税收待遇。"

9.3.5 与当地社区的接触

所有接受采访的经理都认为，与东道国政府和部落首领建立良好的关系对在东道国做生意而言至关重要。发展这种良好关系的关键是处理好关键联系人的利益诉求。这些措施包括给他们好处费，让他们的朋友和亲戚在矿山担任管理职务，修建道路、学校等。作为回报，公司将从这种关系中受益，例如迅速获得当局的批准；减少了来自当局关于生产业务的麻烦；通过当地部落首领的参与和投入，更容易地雇佣和管理当地工人。据受访人员说，在塞拉利昂和刚果等一些地方，部落首领在组织商业活动方面发挥的作用要比商会、雇主协会和工会等正式机构重要得多，这些机构可能不存在，即使存在也非常软弱。一位受访经理说："事实上，村长和部落首领都非常有权势。我们必须与他们建立良好的关系，以便他们能帮助我们。例如，在塞拉利昂，我们不必亲自出去招募工人。村长和部落首领为我们找到了工人。"

10　基于制度理论的吉利跨国并购案例①

中国跨国企业作为国际化的后来者，在国际化的过程中因文化、管理方式和制度等差异会面临严峻的外来者劣势、新进入者劣势以及来源国劣势等组织合法性问题（Bangara 等，2012），其国际化之路并非一帆风顺的。麦肯锡统计结果显示，过去 20 年中国后发跨国企业的跨国并购整合失败率高达 67%（钟昌标、刘伟，2016）。尽管中国后发跨国企业的跨国并购成功率不容乐观，但是我们也看到以吉利为代表的一批中国民营企业在跨国并购实践中，成功实现并后整合并共赢的新局面。这些中国后发跨国企业如何成功实现跨国并购及并后整合，既是理论研究的热点和企业实践的难点，也是本研究要解决的核心研究问题之一。本研究将基于制度理论视角，探究中国后发跨国企业跨国并购过程中合法性的获得对其并购整合成功的重要性。

组织合法性的获得对后发跨国企业“走出去”并在东道国存活下来至关重要。后发跨国企业在东道国的组织合法性是企业生存和发展的一种重要资源，它可以使组织获得生存和发展所必需的制度知识和市场知识，并尽可能地融入当地环境。拥有较高组织合法性的后发跨国企业更容易获得东道国政府、利益相关者以及大学等研究机构的支持，能够帮助企业获得当地重要的资源和知识，并具备资源和知识获取的合理性和可靠性，有助于后发跨国企业内部员工之间以及与当地企业之间的合作和技术知识的传递与利用。反之，组织合法性的缺失将使后发跨国企业进入发达国家市场时屡遭东道国政府的严格审查和区别对待，当地消费者也对发展中国家企业的产品持负面态度，购买意愿较低（黄中伟、游锡火，2010）。同时，组织合法性的缺失不但增加了后发跨国企业在东道国市场正常生产和运营的不确定性，而且增加了其成本支出和失败的风险。鉴于组织合法性在后发

① 本章部分内容来源于：杜健，丁飒飒，吴晓波. 基于二次创新理论的吉利跨国并购案例研究［J］. 科研管理，2019，40（6）：130-143.

跨国企业在东道国生存和发展过程中所扮演的重要角色，越来越多的学者开始从战略管理视角和国际商务视角探讨组织合法性的来源与作用（Marano、Tashman，2012；Henisz等，2014），他们认为后发跨国企业可以通过母国政府背书或者游说东道国政府而直接获得合法性，也可以通过加大企业在当地对企业社会责任的履行力度、媒体曝光或者任命在当地有较大影响力的精英为子公司的主管以有目的地构建企业在东道国的合法性。

10.1 研究方法选择

案例研究是构建理论和检验理论的一种有效方法（Yin，2003），是回答“如何”和解释“为什么”这两类研究问题时的首选研究方法（Eisenhardt，1989）。本研究采用单案例纵向研究方法，该方法能够更好地了解案例的背景，并能保证案例研究的深度（Dyer、Wilkins，1991）。单案例研究方法可被用于探究有代表性的典型案例，从这一案例中得出的结论将有助于人们加深对于同类事件的理解（Yin，2003）。而聚焦于在两个或两个以上不同时间阶段研究同一研究对象（Yin，1994）的纵向案例研究方法是一种相当重要的单一案例研究法。近年来，有相当一部分国内学者使用单案例纵向研究方法深入探究了中国管理实践情景下所涌现的新现象和新问题，例如吴晓波等学者（2009）基于二次创新动态过程的杭氧组织学习模式演进案例、彭新敏等学者（2011）基于二次创新动态过程的海天组织学习平衡模式演化案例，以及吴晓波等学者（2013）的阿里巴巴二次商业模式创新和技术创新的共演模型案例等。

10.2 案例选择

本研究遵循案例研究的聚焦原则、极化原则和典型性原则，选取中国汽车产业的浙江吉利集团的三次境外并购事件作为研究对象。本研究之所以选择浙江吉利集团，是因为其作为中国民营企业的代表，对跨国并购及并后整合过程企业对合法性的压力更加敏感。吉利集团三次并购的被并购企业均在发达国家，且在当地均具有很高程度的合法性和市场认知。吉利集团对这些企业的并购活动必然会面临制度环境差异带来的合法性压力，因此本研究案例的选择能够充分反映后发企业跨国并购及并后整合的合法性问题。

本研究遵循 Glaser 和 Strauss（1967）的建议搜集多种来源的数据，以获得对研究对象更全面的描述，有文献图书资料、企业官方网站、实地调研与访谈、公共媒体资料等。一手数据和二手数据的结合可以支持构成单案例研究中的“三角验证”问题，保证了单案例研究的信度与效度（Eisenhardt，1989；Yin，2003）。本研究采用案例内分析范式（Eisenhardt，1989；Eisenhardt、Graebner，2007），并遵循共演研究方式，即根据一些显著的关键事件（如三大跨国并购事件），研究者将吉利的跨国并购划分成三个发展阶段。然后梳理吉利集团的企业成长历史和跨国并购历史，以探究吉利在跨国并购中的合法性问题。组织合法性包括内部合法性和外部合法性（Rao 等，2008），其中内部合法性的来源包括被并购企业员工、管理层和董事会（Elsbach，1994）；外部合法性包括东道国政府、舆论和媒体、工会和专家（Deephouse，1996）。

10.3　案例描述

浙江吉利集团始建于1986年，于1997年进入汽车行业。1986年，吉利集团创始人李书福组建了“北极花电冰箱厂”，生产“北极花”牌电冰箱。1989年国家开始定点生产冰箱，“北极花”牌电冰箱未进入国家名单而被迫停产。1994年，李书福进军摩托车行业，通过并购国营鹿城摩托车厂“借壳上市”，获得了摩托车生产许可证。这是李书福商业生涯中的第一次并购，具有重要意义。1996年，吉利集团有限公司（以下简称“吉利公司”）正式成立，从此走上了规模化发展道路。1997年，基于摩托车业务所带来的收益和初级技术，李书福顺利进入汽车行业。

2003年，首批吉利轿车出口叙利亚和埃及，实现了吉利轿车出口零的突破。2006年，吉利参股英国锰铜公司，打开了英国和欧洲的销售渠道。2009年，吉利收购澳大利亚 DSI 公司，实现了在变速器领域的追赶。2010年吉利全资并购沃尔沃公司，实现了在整车制造领域的追赶。吉利通过三大跨国并购实现了核心技术领域的追赶，走出了一条带有自己印记的国际化之路。通过2006年参股英国锰铜公司，吉利获得了英国锰铜公司的设计理念与进入英国和欧盟市场的渠道，提升了品牌知名度并积累了国际化经验。通过2008年成功收购全球第二大自动变速器公司澳大利亚 DSI 公司，以及2010年并购世界著名的沃尔沃公司，吉利实现了核心技术的追赶与超越。

（1）吉利公司参股英国锰铜公司。2006年，吉利公司以每股2.5英镑的价格认购英国锰铜公司570万新股，持有其23.2%的股份，成为锰铜公司的单一最大股东，并于湖南湘潭合资建立生产TX4系车型的生产基地。TX4系列车型在英国拥有60多年的历史，是与劳斯莱斯和宾利齐名的英国著名品牌，也是英国王室的指定用车以及2002年英联邦运动会的礼宾车和2012年伦敦奥运会的指定用车。吉利通过其子公司吉利英国集团有限公司按零现金、零债务模式以1 104万英镑收购英国锰铜公司的业务与核心资产，以及锰铜公司与吉利公司在中国设立的合资工厂中48%的股份和库存车辆。

（2）吉利并购澳大利亚DSI公司。2009年，吉利公司以4 000万美元全资收购了全球第二大自动变速器公司澳大利亚DSI自动变速器公司。澳大利亚DSI自动变速器公司有着80多年的历史，是一家集研发、制造与销售于一体的自动变速器专业公司，是全球仅有的两家（德国ZF和澳大利亚DSI）独立于汽车整车企业之外的自动变速器公司之一。澳大利亚DSI自动变速器公司的产品覆盖了四速和六速前后驱动以及全驱动大扭矩自动变速器，为美国福特公司、克莱斯勒公司及韩国双龙公司等世界著名汽车公司提供配套服务。

（3）吉利公司并购沃尔沃公司。2010年，吉利公司以18亿美元获得沃尔沃汽车公司100%的股权以及相关资产（包括知识产权），成为中国第一家汽车跨国公司。瑞典著名汽车品牌沃尔沃公司创立于1927年，是瑞典最大的工业企业集团，也是北欧最大的汽车企业和世界20大汽车公司之一。吉利公司通过“蛇吞象”的方式成功并购沃尔沃公司，离不开其对知识产权的尊重、善于学习的企业文化、人才创新、境外收购的成功经验、承诺工会、为沃尔沃公司制定的雄心勃勃的发展规划以及掌舵人李书福的个人魅力。

10.4 案例分析

（1）吉利公司参股英国锰铜公司过程中的组织内外部合法性的获取。吉利公司参股英国锰铜公司后投资了3亿英镑在考文垂建立高水平研发中心，使得考文垂的工厂重新恢复了生产，解决了英国当地 8 000 多人的就业问题，获得了锰铜公司员工的高度积极评价。锰铜公司运营总监保罗表示："吉利公司参股锰铜公司短短几个月，锰铜公司的变化真的很大，最大的变化是员工们的工作态度更加积极了。"锰铜公司英国零售总监罗伯·莱德勒表示："吉利公司集团参股英国锰铜公司后，让用户和经销商非常有信心，更不用担心后续服务问题了。"吉利集团在并购沃尔沃公司的过程中，沃尔沃公司亦曾派人到锰铜公司访问，一问锰铜公司的工人，工人们都说非常好。由此可见，吉利公司参股英国锰铜公司过程中具有较高的内部合法性。吉利公司参股英国锰铜公司救活了濒临破产的著名品牌，获得了英国政府和消费者的高度认可，在考文垂的吉利公司伦敦出租车公司扩建仪式上，时任英国首相大卫·卡梅伦亲临现场并发表重要讲话。国家主席习近平与威廉王子也一起参观了吉利公司伦敦出租车公司推出的全新一代伦敦出租车 TX5。时任伦敦市长鲍里斯·约翰逊也表示："我非常高兴吉利公司参股，成功地确保了伦敦出租车公司的未来，使世界著名的无障碍出租车得以继续生产，伦敦和英国文化的标志得以保留。我非常期待吉利公司未来生产的低排放的出租车，使伦敦市民尽早享受低碳出行的益处。"基于以上事实，吉利公司参股英国锰铜公司具有非常高的外部合法性。

（2）吉利公司并购澳大利亚 DSI 变速器公司及并后整合过程中的内外部合法性的获得。吉利公司在并购澳大利亚 DSI 变速器公司及并后整合过程中，DSI 公司内部员工的离职率相当高。这在一定程度上说明，吉利公司在此次并购及并后整合过程中的内部合法性是比较低的。吉利公司并购澳大利亚 DSI 变速器公司受到了中国政府和澳大利亚政府的积极支持。2009 年，在澳大利亚新南威尔士州政府大厦举行的收购交接仪式上，中国驻澳大利亚大使章均赛与新南威尔士州政府官员均出席见证。新南威尔士州政府表示，吉利公司收购 DSI 公司保障了澳大利员工的就业，将给予并购后的 DSI 参股公司巨大的优惠政策。由此可见，吉利公司收购澳大利亚 DSI 公司，其外部合法比较高。

（3）吉利公司并购沃尔沃公司及并后整合过程中内外部合法性的获得。吉利公司并购沃尔沃公司后，依旧保持吉利人治理吉利公司、沃尔沃人治理沃尔沃公司的本土管理模式，双方各自保持独立运营，成功规避了中西方文化差异和企业文化差异造成的敌对情绪、摩擦风险和文化冲突等问题。同时，由于吉利公司与沃尔沃公司管理水平不对等，吉利公司并购沃尔沃公司后并未派一人去管理沃尔沃公司，而是在全球招聘顶尖的技术人才和管理人才，这极大地促进了吉利公司并后整合过程中内部合法性的获得。例如，13 名沃尔沃公司董事会成员中有 12 名是通过全球招聘雇佣的，包括福特汽车公司全球营销高级副总裁汉斯·奥洛夫·奥尔森（出任沃尔沃公司副董事长）、素有“成本杀手”之称的德国曼恩（MAN）集团前 CEO 汉肯·萨缪尔森、著名汽车零部件公司加拿大麦格纳集团执行副总裁赫伯特·德梅尔、瑞典著名海运物流公司华轮-威尔森公司总裁约恩·方斯·施罗德、资本运营与财务管理领域专家霍建华、大众集团北美区 CEO 斯蒂芬·雅克布等。此外，瑞典政府每 3 年 1 次的民意调查显示，2010 年沃尔沃公司内部员工的满意度高达 84%，相较于并购前（2009 年）的 82% 不降反升，员工数量从并购前（2009 年）的 13 928 名增至 2014 年的 16 022 名。由此可见，吉利公司并购沃尔沃公司及并后整合过程中具有很高的内部合法性。吉利公司并购沃尔沃公司，通过实施“放虎归山”的战略，充分释放了沃尔沃公司的灵魂，第一年就实现了产销两旺。为此，瑞典国王亲自到杭州感谢李书福及吉利集团对瑞典和沃尔沃公司员工所做的重大贡献，表达了瑞典政府对沃尔沃公司的高度重视和坚决支持。比利时王子菲利普也代表比利时国王阿尔贝二世授予吉利集团董事长李书福“利奥波德骑士勋章”，以表彰其在成功运营沃尔沃公司过程中对比利时的经济与社会所做的贡献。此外，《金融时报》《华尔街日报》和美国 CNBC 电视台等新闻媒体亦对吉利公司并购沃尔沃公司进行了正面报道，同时瑞典工会对吉利公司并未裁减一名瑞典员工亦比较满意。基于以上事实，吉利公司在并购沃尔沃公司及并后整合中，具有相当高的外部合法性。

本研究分析发现，吉利公司在历次跨国并购及并后整合过程中，通过组织内部合法性和外部合法性的构建与获得，成果实现了自身在相关技术领域的追赶。吉利公司在三次跨国并购中的高度内部和外部制度合法性，帮助企业获得了东道国政府和利益相关者的大力支持以及持续不断的重要资源流与知识流，从而保障了吉利公司在东道国市场的生存和正常运营与生产。

11　“亲而近之”“近而远之”：华为与中海油的来源国劣势

自1978年中国实行改革开放以来，中国企业经历了从“引进来”到“走出去”的国际化历程。中国企业希望通过跨国并购的方式“走出去”以获取嵌入被并购企业和境外市场的关键技术知识、品牌和营销渠道等战略资产，进而提升企业全球竞争力，并摆脱其在全球价值链的“低端锁定”现状。然而，中国国内市场制度的不完善和企业自身获取合法性的能力与经验不足，以及东道国对中国企业的“来源国劣势”偏见，使得中国企业国际化成本、风险和不确定性显著上升。尽管学者们对“来源国劣势”的研究已经持续了近半个世纪，但是对中国等新兴经济体企业国际化过程中所面临的来源国劣势的研究依然不足。现有学者大多以来自同一母国的企业面临来源国劣势相似为假设逻辑。然而，魏江等（2020）在对万向集团和吉利汽车公司的归纳式案例研究中发现，同一来源国同一行业的企业面临迥异的国际化难题。鉴于此，本研究将从企业所有制角度出发，探究不同所有制的中国企业在国际化过程中面临来源国劣势时，其所采取的战略决策和绩效结果是否一致。本研究通过对不同所有制企业来源国劣势的探究，对中国企业国际化和来源国劣势文献均做出了一定的贡献。

11.1　来源国劣势

学者们在探讨来源国对跨国企业跨越国界生产经营产生的影响时，最初探讨的内容是来源国优势，即来源国对跨国企业国际化所产生的积极影响。这一逻辑在对发达国家跨国企业国际化的相关研究中已得到了证实，就像来自美国硅谷的高科技公司往往得益于硅谷完善的制度、人才环境而在国际化过程中享有来源国优势，而来自德国的汽车公司往往会被视为高品质汽车公司的象征。然而，新兴经济体企业在国际化过程中不仅很难获得“来源国优势”，反而面临着严重的“来源国劣势”。母国制度和市场的不完善性导致新兴经济体跨国企业在国际化过程中往往被贴上“低端产品”和“政府参与”等负面标签。这些负面标签让这些跨国企业在与东道国企业的竞争中无法实现公平而处于先天劣势地位。跨国企业由于母国因素而背负负面标签并在东道国竞争中丧失竞争优势的现象被称为“来源国劣势”。如何撕下这些负面标签以让其形象焕然一新，成为新兴经济体跨国企业国际化过程中面临的首要问题。

Bartlett 和 Ghoshal（2000）将来源国劣势定义为企业由于来自欠发达国家而掉入的陷阱。Ramachandran（2010）的定义是：由跨国企业来源国引起，让其在特定东道国市场遭遇基于能力缺陷与合法性缺失而产生的劣势。Marano（2017）则认为来源国劣势是母国制度环境不完善而导致企业在东道国遭遇的劣势。本研究认为，由于跨国企业来源于欠发达国家或地区而被东道国消费者贴上负面标签，致使其在东道国市场竞争中遭遇不公平待遇的现象就是来源国劣势。来源国劣势包括企业能力缺失和合法性缺失两个维度。其中，能力缺失是指由于母国制度环境的不完善，致使企业很难在母国获得诸如资金和技术等资源的支持。合法性缺失是指由于母国形象而造成跨国企业很难获得东道国当地政府和消费者的认可。新兴经济体跨国企业由于存在能力缺失与合法性缺失问题，导致其被东道国政府、利益相关者和消费者贴上了“政府企业”“知识产权保护不力”“政府参与”等负面标签，这种“自发”的刻板印象带来的负面标签为新兴经济体企业国际化带来了极大的困难。本研究将从企业所有制视角切入，探究不同企业所有制的中国企业在国际化过程中面临来源国劣势时所采取战略的异同和相关战略所带来的结果。

11.2 案例描述

基于华为公司和中海油公司在各自经营领域的代表性和其悠久的国际化历史，本研究将选择华为公司作为民营企业的代表以及中海油公司作为国有企业的代表，以探究其在国际化过程中所面临的来源国劣势问题。本研究的数据分为企业内部资料和外部数据两部分。其中，外部资料来源于东道国法律法规、东道国主流媒体报道、官方政府的新闻报道以及相关的研究报告。内部资料来源于诸如《华为人》企业内刊和企业方公开发言等资料。

华为公司是全球领先的信息与通信解决方案供应商，拥有逾 30 年的国际化经营历史，业务遍及全球 170 多个国家和地区。华为公司在进军亚非拉地区时，由于拥有来源国优势，顺利拿下了柬埔寨和突尼斯等地的业务。彼时的华为高层与政府关系较为密切，其大量宣传党建相关内容，并随领导人出访俄罗斯、乌兹别克斯坦、中东等地，亦与政府达成了众多合作，建立了合资公司莫贝克。此时，华为公司身上的中国公司标签，为华为公司带来了有利的竞争条件。

随着华为公司国际化战略的进一步的实施，华为公司在发达国家的国际化道路却面临着意想不到的困难。2008 年，由于受到来自美国外国投资委员会的压力，华为公司收购 3COM 公司的计划以失败告终。2010 年，华为公司再次受到美国外国投资委员会的干预，收购 3Leaf 公司的计划也宣告失败。2012 年，美国众议院情报委员会发表华为公司威胁美国信息安全的调查报告，而后又在 2013 年对华为公司等通信设备公司发起了“337 调查”。此时，华为公司身上的中国企业标签不仅丧失了竞争优势，还被曲解为“政府企业”“政府参与”“军方背景”和“危害国家安全”。面对这样的恶意曲解，华为公司从对不利标签和模糊标签的替换和更新入手，通过调整与母国政府和东道国政府的距离，强调自己民营企业身份，并出售与政府合资的企业莫贝克和华为电气，以澄清自己未受政府额外的资金支持。此外，华为公司积极参与东道国公益事务，从而更新自身在东道国的形象，以撕掉来源国劣势的不利标签，为自身赢得更好的发展空间。

中国海洋石油有限公司（简称“中海油公司”）是国务院国有资产监督管理委员会直属的大型国有企业，是中国海洋石油公司的子公司。中海油公司长期致力于海上石油开采，公司业务全方位涵盖从油气勘探到炼化销售、发电等内容。随着石油资源消费量的逐年提升，石油进口量与日俱增，不断成长的业务能力与日渐增长的业务需求驱使中海油公司寻求境外市场，提升自身国际化水平，以期提升境外竞争力与国际话语权。始于改革开放时期的中海油公司国际化历程可谓一波三折，失败与成功并行的跨国并购经历也让中海油公司不断探寻适合自己的跨国并购策略。中海油公司作为国有企业的代表，在跨国并购优尼科公司的过程中遭遇了较为严重的来源国劣势。

11.3 案例分析

一方面，华为公司在国际化过程中面临的不利标签主要体现在两个方面。其一，由于华为公司在发展初期与政府关系密切，并通过政府背书获得了国际化初期阶段的便利，这使得华为公司在开拓美国市场时遭受了严重的信任危机，以至于被美国政府贴上了“华为公司与中国政府关系紧密”的不利标签。其二，由于东道国对母国的政治偏见衍生到了来源于该国的企业身上，东道国对华为公司有着错误和偏执的认知判断，并对其身份妄加猜测和视其为假想敌，从而为华为公司贴上了不利的标签。另一方面，华为公司在跨国并购过程中面临的模糊标签也有两个方面，具体包括华为公司出于自身利益考量而不愿过度公开企业信息，以及企业发展历程中对公司结构、管理模式等方面进行过调整，导致已公开信息出现前后矛盾，使得东道国利益相关者难以判断该公司目前真实的信息。华为公司和中海油公司面临的不利标签与模糊标签见表 11.1。

表 11.1 华为公司和中海油公司面临的不利标签与模糊标签

	数据来源	类别	编码
企业外部数据	A. 东道国主流媒体的新闻报道	华为公司在美国与非政府组织 Habitat For Humanity 合作并开展志愿活动	A-1
		华为公司在美国捐助学校支持当地教育与社区发展	A-2
		任正非具有“军方背景”	A-3
		华为公司是世界五百强企业中唯一不上市的企业，其所有权结构模糊	A-4
		华为公司拒绝提供关于所有制结构的更多信息，可能其并不是由普通员工持股控制的民营企业	A-5
		华为公司是“网络间谍者”	A-6
		1982 年，任正非被“任命”为全国人民代表大会代表，是中方军队高级将领并供职于国家安全部	A-7
		华为公司是一家“政府参与”的“政府企业”	A-8
		中海油公司是一家政府企业	A-9
		中海油公司收购优尼科公司会危害国家安全	A-10
		中海油公司收购优尼科公司会危及能源安全、影响国内就业	A-11
		中海油公司并购动机存疑	A-12

表11.1(续)

	数据来源	类别	编码
企业外部数据	B. 东道国政府官方相关人员发言、调查报告	华为公司存在知识产权剽窃行为	B-1
		华为公司获得中国政府财务支持	B-2
		华为公司窃取美国机密信息	B-3
		华为公司在特殊时期发动网络攻击	B-4
		发布《华为威胁美国国家信息安全的调查报告》	B-5
		美国议员认为华为公司是一家信息不透明的公司，其与中国军方和情报系统均有联系	B-6
		美国联邦通信委员会宣布组织美国运营商使用联邦资金购买华为产品与服务	B-7
		美中关系委员会认为中国企业的政府角色不是那么坦白与公开	B-8
		华为公司承认中共在公司内部成立了党委会，但拒绝说明党委会的职责也拒绝提供党委会人员名单	B-9
	C. 东道国相关法律法规与政策	禁止财政部使用自己拥有的任何基金去“推荐批准”中海油公司交易	C-1
		《爱克森-佛罗里奥修正案》授权美国总统终止或禁止那些确实威胁美国国家安全的外国跨国公司对美国企业的收购、合并与接管	C-2
		针对 2005 年中海油公司收购优尼科公司，《2005 年国家能源法》增加了一项附加条款	C-3
	D. 企业内刊	华为公司在政府积极支持下获得柬埔寨、突尼斯等地项目	D-1
		中国政府出面赠送乌兹别克斯坦华为公司产 08 机	D-2
		华为公司高层陪同政府领导人出访俄罗斯（1997）、乌兹别克斯坦（1998）、中东（2000）	D-3
		华为公司出售莫贝克、华为电气	D-4
		华为公司与当地政府、电信局成立了四川华为、辽宁华为等 27 个合资公司	D-5
		前国家主席江泽民、前国务院总理朱镕基视察华为	D-6
		前国家领导人温家宝、曾庆红、黄菊等参观华为展台	D-7
		前全国人大委员长吴邦国访问非洲四国见证华为公司连获佳绩	D-8
		2004 年，时任国务院总理温家宝与荷兰首相巴尔克嫩德共同出席荷兰移动运营商与华为公司 3G 项目合同签字仪式	D-9
		保持共产党员先进性，努力奋斗，在工作中做出突出贡献——中共华为技术有限公司党委庆“七一”	D-10
		广西召开全省电信工作会议，凭借与电信部门良好的关系，华为公司争取到了在会上第一个发言的机会	D-11

表11.1(续)

	数据来源	类别	编码
企业外部数据	D. 企业内刊	邮电部电信政务司司长周长镛亲临华为公司员工生日晚会	D-12
		原深圳市市长厉有为："您总经理出国政府批，下属出国您批，出事您要负责。"在座的各局领导纷纷表示一定要支持华为公司，并在各方面给予优先权，例如建立产业基地及配套设施、银行贷款、人事权、办理出国手续等	D-13
	E. 企业官方相关人员发言、演讲	张贯京：官方背景或色彩在很多情况下不仅不能帮助公司开拓市场，反而会给西方某些势力以口实，把公司拖进泥潭	E-1
		中海油公司总经理傅成玉：美国颁行《2005年国家能源法》是中海油公司放弃收购的主要原因	E-2
		华为投资控股有限公司工会委员会持有ESOP 98.7%的股份，任正非持有1.3%的股份	E-3

通过对华为公司内刊《华为人》相关报道的整理，我们发现华为公司在国际化前期拥有来源国优势，此时的华为公司与政府关系密切。例如，政府出面为华为公司背书，帮助华为公司获得柬埔寨、突尼斯等地项目。中国政府更是出面赠送乌兹别克斯坦华为公司产08机，以帮助华为获得乌兹别克斯坦市场合作机会。华为公司也在公司内部设立党支部，与政府成立合资企业。例如，华为公司与各地方政府、电信局成立了四川华为、辽宁华为等27个合资公司，与政府成立莫贝克合资公司。华为公司领导人多次随国家领导人出访，华为公司高层陪同政府领导人出访俄罗斯（1997）、乌兹别克斯坦（1998）、中东地区（2000）。多位国家领导人也多次视察华为公司。例如，前国家主席江泽民、前国务院总理朱镕基多次到华为公司视察。前国家领导人温家宝、曾庆红、黄菊等参观华为公司展台。2004年，时任国务院总理温家宝更是和荷兰首相巴尔克嫩德双双出席荷兰移动运营商Telfort与华为公司的WCDMA 3G项目合同签字仪式。当时的深圳市市长厉有为也曾在到访华为公司时说："您总经理出国政府批，下属出国您批，出事您要负责。"各局领导均表示一定要支持华为公司，并在各方面给予优先权，诸如建立产业基地及配套设施、银行贷款、人事权、办理出国手续等方面都给予优先照顾。华为公司也积极迎合国家战略开展业务。

然而，华为公司这种与中国政府"亲而近之"的关系为其国际化过程中外国媒体的借题发挥提供了机会。华为公司与中国政府密切的合作关系也成了其进入美国市场来源国劣势的重要来源。此时，遭受严重来源国劣势的华为公司通过采取与母国政府“近而远之”的策略，以期揭掉其在东道国固有的不利标签。例如，华为公司出售了其与政府的合资企业莫贝克、华为电气等子公司。华为公司内刊中也再难见到有“党建”“领导人来访”“随访”等敏感字眼的报道。华为公司在公司高层的发言中也不止一次提到华为公司并非国有企业，并一再强调自己民营企业的身份，以澄清自己。华为公司在美国与非政府组织 Habitat For Humanity 合作开展志愿活动，并在美国捐助学校以支持当地教育与社区发展。通过这些战略的实施，华为公司逐渐将其自身与来源国有效隔离开来，从而达到了摘下不利标签、澄清自己身份的效果。

中海油公司在面临来自东道国的信任危机时，国有企业的身份显得格外令人瞩目。如何在所有制既定的情况下调整其与母国的距离，让东道国利益相关者对中海油公司重拾信任是其面临的巨大挑战。中海油公司作为能源企业，在进入美国市场时面临着“危害国家安全”“抢占国际资源”的指控。2005 年，中海油公司在报价高于雪佛龙近 10 亿美元的情况下，仍未能成功并购美国优尼科。此时，关于中国政府希望通过中海油公司成功收购优尼科公司以掌握在国际石油自由贸易中的控制权的质疑使中海油公司遭遇了无妄之灾。美国众议院以超过四分之三的投票数禁止美国财政部批准中海油公司的收购，又要求布什以总统身份对中海油公司收购优尼科公司进行再次审查。这些额外的法律风险及其带来的高额收购成本使中海油公司收购优尼科公司的计划最终搁浅。其国有身份与经营范围致使东道国对于中海油公司的背景和并购目的存在诸多疑问与顾虑，使得中海油公司在此次收购案中无功而返。为了克服来源国劣势，中海油公司通过组织变革的方式来应对，进而向东道国利益相关者呈现出其与东道国在制度规范和价值观等方面的一致性，以期获得合法性，从而降解自身身份模糊所带来的来源国劣势。例如，中海油公司积极参与东道国公益志愿活动，做出保障就业的承诺，并明确自身在当地的经营目标。中海油公司高层也曾在《美国为何担忧?》一文中强调自身的业务范围为收购后仅在美国本土开展业务，美国无须产生政治目的担忧。

华为公司作为民营企业，在面临东道国的“政府企业”和“军方背景”等指控时，其通过出售与政府合资企业莫贝克与华为电气、减少有关“党建”新闻报道等方式调整其与母国的距离。这种与母国政府“近而远之”的策略增强了华为公司在东道国的认同感和相应的合法性。例如，2014年，欧盟撤销了对华为公司出口欧洲的无线通信设备的反补贴案调查。2015年，华为公司获批进入美国市场销售海思芯片，而后华为公司与谷歌公司、亚马逊公司等达成战略合作，印证了华为公司境外战略的有效性。华为公司这种更替不利标签和使模糊标签清晰化的战略，有效处理了国际化过程中面临的来源国劣势及其所带来的额外法律成本和交易成本。然而，中海油公司却难以通过与华为公司相似或相同的战略来解决此类问题，因其国有企业身份无法改变。中海油公司只能通过在当地履行社会责任来降低此类标签所带来的来源国劣势。因此，民营企业和国有企业在处理来源国劣势时处理方式有所差异，相较于国有企业，民营企业克服来源国劣势的途径更广泛、更有灵活性且效果更明显。

参考文献

1. 中文文献

［1］高勇强，陈亚静，张云均．“红领巾”还是“绿领巾”：民营企业慈善捐赠动机研究［J］．管理世界，2012（8）：106-114.

［2］郭毅，陈凌，朱庆虎．“一带一路”国家跨国并购网络关系发展及影响因素研究［J］．中国软科学，2018（7）：129-137.

［3］蒋冠宏．中国企业对“一带一路”沿线国家市场的进入策略［J］．中国工业经济，2017（9）：119-136.

［4］李诗，黄世忠，吴超鹏．中国企业并购敏感性海外资产的经验研究［J］．世界经济，2017，40（3）：99-121.

［5］李增福，汤旭东，连玉君．中国民营企业社会责任背离之谜［J］．管理世界，2016（9）：136-148.

［6］刘计含，王建琼．基于社会网络视角的企业社会责任行为相似性研究［J］．中国管理科学，2016，24（9）：115-123.

［7］刘岚，王倩．企业社会责任、政治关联与非效率投资：基于企业社会责任的治理效应［J］．中国管理科学，2016，24（S1）：398-404.

［8］彭新敏，吴晓波，吴东．基于二次创新动态过程的企业网络与组织学习平衡模式演化：海天 1971—2010 年纵向案例研究［J］．管理世界，2011，211（4）：138-149，166，188.

［9］齐绍洲，崔静波，郭炳庆．环境权益交易市场能否诱发绿色创新：基于我国上市公司绿色专利数据的证据［J］．经济研究，2018，12（1）：129-143.

［10］权小锋，吴世农，尹洪英．企业社会责任与股价崩盘风险：“价值利器”或“自利工具”？［J］．经济研究，2015，50（11）：49-64.

［11］宋献中，胡珺，李四海．社会责任信息披露与股价崩盘风险：基于信息效应与声誉保险效应的路径分析［J］．金融研究，2017（4）：161-175.

［12］塔依尔·吐地．环境权交易市场、绿色能力与中国企业的碳外包

行为：来自中国上市公司的证据［D］. 成都：西南财经大学，2021.

［13］王丁，魏江，杨洋. 华为海外子公司的合法化战略选择与演化［J］. 科学学研究，2020，38（4）：654-662.

［14］王清刚，徐欣宇. 企业社会责任的价值创造机理及实证检验：基于利益相关者理论和生命周期理论［J］. 中国软科学，2016（2）：179-192.

［15］魏江，王丁，刘洋. 来源国劣势与合法化战略：新兴经济体企业跨国并购的案例研究［J］. 管理世界，2020，36（3）：101-120.

［16］魏江，王诗翔. 从"反应"到"前摄"：万向在美国的合法性战略演化（1994—2015）［J］. 管理世界，2017，287（8）：136-153，188.

［17］魏江，杨洋. 跨越身份的鸿沟：组织身份不对称与整合战略选择［J］. 管理世界，2018，34（6）：140-156，188.

［18］吴冰，阎海峰，杜子琳. 外来者劣势：理论拓展与实证分析［J］. 管理世界，2018，34（6）：110-126，187-188.

［19］吴晓波，马如飞，毛茜敏. 基于二次创新动态过程的组织学习模式演进：杭氧 1996—2008 年纵向案例研究［J］. 管理世界，2009，185（2）：152-164.

［20］杨丽丽，赵进. 国际化程度与企业绩效关系实证研究综述［J］. 外国经济与管理，2009，31（4）：15-21.

［21］余璐. 制度压力、绿色知识与跨国企业双元重构：基于中国绿色制度演进的研究［D］. 成都：西南财经大学，2022.

［22］袁航，朱承亮. 国家高新区推动了中国产业结构转型升级吗？［J］. 中国工业经济，2018（8）：60-77.

［23］钟昌标，刘伟. 企业国际化与绩效关系：一个文献综述［J］. 国际商务研究，2016（3）：87-96.

［24］曾建光，张英，杨勋. 宗教信仰与高管层的个人社会责任基调：基于中国民营企业高管层个人捐赠行为的视角［J］. 管理世界，2016（4）：97-110.

2. 外文文献

［1］AKORSU A，COOKE F L. Labour Standards Application Among Chinese and Indian Firms in Ghana：Typical or Atypical？［J］. International Journal of Human Resource Management，2011，22（13）：2730-2748.

［2］ALEXY O，WEST J，KLAPPER H，REITZIG M. Surrendering control

to gain advantage: Reconciling openness and the resource-based view of the firm [J]. Strategic Management Journal, 2018 (39): 1704-1727.

[3] ANDERSON E, GATIGNON H. Modes of Foreign Entry: A Transaction Cost Analysis and Propositions [J]. Journal of International Business Studies, 1986 (11): 1-26.

[4] ANG S H, BENISCHKE M H, DOH J P. The interactions of institutions on foreign market entry mode [J]. Strategic Management Journal, 2015, 36 (10): 536-1553.

[5] ATTIG N, BOUBAKRI N, EL GHOUL S, GUEDHAMI O. Firm Internationalization and Corporate Social Responsibility [J]. Journal of Business Ethics, 2016, 134 (2): 171-197.

[6] BANGARA A, FREEMAN S, SCHRODER W. Legitimacy and Accelerated Internationalisation: An Indian Perspective [J]. Journal of World Business, 2012, 47 (4): 623-634.

[7] BARKEMA H G, CHEN X P, GEORGE G, LUO Y, TSUI A. West meets East: New concepts and theories [J]. Academy of Management Journal, 2015, 58 (2) : 460-479.

[8] BJORVATN K, ECKEL C. Technology sourcing and strategic foreign direct investment [J]. Review of International Economics, 2006 (14): 600-614.

[9] BOUBAKRI N, GHOUL S E, WANG H, GUEDHAMI O, KWOK C C Y. Cross-listing and Corporate Social Responsibility [J]. Journal of Corporate Finance, 2016 (41): 123-138.

[10] BOYENGE S. ILO Database on Export Processing Zones: Technical Report [M]. Geneva, Switzerland: International Labour Organization, 2007.

[11] BUCKLEY P J, CHEN L, CLEGG L J, et al. Risk propensity in the foreign direct investment location decision of emerging multinationals [J]. Journal of International Business Studies, 2018, 49 (2): 153-171.

[12] BUCKLEY P J, CLEGG L J, CROSS A R, LIU L, VOSS H, ZHENG Z. The Determinants of Chinese Outward Foreign Direct Investment [J]. Journal of International Business Studies, 2007 (38): 499-518.

[13] BUCKLEY P J, CLEGG L J, CROSS A R, LIU X, VOSS H, ZHENG Z. The Determinants of Chinese Outward Foreign Direct Investment [J].

Journal of International Business Studies, 2007, 38 (4) : 499-518.

[14] CAMPBELL J T, EDEN L, MILLER S R. Multinationals and corporate social responsibility in host countries: Does distance matter? [J]. Journal of International Business Studies, 2012 (43): 84-106.

[15] CANTWELL J, DUNNING J H, LUNDAN S M. An evolutionary approach to understanding international business activity: The co-evolution of MNEs and the institutional environment [J]. Journal of International Business Studies, 2010, 41 (4): 567-586.

[16] CAPAR N, KOTABE M. The Relationship between International Diversification and Performance in Service Firms [J]. Journal of International Business Studies, 2003, 34 (4): 45-355.

[17] CARNEY M, DIELEMAN M, TAUSSIG M. How are institutional capabilities transferred across borders? [J]. Journal of World Business, 2016, 51 (6) : 882-894.

[18] CASSON M, WADESON N. Emerging market multinationals and internalisation theory [J]. International Business Review, 2018, 27 (6) : 1150-1160.

[19] CHAUREY R. Location-based tax incentives: Evidence from India [J]. Journal of Public Economics, 2017 (156): 101-120.

[20] CHIDLOW A, WANG J, LIU X, et al.. A co-evolution perspective of EMNE internationalization and institutions: An integrative framework of 5Cs [J]. International Business Review, 2021, 30 (4): 101843.

[21] CHILD J, RODRIGUES S B, TSE K K T. The dynamics of influence in corporate co-evolution [J]. Journal of Management Studies, 2012, 49 (7): 1246-1273.

[22] COLE MATTHEW A, ELLIOTT ROBERT J R, OKUBO TOSHIHIRO. International environmental outsourcing [J]. Review of World Economics, 2014, 150 (4): 639-664.

[23] CONTRACTOR F J, DANGOL R, NURUZZAMAN N, RAGHUNATH S. How do country regulations and business environment impact foreign direct investment (FDI) inflows? [J]. International Business Review, 2020 (29): 101640.

[24] CONTRACTOR F J, KUNDU S K, HSU C C. A Three-Stage Theory

of International Expansion: The Link betweenMultinationality and Performance in the Service Sector [J]. Journal of International Business Studies, 2003, 34 (1): 5-18.

[25] COOKE F L. Chinese Multinational Firms in Asia and Africa: RelationshipsWith Institutional Actors and Patterns of HRM Practices [J]. Human Resource Management, 2014, 53 (6): 877-896.

[26] CUI L, JIANG F. State ownership effect on firms' FDI ownership decisions under institutional pressure: A study of Chinese outward-investing firms [J]. Journal ofInternational Business Studies, 2012, 43 (3): 264-284.

[27] DEMIRBAG M, WOOD G, MAKHMADSHOEV D, RYMKEVICH O. Varieties of CSR: Institutions and Socially Responsible Behaviour [J]. International Business Review, 2017, 26 (6): 1064-1074

[28] DENG P, ZHANG S. Institutional quality and internationalization of emerging market firms: Focusing on Chinese SMEs [J]. Journal of Business Research, 2018 (92): 279-289.

[29] DIMAGGIO P J, POWELL W W. The iron cage revisited: Institutional isomorphism and collective rationality in organizational fields [J]. American Sociological Review, 1983: 147-160.

[30] DOH J, RODRIGUES S, SAKA-HELMHOUT A, et al. International business responses to institutional voids [J]. Journal of International Business Studies, 2017, 48 (3): 293-307.

[31] DOROBANTU S, KAUL A, ZELNER B. Nonmarket strategy research through the lens of new institutional economics: An integrative review and future directions [J]. Strategic Management Journal, 2017, 38 (1): 114-140.

[32] DU J, LU Y, TAO Z. FDI location choice: Agglomeration vs institutions [J]. International Journal of Finance & Economics, 2008 (13): 92-107.

[33] DUANMU J L. State-owned MNCs and host country expropriation risk: The role of home state soft power and economic gunboat diplomacy [J]. Journal of International Business Studies, 2014, 45 (8): 1044-1060.

[34] DYER W G, WILKINS A L. Better Stories, not Better Constructs, to Generate Better Theory: A Rejoinder to Eisenhardt [J]. Academy of Management Review, 1991, 16 (3): 613-619.

[35] EISENHARDT K M, MELISSA E G. Theory Building from Cases: Opportunities and Challenges [J]. Academy of Management Journal, 2007 (50): 25-32.

[36] EISENHARDT K M. Building Theories from Case Study Research [J]. Academy of Management Review, 1989 (14): 532-550.

[37] ELLIS P D. Market Orientation and Performance: A Meta-Analysis and Cross-National Comparisons [J]. Journal of Management Studies, 2006 (43): 1089-1107.

[38] ELSBACH K D. Managing Organizational Legitimacy in The California Cattle Industry: The Construction and Effectiveness of Verbal Accounts [J]. Administrative Science Quarterly, 1994, 39 (1): 57-88.

[39] FAGERBERG J, FOSAAS M, SAPPRASERT K. Innovation: Exploring the Knowledge Base [J]. Research Policy, 2012, 41 (7): 1132-1153.

[40] FAINSHMIDT S, JUDGE W Q, AGUILERA R V, SMITH A. Varieties of institutional systems: A contextual taxonomy of understudied countries [J]. Journal of World Business, 2018 (53): 307-322.

[41] FATHALLAH R, BRANZEI O, SCHAAN J L. No place like home? How EMNCs from hyper turbulent contexts internationalize by sequentially arbitraging rents, values, and scales abroad [J]. Journal of World Business, 2018, 53 (5): 620-631.

[42] FERNER A, ALMOND P, COLLING T. Institutional Theory and the Cross-National Transfer of Employment Policy: The Case of 'Workforce Diversity' in US Multinationals [J]. Journal of International Business Studies, 2005, 36 (3): 304-321.

[43] FERNER A, EDWARDS A, TEMPEL A. Power, Institutions and the Cross-National Transfer of Employment Practices in Multinationals [J]. Human Relations, 2012, 65 (2): 163-187.

[44] FUNK C, TREVIÑO L J, ORIAIFO J. Resource curse impacts on the co-evolution of emerging economy institutions and firm internationalization [J]. International Business Review, 2021, 30 (4): 101753.

[45] GABA V, PAN Y, UNGSON G R. Timing of Entry in International Market: An Empirical Study of U. S. Fortune 500 Firms in China [J]. Journal of

International Business Studies, 2002 (33): 39-55.

[46] GAUR A S, LU J W. Ownership strategies and survival of foreign subsidiaries: Impacts of institutional distance and experience [J]. Journal of Management, 2007, 33 (1): 84-110.

[47] GEARY J, AGUZZOLI R. Miners, politics and institutional caryatids: Accounting for the transfer of HRM practices in the Brazilian multinational enterprise [J]. Journal of International Business Studies, 2016, 47 (8): 968-996.

[48] GLIGOR D M, ESMARK C L, GÖLGECI I. Building international business theory: A grounded theory approach [J]. Journal of International Business Studies, 2016, 47 (1) : 93-111

[49] GOERZEN A, BEAMISH P W. Geographic Scope and Multinational Enterprise Performance [J]. Strategic Management Journal, 2003, 24 (13): 1289-1306.

[50] GREENWOOD R, RAYNARD M, KODEIH F, MICELOTTA E R, LOUNSBURY M. Institutional complexity and organizational responses [J]. Academy of Management annals, 2011, 5 (1): 317-371.

[51] GUAN DABO, REINER DAVID M. Emissions affected by trade among developing countries [J]. Nature, 2009, 462 (7270): 159.

[52] GUNBY P, JIN Y, REED W R. Did FDI really cause Chinese economic growth? A meta-analysis [J]. World Development, 2017 (90): 242-255.

[53] HAN X. Risk management, legitimacy, and the overseas subsidiary performance of emerging market MNEs [J]. International Business Review, 2021, 30 (4): 101732.

[54] HENISZ W J, DOROBANTU S, NARTEY L J. Spinning Gold: The Financial Returns to Stakeholder Engagement [J]. Strategic Management Journal, 2014, 35 (12): 1727-1748.

[55] HILLEMANN J, RAMAMURTI R. What is "Chinese": about Chinese multinationals [J]. Journal of International Business Studies, 2018, 49 (1) : 34-48.

[56] HITT M A, BIERMAN L, UHLENBRUCK K, SHIMIZU K. The Importance of Resources in the Internationalization of Professional Service Firms: the Good, The Bad, and the Ugly [J]. Academy of Management Journal, 2006, 49

(6)：1137–1157.

[57] HITT M A, HOSKISSON R E, IRELAND R D. A Mid–Range Theory of the Interactive Effects of International and Product Diversification on Innovation and Performance [J]. Journal of Management, 1994, 20 (2)：297–326.

[58] HITT M A, HOSKISSON R E, KIM H. International Diversification：Effects on Innovation and Firm Performance in Product–Diversified Firms [J]. Academy of Management Journal, 1997, 40 (4)：767–798.

[59] HUANG Y, XIE E, WU Z. Portfolio characteristics of outward foreign direct investment and dynamic performance of emerging economy firms：An option portfolio perspective [J]. International Business Review, 2021, 30 (4)：101750.

[60] JACKSON G, DEEG R. Comparing capitalisms and taking institutional context seriously [J]. Journal of International Business Studies, 2019 (50)：4–19.

[61] JACKSON T. Employment in Chinese MNEs：Appraising the Dragon's Gift to Sub–Saharan Africa [J]. Human Resource Management, 2014, 53 (6).

[62] JOHANSON J, VAHLNE J. The Internationalization Process of the Firm–A Model of Knowledge Development and Increasing Foreign Market Commitments [J]. Journal of International Business Studies, 1977, 8 (1)：23–32.

[63] JUDE C, SILAGHI M I P. Employment effects of foreign direct investment：New evidence from Central and Eastern European countries [J]. International Economics, 2016 (145)：32–49.

[64] KAMOCHE K, SIEBERS L Q. Chinese Management Practices in Kenya：Toward A Post–Colonial Critique [J]. International Journal of Human Resource Management, 2015, 26 (21)：2718–2743.

[65] KANG J. The Relationship Between Corporate Diversification and Corporate Social Performance [J]. Strategic Management Journal, 2013 (34)：94–109.

[66] KAUFMANN L, ROESSING S. Managing conflict of interests between headquarters and their subsidiaries regarding technology transfer to emerging markets—a framework [J]. Journal of World Business, 2005, 40 (3)：235–253.

[67] KIRCA A H, ROTH K, HULT G T M, CAVUSGIL S T. The Role of Context in the Multinationality – Performance Relationship：A Meta – Analytic Review [J]. Global Strategy Journal, 2012 (2)：108–121.

[68] KOLK A, CURRAN L. Contesting a place in the sun: on ideologies in foreign markets and liabilities of origin [J]. Journal of Business Ethics, 2017, 142 (4): 697-717.

[69] KOSTOVA T, ROTH K, DACIN M T. Institutional Theory in the Study of Multinational Corporations: A Critique and New Directions [J]. The Academy of Management Review, 2008, 33 (4): 994-1006.

[70] KOTABE M, SRINIVASAN S S, AULAKH P S. Multinationality and Firm Performance: The Moderating Role of R&D and Marketing Capabilities [J]. Journal of International Business Studies, 2002, 33 (1): 79-97.

[71] KOTTARIDI C, GIAKOULAS D, MANOLOPOULOS D. Escapism FDI from developed economies: The role of regulatory context and corporate taxation [J]. International Business Review, 2019, 28 (1) : 36-47.

[72] LAMIN A, LIVANIS G. Agglomeration, catch-up and the liability of foreignness in emerging economies [J]. Journal of International Business Studies, 2013 (44): 579-606.

[73] LEE C K. Raw Encounters: Chinese Managers, AfricanWorkers and the Politics of Casualization in Africa's Chinese Enclaves [J]. China Quarterly, 2009 (199): 647-666.

[74] LI J, MEYER K E, ZHANG H, et al. Diplomatic and corporate networks: Bridges to foreign locations [J]. Journal of International Business Studies, 2018, 49 (6): 659-683.

[75] LU J W, BEAMISH P W. International Diversification and Firm Performance: The S-curve hypothesis [J]. Academy of Management Journal, 2004 (47): 598-609.

[76] LUO Y, XUE Q, HAN B. How Emerging Market Governments Promote Outward FDI: Experience from China [J]. Journal of World Business, 2010, 45 (1): 68-79.

[77] LUO Y, ZHANG H, BU J. Developed country MNEs investing in developing economies: Progress and prospect [J]. Journal of International Business Studies, 2019, 50 (4) : 633-667.

[78] MA X, DING Z, YUAN L. Subnational institutions, political capital, and the internationalization of entrepreneurial firms in emerging economies [J].

Journal of World Business, 2016, 51 (5): 843-854.

[79] MARANO V, TASHMAN P. MNE/NGO Partnerships and the Legitimacy of the Firm [J]. International Business Review, 2012 (21): 1122-1130.

[80] MAZÉ D, CHAILAN C. A South-South perspective on emerging economy companies and institutional co-evolution: An empirical study of Chinese multinationals in Africa [J]. International Business Review, 2021, 30 (4): 101704.

[81] MEYER J W, ROWAN B. Institutionalized organizations: Formal structure as myth and ceremony [J]. American journal of sociology, 1977, 83 (2): 340-363.

[82] MEYER K E, PENG M W. Theoretical foundations of emerging economy business research [J]. Journal of International Business Studies, 2016, 47 (1): 3-22.

[83] MORGAN G, KRISTENSEN P H. The Contested Space of Multinationals: Varieties of Institutionalism, Varieties of Capitalism [J]. Human Relations, 2006, 59 (11): 1467-1490.

[84] NEWMAN C, RAND J, TARP F, TRIFKOVIC N. The Transmission of Socially Responsible Behavior through International Trade [J]. European Economic Review, 2018 (101): 250-267.

[85] NORTH D C. Institutions, Institutional Change and Economic Performance [M]. Cambridge: Cambridge University Press, 1990.

[86] NORTH D C. Institutions [J]. Econ. Pers, 1991 (5): 97-112.

[87] NUNN N. Relationship-specificity, incomplete contracts, and the pattern of trade [J]. Economic, 2007 (122): 569-600.

[88] OEHME M, BORT S. SME internationalization modes in the German biotechnology industry: The influence of imitation, network position, and international experience [J]. Journal of International Business Studies, 2015 (46): 629-655.

[89] OLIVER C. Strategic Responses to Institutional Processes [J]. Academy of Management Review, 1991, 16 (1): 145-179.

[90] PACHE A C, SANTOS F. When worlds collide: The internal dynamics of organizational responses to conflicting institutional demands [J]. Academy of management review, 2010, 35 (3): 455-476.

[91] PENG M W, WANG D Y L, JIANG Y. An institution-based view of international business strategy: A focus on emerging economies [J]. Journal of International Business Studies, 2008, 39 (5): 920-936.

[92] PORTER M E. Clusters and the new economics of competition [J]. Harvard Business Review, 1998 (76): 77-99.

[93] QUER D, CLAVER E, RIENDA L. Political Risk, Cultural Distance, and Outward Foreign Direct Investment: Empirical Evidence from Large Chinese Firms [J]. Asia Pacific Journal of Management, 2012, 29 (4): 1089-1104.

[94] QUINTANILLA J, FERNER A. Multinationals and Human Resource Management: Between Global Convergence and National Identity [J]. International Journal of Human Resource Management, 2003, 14 (3): 363-368.

[95] RAMAMURTI R. Internationalization and Innovation in Emerging Markets [J]. Strategic Management Journal, 2016, 37 (13): 74-83.

[96] RANA M B, SØRENSEN O J. Levels of legitimacy development in internationalization: Multinational enterprise and civil society interplay in institutional void [J]. Global Strategy Journal, 2021, 11 (2): 269-303.

[97] RAO R S, CHANDY R K, PRABHU J C. The Fruits of Legitimacy: Why Some New Ventures Gain more from Innovation than Others [J]. Journal of Marketing, 2008, 72 (4): 58-75.

[98] REGNéR P, EDMAN J. MNE institutional advantage: How Subunits Shape, Transpose and Evade Host Country Institutions [J]. Journal of International Business Studies, 2014, 45 (3): 275-302.

[99] SALIM A, RAZAVI M R, AFSHARI-MOFRAD M. Foreign direct investment and technology spillover in Iran: The role of technological capabilities of subsidiaries [J]. Technological Forecasting and Social Change, 2017 (122): 207-214.

[100] SCHMINKE A, JOHANNES V B. Using export market performance to evaluate regional preferential policies in China [J]. Review of World Economics, 2013 (149): 343-367.

[101] SCHWARTZ M S, CARROLL A B. Corporate Social Responsibility: A Three-Domain Approach [J]. Business Ethics Quarterly, 2003, 13 (4): 503-530.

[102] SCOTT W R. Institutions and organizations [M]. Thousand Oaks,

CA: Sage Press, 1995.

[103] SHAFIQUE M. Thinking Inside the Box? Intellectual Structure of the Knowledge Base of Innovation Research (1988-2008) [J]. Strategic Management Journal, 2013, 34 (1): 62-93.

[104] SHI W S, SUN S L, YAN D, et al. Institutionalfragility and outward foreign direct investment from China [J]. Journal of International Business Studies, 2017, 48 (4): 452-476.

[105] SHI X, XU Z. Environmental regulation and firm exports: Evidence from the eleventh Five-Year Plan in China [J]. Journal of Environmental Economics and Management, 2018, 89 (5): 187-200.

[106] SHRADER R C, OVIATT B M, MCDOUGALL P P. How New Ventures Exploit Trade-Offs among International Risk Factors: Lessons for the Accelerated Internationalization of the 21st Century [J]. Academy of Management Journal, 2000 (43): 1227-1247.

[107] SHUKLA P, CANTWELL J. Migrants and multinational firms: The role of institutional affinity and connectedness in FDI [J]. World Business, 2018 (53): 835-849.

[108] TORRES DE O, ROTTIG D. Chinese acquisitions of developed market firms: Home semi-formal institutions and a supportive partnering approach [J]. Journal of Business Research, 2018 (93): 230-241.

[109] VERNON R. International Investment and International Trade in the Product Cycle [J]. Quarterly Journal of Economics, 1966, 80 (2): 190-207.

[110] WANG J. The economic impact of special economic zones: Evidence from Chinese municipalities [J]. Journal of Development Economics, 2013 (101): 133-147.

[111] WOOD G, FRYNAS G. The Institutional Basis of Economic Failure: Anatomy of the Segmented Business System [J]. Socio-Economic Review, 2008 (2): 239-277.

[112] WU J, ANG S H. Networkcomplementaries in the international expansion of emerging market firms [J]. Journal of World Business, 2020, 55 (2): 101045.

[113] XING Y, LIU Y, TARBA S Y, COOPER C. Intercultural Influences

on Managing African Employees of Chinese Firms in Africa: Chinese Managers' HRM Practices [J]. International Business Review, 2016, 25 (1): 28-41.

[114] XU D, SHENKAR O. Note: Institutional distance and the multinational enterprise [J]. Academy of Management Review, 2002 (27): 608-618.

[115] YAN Z J, ZHU J C, FAN D, KALFADELLISA P. An institutional work view toward the internationalization of emerging market firms [J]. Journal of World Business, 2018 (53): 682-694.

[116] YANG X, LI C. Industrial environmental efficiency, foreign direct investment and export—Evidence from 30 provinces in China [J]. Journal of Cleaner Production, 2019 (212): 1490-1498.

[117] YANG Y, DRIFFIELD N. Multinationality - Performance Relationship [J]. Management International Review, 2012 (52): 23-47.

[118] YIN R K. Case Study Research: Design and Methods [M]. 3rd ed. Thousand Oaks, CA: Sage Publishing, 1993.

[119] YIN R. Case Study Research: Design and Methods [M]. 2nd ed. Beverly Hills, CA: Sage Publishing, 1994.

[120] ZAHEER S. Overcoming the Liability of Foreignness [J]. Academy of Management Journal, 1995, 38 (2): 341-363.

[121] ZAHRA S A, GARVIS D M. International Corporate Entrepreneurship and Firm Performance: The Moderating Effect of International Environment Hostility [J]. Journal of Business Venturing, 2000 (15): 469-492.

[122] ZAHRA S A, GEORGE G. Absorptive Capacity: A Review, Reconceptualization and Extension [J]. Academy of Management Review, 2002 (27): 185-203.

[123] ZHU JUNMING, FAN YICHUN, DENG XINGHUA. Low-carbon innovation induced by emissions trading in China [J]. Nature Communications, 2019, 10 (1): 1-8.

后记

本书启动于2020年末，由笔者进行整体规划与协调，经过团队多次讨论与修改，最终于2022年完稿并出版。本书基于开放型制度理论分析框架，以中国企业国际化的实践探索为切入点，深入分析中国企业国际化与中国经济体制改革的新动能之间的关系，并以绿色制度、开发区制度、“一带一路”倡议等中国制度创业的实践探索为例，总结中国企业国际化过程中制度创业经验，并辅以吉利、华为和中海油等企业的典型实践作为案例进行更为深入的研讨，全面总结了中国企业国际化进程中的制度创新实践和历史经验，深入探究企业国际化与制度创新的内在规律及逻辑。本书既有理论角度的总结提炼，又有实践角度的经验推广，为中国推动形成全面开放新格局的实践提供理论支撑，也为中国企业国际化实践与制度创新提供有益参考。

非常感谢在本书出版过程中给予我们帮助的每一位工作人员，感谢他们的协助与辛苦工作。本书共包含11个章节，由以下作者共同完成，在此说明并表示特别感谢：

第1章：钟冲；

第2章：丁飒飒；

第3章：刘夏明、杨娜、李霖洁、刘园园。

第4章：Agnieszka Chidlow、王珏、刘晓辉、魏颖琦。

第5章：丁飒飒。

第6章：宋易珈、邓睿宸、刘若曦、彭倩。

第7章：邓兴华、余璐、塔依尔·吐地。

第8章：杨娜、王珏、刘夏明、黄凌云。

第 9 章：Fang Lee Cooke（李应芳）、王珏、姚星、熊立、Jiaying Zhang、Alice Shuaishuai Li、周芷蕊。

第 10 章：丁飒飒。

第 11 章：于嘉欣。

王珏

2022 年 9 月 20 日